Los mitos
de la historia argentina

Felipe Pigna

Los mitos
de la historia argentina

La construcción de un pasado
como justificación del presente

Del "descubrimiento" de América
a la "independencia"

GRUPO
EDITORIAL
norma

Buenos Aires, Bogotá, Barcelona, Caracas, Guatemala,
Lima, México, Miami, Panamá, Quito, San José, San Juan,
Santiago de Chile, Santo Domingo

www.norma.com

Pigna, Felipe
Los mitos de la historia argentina - 1ª ed. -
Buenos Aires: Grupo Editorial Norma, 2004.
424 p.; 21 x 14 cm. - (Biografías y documentos)
ISBN 987-545-149-5

1. Biografías - I. Título
CDD 928

©2004. Felipe Pigna
©2004. De esta edición:
Grupo Editorial Norma
San José 831 (C1076AAQ) Buenos Aires
República Argentina
Empresa adherida a la Cámara Argentina de Publicaciones
Diseño de tapa: Ariana Jenik y Eduardo Rey
Imagen de tapa: Ilustración tomada del periódico
Don Quijote, agosto de 1897.

Impreso en la Argentina
Printed in Argentina

Primera edición: febrero de 2004
Décima reimpresión: agosto de 2004

CC: 20687
ISBN: 987-545-149-5

Hecho el depósito que marca la ley 11.723
Libro de edición argentina

Índice

*A todos los queridos compatriotas a los que,
por soñar un país libre y más justo para todos,
los tiraron a mares, ríos y fosas comunes,
desde Mariano Moreno para acá,
intentando vanamente hacerlos desaparecer.*

A Martín y Julián Pigna

"Nuestras clases dominantes han procurado siempre
que los trabajadores no tengamos historia,
no tengamos doctrina, no tengamos héroes ni mártires.
Cada lucha debe empezar de nuevo, separada de
las luchas anteriores: la experiencia colectiva se pierde,
las lecciones se olvidan. La historia parece así
como una propiedad privada cuyos dueños
son los dueños de todas las otras cosas."

RODOLFO WALSH

"Vale la pena ser un héroe de la clase trabajadora."

JOHN LENNON

Introducción

"Quien controla el pasado controla el futuro,
quien controla el presente controla el pasado."

GEORGE ORWELL

La sociedad argentina ha vivido los últimos 30 años acosada por las vicisitudes del cotidiano sobrevivir, con escaso margen para darse un tiempo para la reflexión sobre los orígenes y las causas remotas de sus males cotidianos. El proceso de exclusión social y política al que viene siendo sometida la mayoría de la población argentina desde 1976 provoca efectos muy negativos que obstaculizan decididamente la conformación de una identidad ciudadana consciente de sus derechos con marcos legales y referenciales claros que avalen sus demandas y hagan posibles sus deseos de realización personal y social.

En este contexto, el poder ha logrado que la historia reciente o lejana no forme parte del menú de intereses de la mayoría de la población, que visualiza la historia como una materia de estudio escolar pero no como un instrumento útil para comprender mejor su presente y planificar su futuro.

Más allá de la evolución ideológica y metodológica de nuestros historiadores y docentes, a lo largo de los años el sistema ha logrado que la gente remita la historia argentina a la escuela primaria, es decir, la Revolución de Mayo aparece como un acontecimiento vinculado a la escuela primaria.

Nuestro elemento fundacional como país, históricamente hablando, es un tema de acto escolar. Los sucesos de Mayo son difíciles de pensar –para la mayoría de los argentinos– despojados de betún, corcho quemado y pastelitos.

Es alarmante la efectividad de este mecanismo que despolitiza y reduce, en el imaginario social, prácticamente a la nada a nuestra historia. Y, por otra parte, rotula como históricos, con ese pobre concepto de historia, a los hechos remotos vinculados al calendario escolar y les niega historicidad a los sucesos más recientes, determinantes de nuestro presente. Así, para muchos argentinos hablar de la dictadura o el menemismo no es hacer historia sino política, como si ambas disciplinas pudieran separarse y prescindir una de la otra.

Resulta interesante destacar el valor didáctico y formativo que tuvo y tiene el inculcar este concepto de la historia y, por ende, de la política. En esta concepción de que la política es para los otros, que la hacen los otros y que la "gente común", por carecer de coraje, aptitudes y –últimamente– audacia, debe abstenerse, podemos encontrar –en parte– las raíces del "algo habrán hecho". En un país que ha vivido gran parte de su historia bajo dictaduras o democracias fraudulentas, restringidas o vigiladas, el compromiso político difícilmente puede ser visto como un hecho positivo.

Es notable cómo uno de los temas más tratados en las clases de ciencias sociales o de historia –por las que más del 90 por ciento de la población del país ha pasado alguna vez–, la Revolución de Mayo, no llega a ser comprendido por la mayoría de la gente en toda su dimensión social, económica y, sobre todo, política. Algunos manuales siguen repitiendo frases sin sentido, como: "Mariano Moreno era irascible y Cornelio Saavedra temperamental". Como es lógico, podría invertirse el orden de los calificativos y nada cambiaría. Los calificativos personales ocupan el lugar de la necesaria clasificación ideológica, la distinción partidaria, los distintos intereses defendidos por cada uno de ellos, los intereses contrapuestos que explican el conflicto que concluyó con el alejamiento de Moreno y su "misteriosa muerte en altamar".

La imagen del prócer absolutamente ajeno a la realidad es una imagen útil para el discurso del poder porque habla de gente de una calidad sobrenatural, de perfección, de pulcritud y de lucidez, virtudes vedadas a los simples mortales. Es decir que el argumento del ejemplo a imitar, usado como excusa para la exaltación sin límites, en los hechos no existe. Se trata en realidad de la sumisión al personaje. Los ejemplos a imitar deberían provenir de actitudes humanas, de personas falibles, con las mismas debilidades, defectos y virtudes que el resto de sus conciudadanos, pero que eligieron arriesgar sus vidas, sobreponerse, como Manuel Belgrano, a sus múltiples dolencias, y luchar por la libertad y el futuro de su país. Bien distinto es imitar, tomar como ejemplo las virtudes de un personaje histórico, al sometimiento ante la autoridad de un prócer tan perfecto y extraordinario.

Esta despolitización de la historia, despojada de sus verdaderos motores sociales, económicos y culturales, fue acompañada por la exaltación o denostación de los protagonistas de nuestro pasado, tornándola azarosa y ajena y rompiendo el vínculo pasado-presente, imprescindible para despertar el interés de las nuevas generaciones.

A los niños y a los jóvenes les pasa con la historia lo mismo que a los adultos cuando llegan a una reunión en la que personas que no conocen hablan de temas desconocidos. Obviamente no se sienten incluidos, no tienen marco referencial que pueda integrarlos a la charla y por lo tanto pierden todo interés. Son imprescindibles los marcos referenciales inclusivos. Para esto es importante partir del presente, que les quede claro que aquel país de 1810 es el mismo que éste, con muchos cambios, avances y retrocesos, pero el mismo. Y volver al presente. La relación pasado-presente, la comparación constante de los hechos del pasado con los actuales resignifica al hecho histórico y le da sentido.

Además, nuestro país, por sus características, facilita la posibilidad de hacer esa conexión, al punto de que se haya vuelto un lugar común decir que "la historia se repite". Permítaseme un ejemplo. En una escuela carenciada de Rafael Castillo, partido de La Matanza, de las llamadas "de alto riesgo" por el propio Ministerio de Educación provincial, estábamos dando una charla a chiquitos de primero a tercer grados. Hablábamos de cómo era la vida en la colonia, y decíamos que las calles se inundaban porque eran de tierra, que no había agua corriente, que pasaba el aguatero, que no había luz eléctrica, que había muy pocos médicos, que la mortalidad infantil era muy alta... y un chiquito dijo claramente: "Como ahora".

Es un lugar común decir que a veces se transmite la historia nacional como si fuera un cuento. Pero frecuentemente no se cumple siquiera con las mínimas reglas del cuento infantil. Los cuentos clásicos comienzan diciendo: "Había una vez...", es decir, contextualizan, sitúan al lector en un determinado lugar y en un determinado tiempo, cuentan qué le pasaba a la gente, hablan de miserias y grandezas, de ambiciones, intereses, luchas por el poder y relaciones amorosas. Casi ninguno de estos elementos aparecen, en general, en los relatos históricos destinados al público infantojuvenil.

Allí no hay contexto, se dice 1810 y sólo se agregan algunos datos escenográficos. ¿Qué significa 1810 para un chico de entre 8 y 10 años o para un adolescente? Seguramente algo mucho más lejano y ajeno que el planeta de *Star wars*. En esos "cuentitos históricos" que abonaron nuestra primaria, no había pasiones, ambiciones ni necesidades. ¿Por qué hacían lo que hacían los "próceres"? Por "abnegación", se nos decía por toda respuesta.

No se puede seguir hablando de una historia en la que la gente hacía las cosas por abnegación. Hay que recuperar positivamente los bastardeados conceptos de "interés" e "ideología". San Martín cruzó los Andes porque su interés era liberar Chile y de allí pasar a Perú, porque sus ideas eran revolucionarias y formaban parte de un proceso histórico enmarcado en la lucha para terminar con el poder español en América.

La transmisión de la historia como un elemento dinámico, en el que la idea de continuidad se torna evidente, es inadmisible para los postulados del "pensamiento único" que venimos padeciendo precozmente los argentinos desde los días de la dictadura. Dice Eric Hobsbawm al respecto: "La destrucción del pasado, o más bien de los mecanismos sociales que vinculan la experiencia contemporánea del individuo con las generaciones anteriores, es uno de los fenómenos más característicos y extraños de las postrimerías del siglo XX. En su mayor parte los jóvenes, hombres y mujeres, de este final de siglo crecen en una suerte de presente sin relación con el pasado del tiempo que viven".[1]

Lamentablemente esta prédica continúa teniendo una notable audiencia y no son pocos hoy los "comunicadores sociales" que acusan a los docentes de "hacer política" cuando se refieren a temas de actualidad o dan su opinión sobre determinado proceso histórico.

Como afirma el historiador catalán Josep Fontana: "Todo trabajo de historiador es político. Nadie puede estudiar, por ejemplo, la Inquisición como si estuviera investigando

---

1 Eric Hobsbawm, *Historia del siglo XX*, Barcelona, Crítica, 1998.

la vida de los insectos, en la que no se involucra. Porque, o el trabajo del historiador tiene utilidad para la gente de afuera de las aulas, o no sirve para nada".[2]

Afortunadamente, y como una de las pocas consecuencias positivas de la crisis terminal que vivió la Argentina en 2001, se ha venido dando un saludable renovado interés por nuestra historia, o sea por nosotros, por saber de nosotros, de dónde venimos, por qué estamos como estamos, en fin, quiénes somos y quiénes podemos ser.

En un país donde el pasado estuvo por siglos vinculado al horario de las batallas y al desinterés (palabra poco feliz, si lo pensamos) y la abnegación de los llamados próceres, es un gran avance que importantes sectores de la población de diferentes edades y clases comiencen a interesarse por su patrimonio más importante: su identidad. Porque de esto se trata: la historia de un país es su identidad, es todo lo que nos pasó como sociedad desde que nacimos hasta el presente, y allí están registrados nuestros triunfos y derrotas, nuestras alegrías y tristezas, nuestras glorias y nuestras miserias. Como en un gran álbum familiar, allí nos enorgullecemos y nos avergonzamos de nuestro pasado, pero nunca dejamos de tener en claro que se trata de nosotros.

La supresión de identidad fue quizás una de las prácticas más crueles de la dictadura militar; el desaparecido dejaba de existir como un ser nominado, era un NN con un número asignado por sus captores. A sus hijos se les daba un nuevo nombre y un nuevo destino, en muchos casos antagónico al que soñaban sus padres. La misma operación se ha hecho durante décadas con nuestra historia patria. Se nos ha intentado suprimir la identidad nacional.

---

2 Josep Fontana, *Clarín*, 13 de diciembre de 1998, reportaje de Jorge Halperín.

Este libro intenta acercar a nuestra gente a nuestra historia. Para que la quieran, para que la "reconquisten", para que disfruten de una maravillosa herencia común, que como todos los bienes de nuestro querido país está mal repartida y apropiada indebidamente. La historia es por derecho natural de todos, y la tarea es hacer la historia de todos, de todos aquellos que han sido y van a ser dejados de lado por los seleccionadores de lo importante y lo accesorio. Quienes quedan fuera de la historia mueren para siempre, es el último despojo al que nos somete el sistema, no dejar de nosotros siquiera el recuerdo. Los desobedientes de la obediencia debida a la traición, los honestos contra viento y marea, los rebeldes aun en la derrota. Un Túpac Amaru que mantiene su dignidad durante las más horrendas torturas y sigue clamando por la libertad de sus hermanos, soñando con una América Libre. Un Manuel Belgrano que no duerme escribiendo un proyecto de país que sabe imposible pero justo, que dedica su vida a la denuncia y persecución de los "partidarios de sí mismos", de los "que usan los privilegios del gobierno para sus usos personales condenando al resto de los ciudadanos a la miseria y la ignorancia". Un Castelli que sueña y hace la revolución en la zona más injusta de América del Sur. Un Mariano Moreno que quema su vida en seis meses de febril actividad, sabiendo que el poder no da tregua y no perdona a los que se le atreven, pero que si nadie se le atreve todo va a ser peor.

Aquel pasado debería ayudarnos a dejar de pensar que "en este país siempre estuvo todo mal y por lo tanto nunca nada estará bien". Nuestra historia, rica como pocas, desmiente categóricamente esa frase funcional al no cambio, que no nos deja ni la posibilidad de soñar con un país mejor para todos.

Ésta es parte de la herencia vacante que tenemos los argentinos. Estas páginas pretenden ser una invitación a la apropiación de lo que nos pertenece.

Quiero terminar agradeciendo las numerosas pruebas de afecto y las críticas constructivas que recibo cotidianamente por mis columnas en radio Mitre, parte de las cuales integran este libro.

Es muy estimulante sentir que cada vez más gente, de distinta procedencia, de distinta ideología, se apasiona y se hace cargo de lo suyo, que se conmueven, enojan, alegran, indignan, enorgullecen cuando se menciona a alguien que consideran un ser querido, se llame San Martín, Belgrano o Moreno, porque empiezan a sentirlo como un miembro de su familia, como algo que nadie podrá quitarles porque forma parte de sus principios.

FELIPE PIGNA

Las invasiones españolas, más conocidas como el "descubrimiento de América"

> "Desde el descubrimiento empezó la malicia a perseguir unos hombres que no tuvieron otro delito que haber nacido en unas tierras que la naturaleza enriqueció con opulencia y que prefieren dejar sus pueblos que sujetarse a las opresiones y servicios de sus amos, jueces y curas."
>
> MARIANO MORENO, *Disertación jurídica sobre el servicio personal de los indios,* 1802.

América en 1492

América no se llamaba así en 1492. Había sido poblada hacía unos 30.000 años. Los primeros habitantes de este inmenso continente llegaron desde Asia y desde Oceanía en oleadas sucesivas, los primeros por el norte y los segundos por el sur.

Para 1492 se habían desarrollado formas variadas de organización social. Había sociedades urbanas con grandes y bellas ciudades, como la de los aztecas, en el valle central de México, y la de los incas, en los Andes centrales. La cultura maya, que se extendió por la península de Yucatán, ya había desaparecido misteriosamente.

Los mayas lograron un desarrollo cultural notable entre los años 300 y 900. En sus monumentales ciudades Estado, pobladas de maravillosas obras de arte, se destacaban sus científicos y matemáticos, que lograron establecer el calendario solar de 365 días.

Los aztecas tuvieron su auge en el siglo XIII y fundaron la que llegaría a ser la ciudad más grande y poblada del mundo de la época: Tenochtitlán. Los aztecas vivían de la guerra y de los tributos que se veían obligados a pagar los pueblos vencidos. Se dedicaban a la agricultura. En sus ciudades, como en las mayas, se destacaban las pirámides, en cuyas paredes pueden verse aún hoy centenares de jeroglíficos que dan testimonio de esta extraordinaria cultura. Se regían por dos calendarios: el lunar, de 260 días, y el solar, de 365 días.

Los incas crearon un imperio que llegó a ocupar gran parte de los actuales países de Ecuador, Perú, Bolivia, Chile y Argentina. Fueron grandes guerreros, agricultores, artesanos y arquitectos que aplicaron a sus ciudades ingeniosos sistemas de riego y defensa.

Como ocurría en Europa por aquel entonces, otros pueblos tenían otro grado de desarrollo vinculado a las condiciones de su región y sus necesidades, y eran cazadores-recolectores.

Todas estas culturas respetaban al resto de los seres vivos. No practicaban la caza deportiva y cuidaban el medio ambiente. Los ancianos y los niños eran los más respetados en sus sociedades porque veían en ellos la memoria y la sabiduría, en un caso, y el futuro en el otro. Contaba Américo Vespucio que "estos salvajes no tienen leyes ni fe y viven en armonía con la naturaleza. Entre ellos no existe la propiedad privada, porque todo es comunal. No tienen fronteras ni reinos, ni provincias ¡y no tienen rey! No obedecen a nadie, cada uno es dueño y señor de sí mismo. Son un pueblo muy prolífico, pero no tienen herederos porque no tienen propiedades". Concluía su descripción diciendo que, sin dudas, se hallaba cerca del paraíso terrenal.[1]

---

1 Américo Vespucio, *El Nuevo Mundo*, Buenos Aires, Nova, 1951.

A los ojos inquisitoriales de los españoles, los dueños de la tierra eran muy liberales, sexualmente hablando: "Andan desnudos en vivas carnes hombres y mujeres; en las bodas, otro es el novio, que así es costumbre usada y guardada; si el novio es cacique, todos los caciques convidados prueban la novia primero que no él y ella entonces queda por muy esforzada. Con liviana causa dejan las mujeres, y ellas por ninguna los hombres. Andar la mujer desnuda convida e incita los hombres presto, y mucho usar aquel aborrecible pecado hace a ellas malas".[2]

Los arahuacos, habitantes de la zona del primer "contacto" con los invasores europeos, tenían un lenguaje que estaba cargado de poesía y ligado a su forma de vida en permanente contacto con la naturaleza. No tenían apuro para hablar. Su preocupación no era sacarse al otro de encima lo más rápido posible, sino –al contrario– tomar contacto, conocerse, conversar y compartir alegrías y problemas. Así que se tomaban su tiempo para nombrar a las personas y a las cosas. Al arco iris lo llamaban "serpiente de collares", al cielo le decían "mar de arriba". Para ellos el rayo era "el resplandor de la lluvia". Al amigo lo llamaban "mi otro corazón" y al alma "el sol del pecho". La lechuza era "ama de la noche oscura". Para decir bastón, los ancianos decían "nieto continuo" y para decir perdono decían "olvido".[3]

El lenguaje de Colón será mucho más "neoliberal" que el de los románticos arahuacos. En las dos primeras semanas de anotaciones en el famoso *Diario*, hay una palabra que se repite *setenta y cinco* veces: *oro*.

---

2 Gonzalo Fernández de Oviedo, *Historia general y natural de las Indias*, Madrid, Oriente, 1917.

3 Eduardo Galeano, *Memorias del fuego*, México, Siglo XXI, 1993.

Descubrimientos y encubrimientos

El contacto de Europa con estas tierras constituirá un enorme cambio para la forma de vida de europeos y americanos. En ese sentido fue un notable descubrimiento para los europeos, una inagotable fuente de recursos económicos y poder político. Decía Gonzalo Fernández de Oviedo en su *Historia general de las Indias* que el "descubrimiento de las Indias fue la mayor cosa después de la creación del mundo, sacando la encarnación y muerte del que lo creó".

Muchos años más tarde, en 1776, Adam Smith, uno de los padres del liberalismo económico, coincidirá con Oviedo y dirá, sin los pudores de un católico, que fue el hecho más importante de la historia de la humanidad.

Para los europeos de fines del siglo XV, que se sentían el centro del universo, las cosas comenzaban a existir cuando ellos las conocían: las "descubrían".

Para los americanos sería el trágico descubrimiento de que se terminaban los tiempos en que podían decidir por su cuenta su vida, su forma de pensar, su modo de producir y su religión.

Europa en 1492

Con la decadencia del feudalismo se consolidó en Europa el poder de la burguesía. La palabra *burguesía* proviene de *burgos*, es decir, las zonas externas a los castillos, que fueron quedando libres del control de los señores feudales. Originariamente, los burgueses se dedicaban al comercio y a las artesanías, y a ellos se debió la consolidación del sistema de producción capitalista, que tenía como base la circulación monetaria y el trabajo asalariado. Esto implicó la lenta pero inexorable ruina del sistema feudal y su economía cerrada basada en el trueque desigual de productos y servicios. Por otra parte, desaparecido el peligro de las invasiones –que habían llevado a las poblaciones a refugiarse tras las murallas de los feudos–, los reyes fueron recuperando su poder y hallaron en el feudalismo un obstáculo para construir sus Estados nacionales, y en la burguesía, un aliado para terminar con el viejo sistema. En pocas décadas el sistema feudal será un recuerdo, los estados se irán consolidando en toda Europa y los reyes incorporarán a los burgueses a sus cortes. La burguesía, a cambio de financiar los lujos y gastos de las parasitarias familias dinásticas, irá aumentando su presencia política y sus privilegios. Recibirá ganancias financieras derivadas de los intereses de sus préstamos a la nobleza, se encargará de la recaudación impositiva y se beneficiará con el establecimiento y mantenimiento del orden y la seguridad y la disciplina social necesarias para el desarrollo de sus actividades económicas.

Todos estos cambios irán moldeando una mentalidad "burguesa" que, con su fuerte apego a los bienes materiales y cada vez más lejos de las creencias medievales que invitaban a soportar los males de este mundo para disfrutar de otra vida en el paraíso, se irá imponiendo inexorablemente.

La percepción del hombre –y no Dios– como centro del mundo dará origen a un verdadero movimiento cultural, el Humanismo, y será la base de la etapa conocida como Renacimiento, uno de los períodos más brillantes de la historia europea.

Pero en la Europa de 1492 la mayoría de la gente vivía en la miseria y no tenía muchas oportunidades de disfrutar de las obras de arte. En las ciudades, las condiciones de higiene eran pésimas y eran muy frecuentes las pestes que diezmaban a la población. El promedio de vida era de treinta y cinco años y, a causa de las pésimas condiciones de alimentación de los sectores populares, enfermedades leves se convertían en mortales. Para muchas de ellas no había remedios y uno de cada cuatro niños moría antes de cumplir un año.

La gente comía lo que podía y, justamente por eso, se hacían tan necesarias las especias que, desde la época de las Cruzadas, llegaban del Oriente, para conservar las carnes y dar sabor a las comidas o mejorarlas.

Cuentos chinos

Dos hechos permitieron a los europeos conocer el Asia: las Cruzadas, entre los siglos X y XIII, y las invasiones mongólicas, entre los siglos XIII y XIV. Las Cruzadas, cuyo objetivo declarado era recuperar para la cristiandad Jerusalén y el Santo Sepulcro, permitieron instalar centros comerciales a lo largo del Mediterráneo y el mar Negro. Por otra parte, durante el siglo XIII, los mongoles de Kublai Kan habían conquistado y unificado casi todo el territorio asiático. Esto favoreció notablemente el comercio entre Oriente y Occidente impulsado desde las ciudades de Venecia y Génova, que lograron instalar dominios coloniales en Asia y África.

En 1492 Europa tenía 60 millones de habitantes, es decir, 20 millones más que a mediados de siglo. Este aumento de la población, junto con una relativa estabilidad política, le dieron a la vida un mayor valor. La estadía en la tierra dejó de verse como un paso hacia la eternidad en los cielos. La gente quería vivir bien durante sus cortas vidas y creció la búsqueda de riquezas y bienes materiales.

En 1453 se produjo un hecho de graves consecuencias para Europa: los turcos otomanos ocuparon Constantinopla. A partir de entonces se cortó la ruta que permitía el comercio entre Oriente y Occidente y los reinos más poderosos de la época comenzaron a pensar en vías alternativas. Portugal inauguró la ruta de África, que conducía, bordeando sus costas, al Lejano Oriente. En España reinaban Isabel de Castilla y Fernando de Aragón, que habían logrado la unidad política y religiosa expulsando a musulmanes y judíos. Tras la Reconquista, España estaba en condiciones económicas de emprender una gran empresa marítima, comercial y militar.

Por curiosidad, necesidad y ambición, los europeos del siglo XV soñaban cada vez más con empresas ultramarinas. La época era favorable. El avance de la técnica les brindó valiosos instrumentos de navegación, como la brújula (traída de China), el astrolabio (inventado por los árabes) y el sextante. Además, apareció un nuevo producto de la inventiva naval: la carabela, que combinaba velas cuadradas y triangulares con un moderno timón, lo que mejoraba notablemente la seguridad y la eficiencia de la navegación en alta mar.

Pero hubo un veneciano, Marco Polo,[4] que quiso llegar más lejos, hasta las fuentes mismas de todas aquellas riquezas. Lo ayudó la suerte, que pronto se transformaría en fortuna. Marco pudo llegar a la corte del Gran Kan, negociar con él y entablar una amistad tan profunda, que tuvo que hacer grandes promesas sobre su regreso para que el rey lo dejara partir.

---

4 Los mercaderes venecianos Mateo y Nicolás Polo se internaron en 1254 en el imperio mongol, con el objetivo de abrir nuevas rutas comerciales. Al llegar a Catay, como se llamaba a la China, fueron recibidos por el Gran Kan Kublai. Años más tarde, Nicolás volvió a Catay con su hijo Marco, de sólo quince años de edad. Los fantásticos relatos de Marco Polo animarían a futuros viajeros a emprender arriesgados viajes para llegar a esas ricas y legendarias tierras.

Marco trajo del extremo Oriente, además de la pólvora, el papel, los rudimentos de la imprenta y los fideos, unos relatos fantásticos corregidos y aumentados por su fértil imaginación, que publicó én un libro que se haría muy famoso: *Il Millione*. Allí Polo contaba las maravillas de la China y sus riquezas. En esas páginas llegó a construir gigantescos puentes de oro con paredes de rubíes.

Polo abrió la ruta directa a la especiería, a los productos orientales y a la febril imaginación de todos los aventureros que soñaban con imitarlo.

El almirante

En Génova, el joven comerciante Cristóbal Colón, obsesionado por incrementar su fortuna, se deleitaba con los libros de Marco Polo y mirando los mapas con que trabajaba. También leía con pasión la *Historia rerum ubique gestarum,* del papa Pío II; la *Imago Mundi,* del cardenal francés Pierre d'Ailly, publicada en 1410, y la correspondencia y el mapa que, en 1474, el sabio florentino Paolo del Pozzo Toscanelli había hecho llegar al rey de Portugal a través de su amigo, el canónigo lisboeta Fernando Martins.

Las dos primeras obras las estudió muy detenidamente, como demuestran las casi 1.800 apostillas o anotaciones al margen, y extrajo referencias muy concretas sobre parajes bíblicos, situados en el fin del Oriente, como el Paraíso Terrenal, los Jardines del Edén, Tarsis y Ofir, el reino de Saba, los montes de Sophora y la Isla de las Amazonas, que pronto situaría en distintas zonas de las Indias, porque para él ése era el extremo de Asia. De Toscanelli, que seguía a Marco Polo, recogió Colón todo lo relativo al Gran Kan, a la tierra firme asiática: Catay, Mangi y Ciamba (la

China) y sobre todo al Cipango (el Japón), isla distante 1.500 millas del continente y famosa por su riqueza.

Colón se había formado una idea bastante sensual sobre la forma de la tierra. Más que redonda, él la asimilaba a un seno de mujer: "El mundo no es redondo, sino que tiene forma de teta de mujer y la parte del pezón es la más alta, cerca del cielo, y por debajo de él fuese la línea equinoccial y el fin del Oriente adonde acaban toda tierra e islas del mundo".[5] Si esto era así, poniendo proa al Occidente se debía poder llegar al Oriente, que era lo que más les interesaba a todos los reyes y burgueses europeos.

La idea de Colón no era demasiado original. Ya la había enunciado Aristóteles (384-322 a. C.) al mencionar la isla de Antilia, ubicada entre Europa y Asia. San Agustín, en *La Ciudad de Dios,* aceptaba la división del mundo en Europa, Asia y África y decía que sólo en el mundo compuesto por esas tres partes debía buscarse a los ciudadanos del cielo, aunque había otros mundos posibles alojados en la Tierra; sin embargo, éstos quedaban excluidos por no ser escenario de la vida de los descendientes de Adán.

San Isidoro de Sevilla, en su *Libro de los números,* dice que el número tres es perfecto, porque contiene el principio, el medio y el fin, es el número de los Reyes Magos, de los hijos de Noé, de la parábola de la levadura de las tres porciones de harina. "El Mundo –decía el sevillano–, como la Trinidad, es uno, aunque consta de tres partes". En otro libro, *Etimologías,* San Isidoro habla de una misteriosa tierra situada en el medio del océano y que podría ser una cuarta parte del planeta.[6]

5 Carta del almirante a la reina Isabel.

6 Edmundo O'Gorman, *La invención de Am*érica, México, FCE, 1958.

Al mejor postor

Colón se entrevistó con el rey Juan II de Portugal en 1484. Don Juan lo escuchó con atención pero rechazó la propuesta por considerar excesivas las pretensiones económicas y honoríficas de Colón, que pedía que lo nombraran almirante mayor del mar Océano y un 10 por ciento de todo lo obtenido en la expedición. Ante el rechazo portugués, Colón se dirigió a España; caminando, si les creemos a sus biógrafos. Llegó en 1486 y se hospedó en el convento de La Rábida, cerca del puerto de Palos. Allí conoció a fray Juan Pérez,[7] confesor de la reina Isabel de Castilla. El cura le gestionó una entrevista con la reina católica, que se encontraba en la ciudad andaluza de Córdoba.

Mientras esperaba la entrevista, Cristóbal, que no perdía el tiempo, conoció a Beatriz Enríquez de Arana, una joven "de humilde procedencia" que el 15 de agosto de 1488 le dio un hijo: Hernando Colón, futuro compañero de aventuras e historiador apologético de su padre.[8] Colón abandonó a la mujer, pero no al niño.

7 Religioso franciscano español del siglo XV, que probablemente haya sido contador oficial de Isabel la Católica y su confesor. Recibió a Colón en el monasterio de la Rábida poco después de la llegada de éste a España. Logró convencer a la reina de la necesidad de favorecer la empresa colombina y firmó en nombre de Colón las Capitulaciones de Santa Fe.

8 Llegó a escribir párrafos como el siguiente: "Columbus, que quiere decir paloma, en señal de haber sido destinado a llevar el ramo de oliva y el óleo del bautismo a través del Océano, como la paloma de Noé, que denotaba la paz y unión del pueblo gentil con la Iglesia, después de haberse disipado las tinieblas y el error", Hernando Colón, *Historia del Almirante*, Buenos Aires, El Ateneo, 1944.

Los Reyes Católicos[9] estaban muy ocupados en hacer gala de lo que les daría la marca registrada de católicos:[10] reconquistar todo el territorio ocupado por los musulmanes y expulsar a los judíos de sus dominios, y no se mostraban muy dispuestos a distraer recursos ni energía en otros asuntos.

Finalmente, tras la toma del reino musulmán de Granada, concretada el 2 de enero de 1492, los reyes decidieron apoyar la empresa comercial de Colón. Todo se puso por escrito en un contrato comercial llamado Capitulación de Santa Fe, firmado el 17 de abril de 1492. En el documento la corona se comprometía a financiar la expedición y otorgaba a Colón los siguientes derechos:

• Se le reconocía el título vitalicio y hereditario de almirante de las islas y tierras que descubriese.

• Sería designado virrey y gobernador de los territorios que descubriese.

• Recibiría el 10 por ciento de todo el tráfico mercantil.

Los reyes encargaron la redacción del documento al hábil escribano real Juan de Coloma, que introdujo una cláusula

---

9 A fines de la Edad Media se habían formado en España dos grandes reinos: Castilla y Aragón. En 1469 ambas coronas se unieron a través del casamiento de Isabel de Castilla, de 18 años, con Fernando de Aragón, de 17. Pero, pese a la unidad, cada reino mantenía sus peculiaridades. En Castilla se hablaba el castellano y en Aragón el catalán. Además, mientras Aragón tenía sus intereses en el Mediterráneo, donde había sentado las bases de un imperio –la talasocracia catalana–, Castilla buscaba nuevos horizontes más allá del Atlántico.

10 Será el papa Alejandro VI Borgia quien les imponga la denominación de "católicos" a fines de 1496, junto con el privilegio de recaudar las tercias de los diezmos eclesiásticos correspondientes a todas las parroquias y obispados de Castilla y Aragón. Anteriormente se había distinguido con ese título pontificio a Alonso I de Asturias, a mediados del siglo VIII, y a Pedro II de Aragón, a principios del siglo XIII.

de reserva que dejaba a salvo los derechos reales y daría lugar a interminables pleitos entre Colón y sus descendientes y la corona. En aquella reserva se decía que se concedían a Colón todos los derechos mencionados en la Capitulación "siempre que estuviera ello conforme con los precedentes y que los otros almirantes de Castilla hubieran gozado de los mismos derechos y privilegios".

Buscando socios capitalistas

Colón tenía que buscar socios capitalistas e iniciar los preparativos para la expedición hacia el Oriente, hacia las tierras que Marco Polo llamó Catay (China) y Cipango (Japón).

Con tal de no aportar sus joyas para *sponsorear* la expedición, la reina recordó un viejo pleito con la ciudad de Palos. Sus habitantes habían sido multados por contrabando y piratería y les trocó –por una real cédula del 30 de abril de 1492– la multa en efectivo por la provisión y equipamiento de dos carabelas que se llamaron Pinta y Niña.

Colón marchó hacia Palos de Moguer y armó una sociedad comercial con los hermanos Pinzón y el financista Luis de Santángel.[11] A las naves aportadas por los de Palos, agregaron una carabela que sería la más grande de la expedición,

---

11 Luis de Santángel provenía de una familia de judíos conversos. Había nacido en Valencia en 1435 y estaba al servicio del rey Fernando desde 1478, ocupando un puesto de confianza como consejero del monarca en cuestiones financieras. Era amigo de Colón y su influencia fue decisiva para que los reyes aprobaran su proyecto. Su cargo de tesorero de la Santa Hermandad (la milicia rural que reprimía a los ladrones de caminos) le permitió conseguir 140 mil maravedíes para costear la expedición, a los que añadió 17.000 florines de su bolsillo. A pesar de los servicios prestados a la corona, por su origen judío, la familia de Luis de Santángel fue procesada por el Tribunal de la Inquisición.

con 34 metros de eslora. La Gallega, a la que Colón bautizaría como Santa María, sería la nave capitana. La Pinta, de 17 metros, estaría a cargo de Martín Alonso Pinzón, y la Niña, de igual tamaño que la Pinta, al mando de Vicente Yáñez Pinzón. Martín Alonso acababa de regresar de Roma, donde había mantenido largas charlas con un cosmógrafo del Vaticano acerca de las tierras no "descubiertas" situadas al oeste, y obtenido copias de ciertas cartas marinas donde figuraban esas islas. En uno de esos mapas, dibujado en 1482 por un romano llamado Benincasa, pudo ver Pinzón unas islas enormes llamadas Antilia y Salvaga, situadas al oeste de África.

El 30 de abril se difundió el pregón invitando a los interesados a embarcarse y pronto se completó la lista con unos ochenta y cinco navegantes, de los cuales sólo cuatro eran presos[12] que cumplían condenas. Completaban la tripulación funcionarios judiciales, un escribano, un cirujano ("sangrador y barbero"), un físico, un boticario y un veedor para custodiar los intereses de los reyes. Para desgracia de los propagandistas de la "conquista espiritual", no iba a bordo ningún sacerdote.

Los maestros y pilotos cobrarían 2.000 maravedíes por mes, los marineros, 1.000, y los grumetes y pajes, 700. Por entonces una vaca costaba 2.000 maravedíes y una fanega de trigo, 73.

No era fácil conseguir navíos. La mayoría estaban siendo fletados por los judíos que debían abandonar prestamente la península tras la expulsión.

---

12 Bartolomé Torres, homicida –había asesinado al pregonero de Palos–, y sus amigos Juan de Moguer, Alonso Clavijo y Pero Izquierdo, que habían forzado la cárcel pública de Palos para liberar a su camarada Bartolomé. De regreso a España fueron perdonados por real cédula de mayo de 1493 porque "avíades ido por nos servir poniendo vuestra persona a mucho peligro a descobrir las islas de Indias".

La primera invasión española

El 2 de agosto de 1492 las tres naves estaban listas para zarpar, con toda la tripulación y provisiones para un largo viaje. Al día siguiente la expedición partió rumbo a las islas Canarias, a las que llegaron el 9. Allí repararon las embarcaciones, recargaron provisiones y 6 el de setiembre volvieron a zarpar poniendo proa hacia lo desconocido.

Colón calculaba que deberían navegar unas 700 leguas (3.500 km) más para llegar a las tierras del Gran Kan (la China).

A principios de octubre muchos comenzaron a impacientarse y algunos propusieron regresar. Colón consultó con sus capitanes y Martín Alonso Pinzón propuso ahorcar a los que no quisieran seguir, diciendo que si no se animaba el almirante lo haría él mismo, "porque no había de volver atrás sin buenas nuevas".

Durante la noche del 11 al 12 de octubre, Colón sostuvo que había sido él el primero en ver las luces de la tierra que pensaba asiática, quitándole el honor y la recompensa de 10.000 maravedíes al humilde marinero de la Pinta, Juan Rodríguez Bermejo, sevillano nacido en Triana.[13]

Los que insisten en festejar el Día de la Raza el 12 de octubre se verían en problemas si se confirmaran las recientes investigaciones que afirman que el grito del llamado Rodrigo de Triana se produjo el 13. Pero, puesto que tal número se identificaba con la mala suerte y que el 12 de octubre era la fiesta de Nuestra Señora del Pilar, patrona de los Reyes Católicos, y caía ese año en viernes, día de la

---

13 Según cuenta Oviedo, el marinero de Triana, muy ofendido por la mala pasada que le había jugado Colón, a poco de regresar a España marchó hacia el África y allí se convirtió al Islam.

pasión de Jesús, el almirante habría cambiado la fecha a su antojo para quedar bien con sus benefactores.

El 12 o el 13 de octubre, Colón y sus hombres estaban frente al islote de Guanahaní (actuales Bahamas), al que Colón llamó San Salvador. Don Cristóbal confiaba en haber llegado al Asia, aunque se asombraba de no toparse con los clásicos mercaderes chinos, sino con gente "muy bella y pacífica" que tomaba las espadas por el filo por desconocer las armas de guerra.

La mejor gente del mundo

Ni Colón ni los reyes tenían la menor noción de haber "descubierto" un nuevo continente. Seguían pensando que habían llegado al Asia, pero de todas maneras se sintieron con derecho a apropiarse de estas tierras y sus habitantes, sobre los que dice el almirante: "Son la mejor gente del mundo y sobre todo la más amable, no conocen el mal –nunca matan ni roban–, aman a sus vecinos como a ellos mismos y tienen la manera más dulce de hablar del mundo, siempre riendo. Serían buenos sirvientes, con cincuenta hombres podríamos dominarlos y obligarlos a hacer lo que quisiéramos".

Ya durante el primero de los cuatro viajes de Colón comenzó la explotación de los nativos. Los arahuacos, habitantes originarios de las islas a las que llegó Colón, desconocían el trabajo, las armas de fuego y las jerarquías del poder. No necesitaban trabajar para obtener lo necesario para la vida. Una naturaleza muy generosa los proveía de todo lo necesario.

No había entonces enfermedad,
no había entonces pecado,
Había santa devoción en nosotros.

Saludables vivíamos.
No había entonces enfermedad,
no había dolor de huesos,
no había fiebre,
no había viruela.
No fue así lo que hicieron los extranjeros
cuando llegaron aquí.
Ellos enseñaron el miedo,
y vinieron a marchitar las flores.
Para que su flor viviese,
dañaron y sorbieron nuestra flor.
¡A castrar el Sol!
Eso vinieron a hacer aquí los extranjeros.[14]

El almirante siguió recorriendo las nuevas tierras y llegó a la gran isla de Cuba, a la que llamó Juana, y a la de Haití, a la que llamó La Española. Allí, con los restos de la Santa María, que había naufragado, construyó, el 25 de diciembre de 1492, el fuerte de Natividad, en el que dejó un grupo de treinta hombres. En un intento desesperado por confirmar su hipótesis de llegar al Asia navegando hacia el Occidente, el almirante no tuvo mejor idea, antes de emprender el regreso, que hacer declarar bajo juramento y ante el escribano real a todos los miembros de su tripulación que la costa que habían recorrido (Cuba) no podía ser una isla, porque era inconcebible que tuviera tal tamaño, e hizo firmar a todos suscribiendo el siguiente texto: "Antes de muchas leguas, navegando por la dicha costa, se hallaría tierra donde tratan gente política, y que saben el mundo".

14 "Poema maya del Chilam Balam", en *Poesía azteca y maya*, Buenos Aires, Eudeba, 1962.

El viaje de regreso fue complicado, plagado de tormentas y contratiempos. Colón llegó a las Azores y desde allí enfiló hacia Lisboa. Allí fue recibido en su carácter de almirante por el rey de Portugal, Juan II. Ni lento ni perezoso, don Juan le dijo a Cristóbal que las tierras descubiertas pertenecían a Portugal y trató de retener al almirante, pero Colón logró llegar al puerto de Palos a bordo de la Niña el 15 de marzo de 1493.

La fiebre amarilla

Colón y su gente trasladaron a América toda la intolerancia de una España que necesitó para afirmar su dudosa unidad e identidad la destrucción y la eliminación del otro. De los moros y judíos se pasó a los "salvajes". Así lo dice el propio almirante en una carta a los reyes: "Este año de 1492, después de haber dado fin a la guerra de los moros y después de haber echado fuera todos los judíos de todos vuestros reinos y señoríos, pensaron en enviarme a mí a las dichas partes de las Indias".[15]

Olvidándose de las famosas Leyes de las Siete Partidas redactadas por el sabio rey Alfonso X, que decían: "La libertad es la más noble cosa del mundo; así, por el contrario, la servidumbre es la más vil cosa del mundo",[16] el gobernante Colón esclavizó a los nativos y les ordenó que le trajesen todo el oro que encontrasen. Al poco tiempo, como cuenta el historiador de Harvard Eliot Morison, comenzó el almirante a cortarles las manos a los que no consiguieran ni una pepita del precioso metal. Dice asombrado el biógrafo de

15 Tzvetan Todorov, *La conquista de América, el problema del otro*, México, Siglo XXI, 1992.

16 Leyes de las Siete Partidas, part. 28, Ley 8, título 22, parte 4.

Colón que lamenta no poder elogiarlo en este aspecto: "Quien fuera el que inventara este espantoso sistema, como único método de producir oro para la exportación fue Colón. Aquellos que huyeron a las montañas fueron cazados con perros, y de los que escaparon se ocuparon el hambre y la enfermedad, mientras miles de criaturas en su desesperación tomaron veneno de mandioca para acabar con su miseria".[17]

Así fue como los europeos, obsesionados en su afán de lucro por obtener oro y plata, introdujeron el trabajo forzoso entre los nativos y comenzaron a destruir su organización social originaria.

Ya a comienzos de la conquista y ante las primeras noticias de baja notable de la población sometida, la reina Isabel comenzó a preocuparse y dictó una provisión real, el 20 de diciembre de 1503, en la que la "protectora de los indios" decía: "Los cristianos que viven y moran en la dicha isla (La Española), ni hallan quien trabaje en sus granjerías y mantenimientos ni les ayude a sacar ni coger el oro que hay en la dicha isla, y porque nos deseamos que los dichos indios sean doctrinados para que la dicha isla se labre y se coja el oro que en ella hubiere para estos mis reinos".[18] Sugería la reina –enferma de la misma "fiebre amarilla" de Colón, que la obsesionaba con el oro– que se les pagara un salario a los indios.

Durante las dos décadas iniciales del siglo XVI se extrajeron unos 15.000 kilos de oro y se enviaron a la corona las remesas correspondientes al impuesto del quinto real sobre este producto. El metal se agotó rápidamente y hubo que buscar otras fuentes de subsistencia.

17 En Howard Zynn, *La otra historia de los EE.UU.*, México, Siglo XXI, 1999.

18 Vicente Sierra, *Historia Argentina*, tomo 1, 1492-1600, Buenos Aires, UDEL, 1956.

Dice al respecto el historiador Carlo Cipolla: "El oro del que se apoderaron los conquistadores fue exclusivamente producto de robos, botines y saqueos. El inconveniente de toda actividad parasitaria es que no puede durar por siempre. Tarde o temprano, según la consistencia de los tesoros acumulados por las víctimas y la eficiencia de los depredadores, aquéllas son despojadas de todos sus bienes y para los ladrones ya no queda nada que hacer".[19]

Justificando el despojo

Aún hoy, algunos textos nos siguen presentando argumentos muy curiosos para justificar la conquista de América. Hablan de la "necesidad" de expansión de las potencias europeas, de la búsqueda de nuevas tierras, de la voluntad de expandir su fe. ¿Estas "necesidades" justifican acaso el genocidio y la imposición de diferentes modos de producción y diferente cultura? Como venimos diciendo, es una notable curiosidad que civilizaciones que han basado su poder y riqueza en la imposición de la propiedad privada no la respetaran cuando se trataba de "salvajes".

El propio Ginés de Sepúlveda, gran teórico de la conquista, lo admite en un diálogo de su *Demócrates alter*: "Si un príncipe, no por avaricia, ni por sed de imperio, sino por la estrechez de los límites de sus estados o por la pobreza de ellos, mueve la guerra a sus vecinos para apoderarse de sus campos, como de una presa casi necesaria, ¿sería guerra justa?". Se responde a sí mismo: "No, eso no sería guerra justa sino latrocinio".[20]

19 Carlo Cipolla, *Conquistadores, piratas y mercaderes*, México, FCE, 1999.

20 Ginés de Sepúlveda, *Demócrates alter*, Buenos Aires, Indianas, 1927.

Oro por baratijas

Muy frecuentemente, para descalificar a los indios se suele recurrir a la anécdota según la cual los indios cambiaban gustosos sus adornos de oro por objetos que en España no tenían valor, como espejos, collares de vidrio o instrumentos musicales. Pero quienes plantean estos argumentos hacen gala de una gran ignorancia, porque en América el oro no tenía el valor de cambio, el valor "en sí" que tenía para los europeos. Aquí no había monedas de oro, ni se desataban guerras por su posesión. El oro era uno de los metales que los nativos usaban para elaborar sus artesanías. Para los americanos, los objetos traídos por los europeos eran dignos de admiración e interés y por eso querían obtenerlos.

Decía fray Diego de Landa: "No han perdido sino ganado mucho los indios con la llegada de los españoles. El uso de la moneda, que aunque los indios habían vivido muy bien sin ella, viven sin comparación con ella como más hombres".[21]

En el nombre de Dios

Los reyes recibieron a Colón en Barcelona y le otorgaron una renta de 10.000 maravedíes y un premio de 335.000. Los nuevos territorios serían llamados "Indias[22] Occidentales" y se le solicitaría al papa Alejandro VI la confirmación sobre la propiedad de estas "Indias".

La difusión de la religión católica en América y los beneficios materiales que prometía la empresa llegaron a ser vistos

[21] Fray Diego de Landa, *Relación de las cosas de Yucatán (1576)*, México, Garibay, 1976.

[22] Por Indias entendían los europeos de entonces la zona oriental de Asia, o sea las actuales China, Corea, India, Birmania, el Japón y las Molucas. Al Japón lo llamaban Cipango, y a la China, Catay y Mangi.

como una compensación económica y espiritual por las pérdidas que había sufrido la Iglesia en el viejo mundo a causa de la Reforma protestante, con su secuela de merma de feligreses y expropiaciones de miles de propiedades eclesiásticas.[23]

Alejandro VI era valenciano y su verdadero nombre era Rodrigo Borja (italianizado como Borgia). Había llegado al papado a través de la simonía,[24] gracias a su fortuna, amasada durante sus años al frente de la Cancillería vaticana, y al apoyo económico y político del reino de Nápoles, perteneciente a la corona de Aragón y gobernado por el católico rey Fernando. El monarca de Aragón será uno de los dos modelos de gobernantes inescrupulosos en los que se basa Maquiavelo para escribir *El príncipe*. El otro será el hijo de Alejandro VI, César Borgia. Escribe Maquiavelo refiriéndose a Fernando: "Alegando siempre el pretexto de la religión, recurrió a una devota crueldad para poder llevar a efecto sus mayores hazañas".

En la mencionada obra dice Maquiavelo: "Alejandro VI no hizo nunca otra cosa que engañar a los hombres, y siempre encontró medios de poder hacerlo. No existió nunca un hombre que tuviera mayor eficacia en aseverar, y con mayores juramentos afirmara una cosa, que al mismo tiempo la observara menos. Mostró cuánto puede prevalecer un Papa con el dinero y la fuerza".[25]

---

23 Silvio Zavala, *Historia de América en la época colonial*, México, Instituto Mexicano de Geografía e Historia, 1961.

24 La *simonía* era la obtención de cargos y jerarquías eclesiásticos por medio de dinero. La denominación deriva de Simón el Mago, que ofreció dinero a San Juan y a San Pedro a cambio de que le enseñaran a hacer milagros (*Hechos de los apóstoles* 8:18).

25 Nicolás Maquiavelo, *El príncipe*, Madrid, Sarpe, 1983, págs. 108-109.

El papa Borgia está considerado uno de los pontífices más corruptos de la historia.[26] Gastaba las donaciones destinadas a los pobres en lujosas orgías en las que se "solazaba" con jóvenes de ambos sexos y, según se decía en la época, con su propia hija, Lucrecia,[27] la famosa envenenadora, con la que habría llegado a tener un hijo-nieto.[28]

Lucrecia fue nombrada gobernadora de Espoleto y regente plenipotenciaria del Vaticano, en ausencia de su padre.

Durante el pontificado de Alejandro fueron creadas dieciocho sedes cardenalicias en España, de las cuales cinco fueron repartidas entre la familia de los Borgia y el resto, según cuenta Guicciardini, fueron sacadas a subasta. "Diez papados no bastarían para saciar la voracidad de toda esta parentela", escribía Giannandrea Boccaccio al duque de Ferrara.

La mala fama de Alejandro hacía circular por Roma versos como éstos: "Alejandro vende las llaves de San Pedro, / los altares y a Cristo. / ¿Y por qué no ha de hacerlo, / si los ha comprado con su dinero?".

26 En 1498 Alejandro hizo quemar en la hoguera al monje dominico rebelde Girolamo Savonarola, que había denunciado la corrupción y los negociados de la Iglesia.

27 El humanista italiano Sannazo redactó un epitafio en forma de verso, que decía: "Aquí yace Lucrecia Borgia, que fue la hija, la esposa y la nuera de Alejandro VI".

28 Es el famoso caso del "Niño Romano", que demandó dos bulas papales. Por la primera, hecha pública, el papa legitimaba a Juan y reconocía que era hijo de César y una mujer soltera. En la segunda, de carácter secreto, reconocía que el niño era hijo del papa y Lucrecia y se le otorgaba un ducado hereditario. Esta bula secreta tenía como objetivo evitar que César Borgia se apoderase de los dominios de su hermano-sobrino.

Alejandro –según el historiador conservador Paul Jonson "el peor de los papas"–[29] les encomendó a los no menos católicos reyes la conquista espiritual de las nuevas tierras. Había que imponer la monogamia, combatir la sodomía, el incesto y la idolatría entre los salvajes.

El propio papa les escribía a los Reyes Católicos: "Mas reconquistado por fin este reino de Granada, según plugo al Señor, y queriendo dar cima a vuestros deseos; enviasteis, no sin grandes trabajos, peligros y dispendios, al amado hijo Cristóbal Colón con bajeles y hombres dispuestos para la empresa de buscar estas tierras apartadas y escondidas, en un mar hasta hoy no surcado por ningún navío. (...) y descubrieron ciertas islas remotísimas y tierras firmes, en las cuales moran innúmeras gentes que andan desnudas (...) y parecen sumamente aptos para abrazar la fe católica y ser instruidos en las buenas costumbres, puede abrigarse la esperanza de que, si se las doctrinase, fácilmente penetraría en las tierras el nombre de Nuestro Señor Jesucristo, nuestro Salvador". Y resolvía: "No a ruegos vuestros sino en virtud de nuestra pura liberalidad, cierta ciencia y plenitud de autoridad apostólica, os damos, concedemos y originamos a posteridad, así a vosotros como a vuestros sucesores los reyes de Castilla y León, todas y cada una de las tierras e islas sobredichas y las descubiertas hasta aquí o que se descubran en lo futuro –siempre que no estén sujetas al actual dominio de algún señor cristiano–, en nombre de la autoridad de Dios todopoderoso, a nos concedida en la persona de San Pedro, y el Vicariato de Jesucristo, que desempeñamos sobre la Tierra. Declarando, no obstante, que por la presente

---

29 Paul Johnson, *Historia del cristianismo*, Buenos Aires, Javier Vergara, 1989.

donación no se entienda poder o deber arrebatársele a ningún príncipe cristiano el derecho que tuviere ganado".

Vale la pena en este caso poner seriamente en duda la infalibilidad papal. Es obvio que los Reyes Católicos hicieron gestiones ante el papa para lograr esta concesión. En carta a Colón fechada el 4 de agosto de 1493 le comentan: "Ya sabéis cómo hemos enviado a Roma por una Bula sobre esto de las Islas e Tierra que habéis descubierto y estás por descubrir; agora nos es venida y vos enviamos un traslado della autorizado para que se publique allá, para que todos sepan que ninguno puede ir a aquellas partes sin nuestra licencia; y llevadla con vos, porque si a alguna tierra aportáredes la podáis mostrar luego".[30]

Y en otra carta también dirigida al almirante los reyes no dejan ya ninguna duda sobre la relación estrecha que los une a Alejandro ni sobre la buena disposición del papa para con ellos: "Porque sabemos que de esto sabéis vos más que otro alguno, vos rogamos que luego nos enviéis vuestro parecer en ello, porque si conviniere y os pareciere que aquello es tal negocio se enmiende la bula".[31]

Llama la atención, por otra parte, la "pura liberalidad" del papa para regalar lo que no le pertenecía en tanto no estaba bajo el poder de ningún señor cristiano. Siguiendo a Jesús con su "dad al César lo que es del César", podríamos inferir que las nuevas islas y tierra firme tenían sus dueños, no precisamente cristianos: eran de los "césares" americanos. ¿Por qué se les negaba a los "salvajes" el derecho de propiedad que tan celosamente se cuidaba al poner al resguardo el de los "príncipes cristianos", o sea, el rey

---

30 Silvio Zavala, *op. cit.*
31 Ídem.

de Portugal o el preste Juan de las Indias, los dos únicos soberanos con propiedades fuera de la Europa conocida?

Pero tanta liberalidad desagradó profundamente a los contribuyentes portugueses, y particularmente a su rey Juan II, que sacó a relucir otras bulas, tan brillantes y válidas como las de Borgia. La primera había sido otorgada por Martín V y autorizaba a los portugueses a descubrir todas las tierras que se hallasen al este de una línea imaginaria trazada sobre el cabo Bojador; la segunda, otorgada por Calixto III, tío de Alejandro VI, en 1456, le concedía a Portugal todas las tierras descubiertas o por descubrir, hasta las Indias.

Ante estas evidencias, el papa Borgia decidió, el 4 de mayo de 1493, a través de la *Bula Intercaetera*, dividir la Tierra en dos: estableció una línea cien leguas al oeste de cabo Verde; al este de esa línea todo pertenecía a Portugal, mientras que al oeste todo pertenecía a España. Pero como no se conocía la existencia de América, esto significaba darles a los españoles todas las tierras de Asia en las que los portugueses ya habían instalado colonias. La situación se complicó y los portugueses amenazaron con la guerra. Finalmente, España y Portugal firmaron, en junio de 1494, el secular Tratado de Tordesillas, por el que se corrió la línea 370 leguas al oeste de las Azores. Gracias a este acuerdo, Portugal se quedaría más tarde con el Brasil.

El tratado, que repartía generosamente las tierras ajenas en nombre de Dios, hizo exclamar el rey de Francia, Francisco I: "Que me muestren la cláusula del testamento de Adán en donde diga que Francia está privada de lo que le corresponde en el Nuevo Mundo". Mientras aparecía el testamento, Francisco impuso la doctrina según la cual los derechos de posesión debían ser determinados por la ocupación efectiva de los territorios y armó varias expediciones con patentes de corso hacia las nuevas tierras. En poco tiempo comenzó la expansión europea. Francia sería seguida por Inglaterra y Holanda.

Segunda invasión

Mucho más entusiasmados que con el primer viaje, los Reyes Católicos aprobaron y financiaron el segundo viaje de Colón. Esta vez eran catorce carabelas, tres navíos de gran tamaño y una tripulación de 1.500 hombres. Partieron el 25 de setiembre de 1493.

El entusiasmo y la codicia llevaron a sus católicas majestades a vaciar las cárceles para completar las tripulaciones de los navíos: "Por usar de clemencia e piedad con nuestros súbditos, queremos y ordenamos que cualesquier personas que hobieren cometido hasta el día de la publicación de esta nuestra carta cualquier muertes o feridas, e otros cualquier delitos de cualquier natura e calidad que sean, excepto la herejía, que fueran a servir a La Española". No parecía la mejor gente para difundir el Evangelio entre los "salvajes", según el compromiso de sus católicas majestades con el papa Borgia. Como señala Germán Arciniegas, "es así como los reyes ponen al diablo a hacer las hostias".[32]

El almirante seguía buscando Catay y dejó a cargo de la Isabela a su hermano Bartolomé.

Colón regresó a España llevando consigo 500 nativos encadenados, que fueron los primeros esclavos que cruzaron el Atlántico. Sólo llegarían a Europa 200, porque el resto moriría de hambre, de peste y de frío durante la travesía.

---

32 Germán Arciniegas, *Biografía del Caribe*, Buenos Aires, Sudamericana, 1973.

En ausencia de Cristóbal, surgieron disputas entre los españoles y se produjeron abusos en el trato con los indígenas.

La heroica resistencia

Muy pronto los indígenas pasaron del asombro a la heroica resistencia contra sus agresores. "Los cristianos con sus caballos y espadas y lanzas comienzan a hacer matanzas y crueldades en ellos. Entraban en los pueblos, ni dejaban niños ni viejos, ni mujeres preñadas y paridas que no desbarrigaran. Hacían unas parrillas de varas sobre horquetas y atábamos en ellas y poníanles debajo fuego. De aquí comenzaron los indios a buscar maneras para echar a los cristianos de sus tierras y posiciones en armas".[33]

Según Oviedo, antes de lanzarse a la lucha, los invadidos tomaron algunas precauciones: "Los señores de la isla antes que se moviesen a su rebelión quisieron experimentar y salir de la duda sobre si eran o no mortales (...) Los indios tomaron a un cristiano y ahogáronle y después que estuvo muerto decíanle: levántate y le tuvieron así tres días, hasta que olió mal. Y después que se certificaron que eran mortales, tomaron atrevimiento e confianza para su rebelión, e pusieron obra en matar cristianos e alzarse".[34]

Uno de los autores del experimento comentado por Oviedo fue el cacique Caonabó, que vivía tranquilo con su gente hasta que Bartolomé Colón decidió atacar su aldea y esclavizar a sus habitantes. Caonabó y su mujer Anacaona

---

33 Fray Bartolomé de las Casas, *Historia general de las Indias*, México, FCE, 1951.
34 Gonzalo Fernández de Oviedo, *op. cit.*

prepararon a sus guerreros, atacaron el fuerte de Natividad, lo incendiaron y mataron a la mayoría de sus ocupantes. La resistencia duró dos años. Los españoles temían a Caonabó y a sus hombres.

Alonso de Ojeda, un viejo guerrero de la Reconquista española, fue a visitar al cacique. Con una sonrisa lo invitó a subir a su caballo. Caonabó subió, pero cuando hubo montado, Ojeda le colocó unas esposas diciéndole que era una ofrenda de los reyes de Castilla. Caonabó pronto comprobó que se había transformado en un prisionero de guerra. Pocos días después sería embarcado junto a otros guerreros rumbo a España, pero no llegaría a puerto. Murió en el viaje, algunos dicen que de frío, otros dicen que de bronca. Anacaona continuó la resistencia durante algunos meses, hasta que fue apresada y asesinada.

Años más tarde, el jurista oficial Ginés de Sepúlveda oficializará la doctrina de la "guerra justa", según la cual "siendo por naturaleza siervos los hombres bárbaros, incultos e inhumanos, se niegan a admitir la dominación de los que son más prudentes, poderosos y perfectos que ellos siendo por derecho natural que la materia obedezca a la forma, el cuerpo al alma, el apetito a la razón, la mujer al marido, los hijos al padre, lo imperfecto a lo perfecto para desterrar las torpezas nefandas y portentoso crimen de devorar carne humana y propagar la fe cristiana por todos los rincones del mundo".

Cabe aclarar que muy pocas culturas americanas practicaron la antropofagia y, en cambio, que sí lo hicieron frecuentemente los españoles, como lo cuenta Oviedo hablando de la conquista de Veragua: "Diego Gómez y Juan de Ampudia, se comieron un indio de los que mataron, y luego se juntaron con otros y mataron para comer a Hernán

Darias, de Sevilla, que estaba doliente",[35] a lo que podrían sumarse los conocidos episodios de antropofagia de la primera Buenos Aires, en 1536.

Las teorías de Sepúlveda, que se basaban en Aristóteles,[36] fueron todo un éxito entre una nobleza española engreída que, ofendiendo al Dios que decía adorar, se consideraba tan perfecta como el llamado por ella misma "todopoderoso", o aun más. Francia, Inglaterra y el resto de los príncipes europeos demostrarían que no pensaban lo mismo.

Para 1535 la visión oficial de la corona sobre los indios, expresada por Oviedo, modificaba radicalmente la visión del almirante; ya no eran la mejor gente del mundo. Ahora se los describía como "ociosos e viciosos, e de poco trabajo, e melancólicos, cobardes, viles y mal inclinados, mentirosos e de poca memoria e de ninguna constancia". Podría pensarse que éstos eran los resultados de cuarenta y tres años de opresión, masacre, explotación y "pedagogía" españolas.

Pero la diferente concepción de la guerra, el uso de armas de fuego y la transmisión de enfermedades para las que los indios no tenían defensas determinaron que la victoria fuera para los invasores, que impusieron su cultura, su religión y su forma de trabajo basada en la explotación de la mano de obra nativa. En pocos años las islas del Caribe quedaron prácticamente despobladas.

Según las últimas estimaciones de los etnógrafos, en 1492 habitaban la isla llamada La Española unos 300.000 nativos.

---

35 Gonzalo Fernández de Oviedo, *op. cit.*

36 "La humanidad se divide en dos clases: los dueños y los esclavos (...) Los unos tienen derecho a mandar, los otros están hechos para obedecer y contra los cuales la guerra es siempre legítima, pues ella es siempre una especie de caza a los hombres que han nacido para servir y que no quieren someterse." Aristóteles, *Política*, 1-I, C-III, 8.

Entre 1494 y 1496 un tercio de ellos había muerto. Según un censo realizado en 1514 por Miguel de Pasamonte y Rodrigo de Albuquerque, La Española estaba poblada por unos 5.000 españoles, repartidos en 14 poblados, y aproximadamente 26.300 indígenas. En 1548, escribía el cronista Fernández de Oviedo, "de tres veces cien mil y más personas que había en aquella sola isla, no hay ahora quinientos. Unos murieron de hambre, otros de trabajo, y muchos de viruelas. Unos se mataban con zumo de yuca, y otros con malas yerbas; otros se ahorcaban de los árboles. Las mujeres hacían también ellas como los maridos, que se colgaban a par de ellos, y lanzaban las criaturas con arte y bebida por no parir a luz hijos que sirviesen a extranjeros. Azote debió ser que Dios les dio por sus pecados. Empero grandísima culpa tuvieron de ello los primeros, por tratarlos muy mal, acodiciándose más al oro que al prójimo".[37]

La mortalidad aumentó además por el abandono total de la agricultura, ya que ningún español se dignaba remover la tierra más que para buscar oro, y los indios, como protesta por la matanza, dejaron de sembrar, decididos a morir de hambre y matar a sus voraces opresores que, según el padre De las Casas "consumían cada uno de los dichos españoles en un solo día lo que bastaba para sustentar a tres familias de los dichos indios".[38]

Decía Pedro Mártir de Anglería: "Pues la gente que había seguido al Almirante en la primera navegación, en su mayor parte gente indómita, vaga y que, como no era de valer, no quería más que la libertad para sí de cualquier modo

---

37 Francisco López de Gómara, *Historia general de las Indias*, Madrid, Oriente, 1902.

38 Fray Bartolomé de las Casas, *op. cit.*

que fuera, no podía abstenerse de atropellos, cometiendo raptos de mujeres insulares a la vista de sus padres, hermanos y esposos; dados a estupros y rapiñas".[39]

El tráfico de seres humanos

Ante la casi desaparición de la mano de obra, la corona comenzó a importar esclavos africanos. En 1442 el papa Nicolás V había otorgado al monarca portugués Alfonso V autorización para someter y esclavizar a "los infieles", es decir, a todos los no católicos de África. Así comenzó la terrible historia del tráfico de esclavos, que a lo largo de los siglos XV a XIX le costó al continente africano 30.000.000 de personas que fueron arrancadas de sus hogares para ser vendidas como cosas.

La tercera invasión

Tras la firma del Tratado de Tordesillas, la competencia con Portugal se acrecentó y el rey lusitano envió una expedición al mando de Vasco da Gama. Los Reyes Católicos estaban ante una grave disyuntiva. Se habían producido serias dificultades. Muchos de los compañeros de viaje de Colón difundían versiones muy negativas sobre las actitudes del almirante para con los indígenas y para con los propios españoles. Además ponían en duda las versiones sobre la extraordinaria riqueza de "las Indias".

Pero, frente al avance portugués, finalmente los reyes terminaron por ratificarle su confianza a Colón y su familia y financiaron un mucho más modesto tercer viaje con ocho carabelas y 220 hombres, entre ellos diez condenados por asesinato, a los que se les cambió la prisión por el viaje.

---

39 Pedro Mártir de Anglería, *Décadas*, libro IV, cap. I, págs. 43-44.

El almirante partió el 30 de mayo de 1498 con seis naves, desde San Lúcar de Barrameda. Colón decidió dividir la flota y envió tres navíos directamente hacia La Española, mientras que los otros tres partieron con rumbo suroeste. Este grupo comandado por Colón llegó a Venezuela y se topó con la desembocadura del río Orinoco.

Mientras Colón seguía buscando al Gran Kan, en La Española su hermano Bartolomé ejercía autoritariamente el gobierno, creando un profundo malestar entre españoles e indígenas. En La Española y al sur de La Isabela, Bartolomé Colón fundó Santo Domingo, que sería una de las bases de la posterior conquista de todo el continente.

La mala conducta de Bartolomé Colón –nombrado arbitrariamente "adelantado" por su hermano en 1494, dos años después del supuesto descubrimiento– provocó el envío del comisionado real Francisco Bobadilla, que llegó a Santo Domingo en agosto de 1500. A poco de arribar, Bobadilla comprobó las injusticias cometidas por Bartolomé y concluyó que Colón no podía ser sino cómplice de su hermano, porque era imposible que con los antecedentes que de él se conocían no hubiera tomado las medidas pertinentes. Los hermanos Colón fueron encarcelados y enviados a España engrillados, probando de su propia medicina.

La reina consideró que Bobadilla se había excedido en sus funciones, absolvió a Colón –aunque le quitó su sueldo y los cargos de virrey y gobernador– y le brindó apoyo para un nuevo viaje.

La otra Iglesia

Para aquellos que gustan de justificar lo injustificable con la cantilena de que "hay que ponerse en la mentalidad de la época", resulta muy ilustrativa la impugnación absoluta que sobre la conquista y la masacre intentaron miembros de la Iglesia y librepensadores absolutamente contemporáneos a los hechos que venimos narrando. Porque así como hubo aventureros inescrupulosos, como Colón y sus socios, hubo españoles que se opusieron tenazmente a la masacre perpetrada en nombre de la corona y de Dios. El más notable de todos ellos fue un sevillano que llegó con Colón, se transformó en encomendero, fue testigo directo del genocidio y, asqueado y avergonzado, se incorporó a la orden de los dominicos, para luego convertirse en el defensor más radical de los indios, bajo el nombre de fray Bartolomé de las Casas. Para él la cosa era muy clara y no había demasiado que discutir: "Las causas porque han muerto y destruido tantas y tales infinito número de ánimas los cristianos han sido solamente por tener su fin último el oro y henchirse de riquezas en muy breves días y subir a estados muy altos sin proporción a sus personas".[40]

De las Casas contó con notables compañeros de ruta, como fray Antonio de Córdoba, Francisco de Vitoria, Domingo de Soto, Vázquez Menchaca y Fray Antonio de Montesinos. Montesinos pronunció en el Adviento[41] de 1511, en la catedral de Santo Domingo, ante un atónito auditorio de encomenderos y tratantes de esclavos, una homilía que haría historia. En ella decía cosas como éstas: "Todos estáis en pecado mortal y en él vivís y morís, por la crueldad y tiranía que usáis con estas inocentes gentes. Decid, ¿con qué derecho y con qué justicia tenéis en tan cruel y horrible servidumbre a estos indios? ¿Con qué autoridad habéis hecho tan detestables

40 Fray Bartolomé de las Casas , *op. cit.*

41 Según el culto católico, el tiempo que antecede en cuatro domingos a la Navidad.

guerras a estas gentes que estaban en sus tierras mansas y pacíficas, donde tan infinitas de ellas, con muertes y estragos nunca oídos, habéis consumido? ¿Cómo los tenéis tan opresos y fatigados, sin darles de comer ni curarlos en sus enfermedades, que de los excesivos trabajos que les dais incurren y se os mueren, y por mejor decir, los matáis, por sacar y adquirir oro cada día? ¿Y qué cuidado tenéis de quien los doctrine, y conozcan a su Dios y creador, sean bautizados, oigan misa, guarden las fiestas y domingos? ¿Éstos no son hombres? ¿No tienen almas racionales? ¿No estáis obligados a amarlos como a vosotros mismos? ¿Esto no entendéis? ¿Esto no sentís? ¿Cómo estáis en tanta profundidad de sueño tan letárgico dormidos? Tened por cierto, que en el estado [en] que estáis no os podéis más salvar que los moros o turcos que carecen y no quieren la fe de Jesucristo".[42]

La consecuencia inmediata del ardiente alegato político de Montesinos fueron las Leyes de Burgos, sancionadas por los Reyes Católicos en 1512, que intentaban mitigar la explotación indiscriminada de los naturales, los que teóricamente gozarían de días festivos, remuneración por el trabajo, buen tratamiento y adoctrinamiento. Pero estas leyes no tuvieron siquiera aplicación efectiva, haciendo uso los conquistadores del viejo sello real de Castilla que decía: "Se acata pero no se cumple". La explotación y la mortalidad indígena no sólo no disminuyeron, sino que aumentaron considerablemente.

---

42 No se conservan los textos autógrafos de los sermones. Nos han llegado gracias al resumen de fray Bartolomé de las Casas en su *Historia general de las Indias*. Cf. 1ª ed. crítica, transcripción del texto autógrafo por M. A. Medina, fuentes bibliográficas J. A. Barreda, estudio preliminar y análisis crítico I. Pérez Fernández, *Obras completas*, t. 3-5, Madrid, 1994, 5, 1761-1762.

Otra respuesta de la corona al debate instalado por los defensores de los indios fue la redacción del documento conocido como el Requerimiento, redactado por el jurista oficial Palacios Rubios con el objeto de comunicarles a los indios su nueva situación de súbditos de las coronas de Castilla y Aragón. El mamotreto, que los conquistadores les leían a los nativos en español, decía: "Dios hizo el cielo y la tierra y una pareja humana, Adán y Eva, de la que todos descendemos, y dejó a San Pedro para que fuese superior del linaje humano". El descendiente de este san Pedro vivía en Roma y era el papa, quien había hecho donación de todas las Indias a los reyes de Castilla en virtud de ciertas escrituras que, se decía, "podéis ver si quisiéredes", y que los señores enviados por la corona habían sido recibidos por otros indígenas, permitiendo su adoctrinamiento. Se exhortaba luego a los indios a entender todo lo explicado, tomándose el tiempo necesario: "Por ende, como mejor puedo vos ruego y requiero que entendáis bien esto que os he dicho, y tenéis para entenderlo y deliberar sobre ello el tiempo que fuere justo". Finalmente se les daba aviso de que si a pesar de todo no aceptaban la presencia española "certifícoos que con la ayuda de Dios yo entraré poderosamente contra vosotros y vos haré guerra por todas las partes y manera que yo pudiere, y vos sujetaré al yugo y obediencia de la Iglesia y de sus Altezas, y tomaré vuestras personas y de vuestras mujeres e hijos y los haré esclavos, y como tales los venderé".

El absurdo documento terminaba diciendo que la culpa de todo lo que ocurriera sería de los indios y no de los españoles: "Y protesto que las muertes y daños que della se recrescieren sean de vuestra culpa, y no de Su Alteza, ni mía, ni destos caballeros que conmigo vinieron".

El Requerimiento se les leía necesariamente a los indios no conquistados que, por lo tanto, no conocían la lengua española y no sabían leer en latín, la lengua en la que estaba redactado. En general ocurría que, una vez repuestos de la sorpresa de haber escuchado aquella perorata ininteligible, y por lo regular antes de que concluyera su lectura, los indios se lanzaban a combatir con verdadera furia, con lo que se cumplía la voluntad de los conquistadores de poderlos cazar como esclavos en "guerra justa", por no aceptar las condiciones de los reyes de Castilla.

López de Gómara[43] consigna la respuesta de un cacique de la región sudamericana del Cenú a un conquistador que le ha leído el Requerimiento: "Que en cuanto a venir los españoles en son de paz, no lo mostraban en sus actitudes; que en cuanto a sus reyes, a juzgar por lo que les pedía, se veía que eran unos indigentes necesitados y que ese personaje que había repartido la tierra, estaba loco y buscaba pleitos regalando a terceros lo que no era suyo, para crear conflictos con quienes desde tiempos inmemoriales estaban en posesión de ellas. Que le darían víveres pero el oro, del cual tenían poco, era cosa que no estimaban en nada, por ser inútil para la vida diaria. Que le parecía muy bien que creyeran en un solo Dios pero que ellos no querían cambiar de religión. En cuanto a las amenazas, lo mejor sería que saliese lo más pronto de esa tierra pues no estaban acostumbrados a considerar buenas las demostraciones de fuerza armada y extranjera, y tendrían que hacer con ellos lo que ya habían hecho con otros, y le mostraba las cabezas colgantes que adornaban su campo".

También cuenta De las Casas el episodio que tuvo como protagonista al cacique Hathuci, que había escapado de su cautiverio en La Española y luchado heroicamente contra

---

43 López de Gómara, *op. cit.*

los invasores. Al ser capturado se lo condujo a la hoguera y, antes de quemarlo, un fraile franciscano le ofreció la conversión "para que pudiera ir al cielo donde reinaba la paz y la alegría", aclarándole que si no aceptaba, su alma iría al infierno a sufrir el tormento eterno. El jefe rebelde preguntó sin vacilar: "¿Los españoles también van al cielo?". "Por supuesto –respondió el fraile–. Entonces, prefiero ir al infierno".

Solitario y final

Desde que Colón publicó el *Libro de las profecías*, a comienzos de 1502, los reyes comenzaron a preocuparse seriamente por la salud mental del almirante. Colón señalaba allí la necesidad y urgencia de emprender la conquista del Santo Sepulcro y aseguraba que él era el hombre que, según vaticinaban las Sagradas Escrituras, "debía pasear triunfante la fe de un extremo al otro de la tierra". Declaraba que la misión de ir a las Indias por el Occidente le había sido inspirada por Dios y anunciaba que en 1657 el mundo sería destruido.

Colón esgrimió estas hipótesis para intentar convencer a Fernando y a Isabel de que apoyasen su cuarto viaje y destinaran todo lo obtenido a la conquista del Santo Sepulcro. No creyendo los reyes ninguna de las teorías del almirante y dudando seriamente de su cordura, le otorgaron la licencia de viaje y apenas cuatro navíos con una tripulación de ciento cuarenta hombres, le prohibieron desembarcar en La Española y lo obligaron a destinar la totalidad de las ganancias que lograra al Tesoro real, para lo cual destacaron al escribano Diego de Porras como veedor real, con la comisión de inventariar e incautarse de todas las riquezas que se hallaran durante la expedición.

El 11 de mayo de 1502 Colón zarpó junto a su hermano Bartolomé y su hijo Hernando, de 13 años de edad.

Partió del puerto de Cádiz y pretendió desembarcar en Santo Domingo, pero su gobernador, Ovando, cumpliendo órdenes reales, se lo impidió. Colón se dirigió a Jamaica y luego a Honduras y a Costa Rica. Por las características del terreno, Colón pensaba que el río Ganges de la India estaría muy cerca. No alcanzaba a comprender dónde estaba y decidió regresar a España.

Llegó el 4 de noviembre de 1504, pocos días antes de la muerte de su protectora, la reina Isabel. En clave de tango, el almirante les escribe a sus católicas majestades: "Yo vine a servir de veintiocho años y agora no tengo cabello en mi persona que no sea cano y el cuerpo enfermo, y gastado cuanto me quedó de aquéllos. (...) Aislado en esta pena, enfermo, aguardando cada día por la muerte, llore por mí quien tenga caridad, verdad y justicia. Yo no vine este viaje a navegar por ganar honra ni hacienda: esto es cierto, porque estaba ya la esperanza de todo en ella muerta. Yo vine a Vuestras Altezas con sana intención y buen celo, y no miento".[44]

Pero, a veces, el crimen paga, y desde su regreso a España Colón, que estaba muy enfermo, tuvo que ocuparse de que Fernando le reconociera sus derechos y los porcentajes que le correspondían. El católico rey se negó a recibirlo y Colón lo persiguió sin éxito por todo el reino. En 1506 Fernando estaba en Valladolid para traspasar la corona a su hija Juana "la Loca" y a su esposo Felipe de Habsburgo, "el Hermoso". Hasta allí se fue don Cristóbal con sus últimas fuerzas, tratando infructuosamente de ser recibido por los nuevos reyes. Sólo obtuvo de Fernando una carta en la que le sugería que presentara sus reclamos a la Junta de Descargos y le ofrecía,

---

44 Cristóbal Colón, *Los cuatro viajes del Almirante y su testamento*, Madrid, Espasa-Calpe, 1977.

a cambio de su renuncia a todo derecho sobre las tierras "descubiertas", un señorío en León. Colón insiste y le vuelve a escribir a Fernando: "Y pues parece que Su Alteza no ha por bien de cumplir lo que ha prometido por palabra y firma, juntamente con la reina, creo que combatir sobre el contrario para mí que soy arador, sea azotar el viento y que será bien, pues que yo he hecho lo que he podido, que agora deje hacer a Dios, nuestro señor, el cual siempre he hallado muy próspero y presto a mis necesidades".

El 21 de mayo de 1506 moría Cristóbal Colón en Valladolid, sin enterarse de que había "descubierto América", sin gloria, y con su buen nombre y honor seriamente afectados.

Todos parecían haberse olvidado del almirante. Ni siquiera tendría la recompensa de dar su nombre al nuevo continente. América se llamará así en honor al navegante florentino Américo Vespucio,[45] que había viajado a las nuevas tierras dos veces entre 1499 y 1502. Al regresar escribió dos famosas cartas: una a Lorenzo Piero de Medici, en 1503, que fue publicada a principios de 1504, y otra a su compañero de colegio, Pietro Soderini. Esta última se tradujo al latín y se publicó en el apéndice de la obra *Cosmographie Introductio,* de Martín Waldsemüller, profesor de Geografía de Lorena.

La relación del tercer viaje de Colón, en el que tocó tierra firme, se publicó en latín recién en 1508, mientras que la relación de los viajes de Vespucio se conocía desde 1504 y 1507.

---

45 Nacido en Florencia en 1454, Vespucio se dedicó al comercio como dependiente de la familia Medici. Hacia 1492 se encontraba en Florencia como agente comercial y en estrecho contacto con marinos de la época. En 1508 integró la Junta de Burgos y fue nombrado piloto mayor del Reino.

En la introducción de la obra de Waldsemüller, el geógrafo francés Jean Basin de Sandocourt proponía: "Verdaderamente, ahora que tres partes de la tierra, Europa, Asia y África, han sido ampliamente descriptas, y que otra cuarta parte ha sido descubierta por Américo Vespucio, no vemos con qué derecho alguien podría negar que por su descubridor Américo, hombre de sagaz ingenio, se la llame América, como si dijera tierra de Américo; tal como Europa y Asia tomaron sus nombres de mujeres".

Años más tarde Waldsemüller y Basin reconocieron su error, a tal punto que el mapa que publicaron en 1513 llama al nuevo mundo Tierra Incógnita y no América. Pero ya era demasiado tarde.

La madre patria

Nos hemos acostumbrado a escuchar que España es nuestra madre patria. ¿Pero de qué clase de madre estamos hablando? Todo parece indicar que se trata de una madre adoptiva apropiadora, ya que no hay datos del parto y sobran los testimonios sobre actos de secuestro, robo y supresión de identidad.

Como ejemplo, podríamos citar los secuestros extorsivos de Moctezuma y de Atahualpa, por los que los aztecas y los incas, respectivamente, pagaron toneladas de oro y plata que no evitaron sus horribles torturas seguidas de muerte, a manos de Cortés y Pizarro, que transformaron en lingotes las obras de arte de los dos imperios más notables de aquella América. Y también vino la supresión de identidad, la negación de los orígenes, la prohibición de las religiones originales y del uso del idioma propio, porque, como decía una real cédula de Carlos V: "Tenemos entendido que aun la lengua más desarrollada de estos naturales es incapaz de expresar los misterios de nuestra santa fe católica". Siguiendo las órdenes del Estado español, "se les retiró la poligamia, se les enseñó el alfabeto y buenos hábitos, artes y costumbres para poder vivir mejor. Todo ello vale mucho más que las plumas, las perlas y el oro que les tomamos sobre todo porque no hacían uso de esos metales como moneda, que es su uso adecuado y la verdadera manera de sacarles provecho". Así se expresaba López de Gómara, uno de los voceros de la madre patria, en su *Historia general de las Indias*.

Tras largos debates, la corona admitió finalmente en las Leyes Nuevas, de 1542, que sus nuevos hijos eran seres humanos, pero menores de edad, y por ello los entregó en guarda, los "encomendó" a los españoles residentes en América para que los instruyesen en la santa fe católica, a cambio de lo cual los indios deberían trabajar de sol a sol y pagar un tributo. Así nació la "encomienda", un cruel sistema de explotación laboral.

Desde aquellos episodios emblemáticos la "madre patria" se fue imponiendo por los mismos métodos y logró disciplinar a sus nuevos hijos apropiados.

Como suele ocurrir en los casos en que los padres ocultan la naturaleza real de la filiación, los hijos llegaron a dudar de los lazos que los unían con aquella madre distante, autoritaria y castradora. Para 1809, uno de los vástagos más díscolos, nacido en Tucumán, decía en una proclama: "Hasta aquí hemos tolerado una especie de destierro en el seno mismo de nuestra patria; hemos visto, por más de tres siglos, sometida nuestra primitiva libertad al despotismo del usurpador injusto, que degradándonos de la especie humana nos ha reputado por salvajes y mirado como esclavos. (...) Ya es tiempo de sacudir tan funesto yugo, ya es tiempo de levantar el estandarte de la libertad en estas desgraciadas colonias adquiridas sin el menor título y conservadas con la mayor tiranía e injusticia". Así se expresaba Bernardo de Monteagudo, el futuro secretario privado de San Martín.

La madre tardó mucho en reconocer la independencia de sus hijos. Recién el 22 de junio de 1860, cuarenta y cuatro años después de que las Provincias Unidas se declararan independientes de España y de toda dominación extranjera, la reina Isabel II de Borbón se dignó aceptar la realidad.

Los hijos adoptivos crecieron y prosperaron, y la madre, que no pudo ocuparse siquiera del bienestar de sus hijos sanguíneos, comenzó a expulsar a los españoles del campo a las ciudades y de allí a la tierra de sus hermanos del otro lado del océano. Los argentinos, como habían empezado a llamarse por aquel entonces los de este lado, recibieron generosamente y sin hacer muchas preguntas a los recién llegados, que, lejos de la influencia de aquella madre, comenzaron a prosperar también.

Desde entonces comenzó a crecer la amistad y la solidaridad entre españoles y argentinos, prescindiendo de reyes, presidentes y dictadores.

En 1936, un heredero de la Inquisición comenzó a adueñarse de España, y en la Argentina, en plena Década Infame, millones de pesos de entonces se juntaron en festivales, rifas y funciones de teatro para las armas y los estómagos de la República española. Y hacia allí fueron españoles y argentinos a defender valores universales, como la libertad, la solidaridad y la dignidad. Uno de ellos, Raúl González Tuñón, fue recibido por su "hermano" Antonio Machado con estas palabras: "Venís desde tan lejos a vivir entre amenazas de balas y obuses fascistas. Muchas gracias". Machado le agradecía a aquel argentino que había propuesto formar "nosotros cerca ya del alba matutina las brigadas de choque de la poesía".

Allí cantaron, pelearon, escribieron la historia y perdieron juntos aquellos argentinos y españoles que preferían ser hijos del pueblo, como decía aquel himno anarquista, y no de alguna madre patria, ni de ninguna patria. Que así se soñaba todavía en aquellos años treinta y tantos.

Algunos quedaron allá para siempre, para la historia. Otros regresaron y otros muchos eligieron la Argentina como destino de su destino de exiliados. Aquí fundaron editoriales y se sacaron las ganas de publicar a Federico, a Miguel Hernández, y nos ayudaron a conocer a muchos de nuestros talentos hasta entonces inéditos.

Los años pasaron derribando sueños que renacerían en los nietos, allá por los setenta. En los combinados y en los wincos volvían a escucharse los discos de vinilo con aquellas canciones de la guerra civil en que las tortillas prometían volverse para que los pobres comieran y en las que abundaban las preguntas al Santo Padre sobre el quinto mandamiento. No era el coro de la Confederación Nacional de Trabajadores de España el que entonaba aquellas viejas y queridas canciones. Eran los Quilapayún, Daniel Viglietti y muchos, muchos jóvenes que coreaban aquellos estribillos con entusiasmo, hasta que todo empezó a ensombrecerse y comenzó aquel huracán de sangre y fuego. Los inquisidores locales admiradores de aquel generalísimo de la madre patria iniciaron su cacería.

Y entonces el exilio cambió de puerto y llegó el momento del reconocimiento, del agradecimiento transformado en hospitalidad, en trabajo para miles de artistas, psicólogos, periodistas, escritores y gentes sin más oficio que su militancia política que hallaron, gracias al pueblo español, su lugar en el mundo.

Quiso la historia que, mientras la Argentina entraba en su hora más sombría España recobrara su libertad, su vitalidad y su poesía, asignaturas pendientes durante cuarenta años de oscurantismo de un régimen que reivindicaba la España imperial y conquistadora.

Pero mientras España resultó económicamente próspera de sus años dictatoriales, la Argentina emergió del horror en bancarrota y con un fuerte grado de concentración del poder económico y, por ende, político en pocas manos. El modelo socioeconómico impuesto a sangre y fuego por el tándem Videla-Martínez de Hoz resultó perdurable. El Estado dejó de ser benefactor para siempre y se transformó, durante la década menemista, en la fuente más importante de negocios de los grupos de poder, que entendieron rápidamente las ventajas de incorporar como socios a los miembros corruptos de la clase política.

El remate del Estado argentino tuvo como beneficiarios privilegiados a las corporaciones empresariales de la madre patria. Apadrinados por los *lobbistas* del Estado español, por aquel entonces nominalmente socialista, Repsol, Telefónica, Endesa, Aguas de Barcelona, Gas Natural, BBVA, HSBC e Iberia comenzaron a manejar áreas clave de la economía y los medios de comunicación argentinos y a concretar fabulosas ganancias que tornaban irrisorias las coimas exigidas por los gestores gubernamentales.

Entre 1991 y 2001 el 27,7 por ciento de las inversiones españolas en el exterior se hicieron en la Argentina. Así como fabulosas suenan las cifras de inversión, fantásticos suenan los montos de las ganancias, y miserables los guarismos de reinversión en el mercado local: por cada dólar ganado por las empresas españolas, 80 centavos fueron girados hacia las casas matrices y 20 destinados al mantenimiento local. Y en ocho años, el 55 por ciento del monto invertido fue recuperado por las casas matrices. Tomando el caso particular de Telefónica, la ecuación se torna más evidente. La compañía pagó por su porción de Entel 625 millones de dólares. En sus cuatro primeros años de gestión, acumuló ganancias por 2.600 millones de dólares, aumentando notablemente el monto de la tarifa local gracias, entre otras cosas, al rebalanceo autorizado por la Corte Suprema de Justicia.

Los negocios españoles en América Latina se multiplicaron y los dólares comenzaron a afluir a Madrid por toneladas, como la plata y el oro en la época colonial. Otra vez América alimentando a la madre patria, que antes se jactó de su esplendor escondiendo bajo la alfombra los cientos de miles de cadáveres de los mineros del Potosí, y que hoy disfruta de una inédita prosperidad desentendiéndose de la miseria del continente que la hizo rica nuevamente.

Y otra vez los pueblos por un lado y los gobiernos por otro. El pueblo español haciendo colectas, juntando medicamentos y alimentos para el otrora granero del mundo, para aquel país que supo enviarles a Evita con toneladas de trigo; y el actual gobierno español, que impide la entrada al reino a los jóvenes argentinos que ya no huyen de las bayonetas sino del desastre económico provocado en gran parte por el saqueo perpetrado por la banca y los *holdings* españoles.

Siempre supimos que hay dos Españas: la entrañable, la *España en mi corazón* que sentía González Tuñón, la que dio gente como fray Bartolomé de las Casas, y la otra, la de Pizarro, la de Franco, la de Aznar y sus banqueros. Aquella madre patria apropiadora sobre la que nos advertía Machado: "Una de las dos Españas ha de helarte el corazón".

Santa María de los Buenos Hambres

Algunos absurdos se transmiten de generación en generación, sin que haya lugar para reflexionar sobre ellos. Uno de estos absurdos es el caso del hambre en la primera Buenos Aires, fundada por don Pedro de Mendoza y sus socios. Se parte de principios tan falsos que las conclusiones no pueden ser de otro carácter.

La historia contada por los conquistadores y convalidada durante gran parte de los últimos 500 años supone que los habitantes originarios de estas tierras y, por derecho natural, sus legítimos dueños, debían abastecer de comida indefinidamente a un ejército de parásitos que venían nada menos que a quitarles "vidas y haciendas".

Los victimarios aparecen así, en románticas crónicas, como víctimas de un hambre que parece consecuencia de un fenómeno natural humanamente imposible de enfrentar, cuando se trató lisa y llanamente de un grupo de invasores peleados a muerte entre ellos, como fruto de una codicia infinita. Esta pampa estaba desnuda de palacios, oro y reyes a quienes secuestrar para pedir el rescate, y sólo ofrecía prosperidad a aquellos capaces de fecundarla y trabajarla, como lo venían haciendo desde hacía siglos los querandíes, a los que no se veía para nada mal alimentados.

Los "nobles" que venían con don Pedro y los vasallos que los acompañaban compartían la filosofía española sobre el trabajo, expresada en plena Edad Media por Alfonso X, llamado El Sabio, en las Leyes de las Siete Partidas, donde se llamaba "gente menuda" a los trabajadores y artesanos. En las ordenanzas reales de Castilla se dice al tratar de los caballeros: "Siendo público y notorio que estos tales no viven por oficios de sastres, ni de carpinteros, ni de pedreros, ni terreros, ni barberos, ni especieros, ni recatones, ni zapateros, ni usen de otros oficios bajos y viles. Y si los tales caballeros, y sus hijos no guardaren, y mantuviesen estas cosas juntamente, conviene a saber, que mantengan caballo y armas, y no usen de oficios bajos y viles, que no gocen de la franqueza de la caballería". Era la manera más eficaz de invitar al pueblo a la mendicidad o al ingreso a las órdenes religiosas, que le garantizaban un sueldo, casa y comida. Los que trabajaban eran moral y económicamente castigados, y sobre ellos recaía la totalidad de los impuestos, de los que quedaban exentos los funcionarios reales, los nobles y los caballeros.

El origen de la garra charrúa

La rivalidad entre España y Portugal se había agravado tras la dispensa de las bulas papales y la firma del Tratado de Tordesillas. Nadie había quedado conforme y ambas cortes estaban plagadas de espías que corrían a adelantarle a su rey los planes transoceánicos del otro. En este contexto, allá por el año 1515, el rey de España se enteró de que su colega portugués lo quería madrugar con las tierras ubicadas al sur del Brasil.

Los pilotos del reino hispano no eran muy confiables, según consta en una real cédula de doña Juana, fechada en Burgos el 24 julio de 1512: "Porque los pilotos no saben por dónde han de tomar el cuadrante y astrolabio y el altura, si saben la cuarta, han acaecido o de cada día acaecen muchos yerros y defectos en las navegaciones ocasionando con ello mucho deservicio a la Corona y causando muchos daños a los tratantes".[1]

Teniendo en cuenta estas consideraciones, la corona puso los ojos en Juan Díaz de Solís,[2] un avezado marino de vasta experiencia en la navegación de las Américas, lo nombró piloto mayor y le encomendó una misión todo lo secreta que se podía, haciéndolo cargo de las consecuencias porque "en esto ha de haber secreto e que ninguno sepa que yo mando dar dinero para ello ni tengo parte en el viaje". A sus sesenta y cuatro años, el rey Fernando "el Católico" había perdido el pelo pero no las mañas y envió junto a Solís a "una persona de mucha confianza e recaudo, el cual ha de llevar secretamente poderes que exceden a los que el dicho Juan de Solís lleva".

La Casa de Contratación le informó a Fernando que tenía informes desfavorables sobre Solís. El rey pidió que se los remitieran y que si eran graves lo haría "prender inmediatamente". Evidentemente, Solís no superaba el grado de delincuencia medio necesario para encabezar una expedición a América, porque la flota pudo zarpar sin problemas del fondeadero de Bonanza, el 8 de octubre de 1515.

1 Agustín Zapata Gollán, *Los precursores*, Santa Fe, Colmegna, 1980.

2 Solís había trabajado hasta 1505 como cartógrafo en la Casa da India al servicio del rey de Portugal. Participó junto a Vicente Yáñez Pinzón y a Américo Vespucio en la Junta de Burgos de 1508, en la que decidió el envío de una expedición en busca del paso interoceánico a través del istmo centroamericano hacia las islas de la Especiería. El viaje resultó un fracaso y la expedición regresó a España en 1509.

La misión lo traería a Solís a estas playas a probar cuán salado era este río y a que los charrúas lo probaran a él. A principios de 1516 se vio frente a un enorme accidente geográfico que supuso el deseado estrecho que permitiría pasar del Atlántico al Pacífico. Algo le llamó la atención y mandó a uno de sus lugartenientes que probara el sabor del agua de aquel mar. Como el agua era dulce, haciendo gala de una notable creatividad, don Juan Díaz lo llamó "Mar Dulce".

Pocos días después la flota hizo un alto en una isla, para enterrar al despensero de la expedición recientemente fallecido, aparentemente de muerte natural. Se llamaba Martín García.

La curiosidad y el deseo de imitar a sus colegas que ponían rodilla en tierra y se apoderaban de lo ajeno en nombre de Dios, el rey y esas cosas perdieron a Solís. Desembarcar, desembarcó, pero a los pocos minutos fue muerto a flechazos junto a ocho compañeros. Los charrúas no querían saber nada con extraños que se presentaban sin invitación.

El único que se salvó fue el más joven de la expedición, un tal Francisco del Puerto, al que los charrúas le perdonaron la vida y llevaron a vivir con ellos por más de diez años. Del Puerto formó pareja con una india y tuvo dos hijos.

La etnia charrúa estaba muy extendida a través de todo el territorio de la actual República Oriental del Uruguay, Entre Ríos y el sur de Brasil. Eran y siguieron siendo un pueblo guerrero por excelencia. Tanto, que los españoles tendrían que esperar más de un siglo para poder poner un pie en sus tierras y fundar el primer asentamiento de Santo Domingo de Soriano, en 1624. A partir de 1811, el pueblo charrúa se unirá a las fuerzas de Artigas, que los consideraba sus hermanos.

No queda muy claro si los habitantes originarios se comieron o no a Solís y a su gente. Mientras uno de los cronistas, de nombre Herrera, asegura que "los indios tomando a cuestas a los muertos, y apartándoles de la ribera hasta donde los del navío los podían ver, cortaban las cabezas, brazos y pies, asaban los cuerpos enteros y se los comían", Fernández de Oviedo cuenta que "tomaron la barca, y quebrándola la quemaron". Finalmente, el naturalista Félix de Azara no cree en el banquete que habría tenido a Solís como protagonista, "porque no habiendo cosa tan durable como la costumbre entre los bárbaros, si lo hubiesen hecho lo harían, y no es así, ni conservan memoria de semejante comida". Por su parte, nuestro Jorge Luis Borges da crédito a la historia gastronómica:

¿Y fue por este río de sueñera y de barro
que las proas vinieron a fundarme la patria?
Irían a los tumbos los barquitos pintados
Entre los camalotes de la corriente zaina
Pensando bien la cosa supondremos que el río
Era azulejo entonces como oriundo del cielo
Con su estrellita roja para marcar el sitio
En que ayunó Juan Díaz y los indios comieron.[3]

El caso es que, en términos castellanos de la Castilla invasora, quedaba "descubierto" el famoso río que los portugueses llamarían "Río de la Plata" y los españoles, "Río de Solís". No era una cuestión semántica ni mucho menos. Si el río se llamaba "de Solís", como en principio los nombres propios correspondían a los descubridores, la región pertenecía a España, pero si el río se llamaba "de la Plata", este nombre impersonal nada alegaba a favor de los españoles.

3 Jorge Luis Borges, "Fundación mítica de Buenos Aires".

Magallanes, el estrecho

Pero la corona española seguía obsesionada con que los portugueses no se le anticipasen en el descubrimiento del paso interoceánico. Y qué mejor para lograrlo que recurrir a un piloto portugués. Así fue contratado don Hernando de Magallanes. Como era costumbre de la monarquía española, el dinero para financiar la expedición debían aportarlo los interesados, y Magallanes halló uno en el rico comerciante Cristóbal de Haro, que sería su socio capitalista en la aventura.

La expedición de Magallanes llegó a la bahía de San Julián, en la actual provincia de Santa Cruz, en marzo de 1520. Parodiando premonitoriamente a otro futuro capitán, pero ingeniero, el capitán portugués decidió que "había que pasar el invierno" y esperar la primavera. Los marinos comenzaron a asombrarse con lo que veían, como lo refleja este texto del cronista de la expedición, el italiano Antonio Pigafetta: "Un día en que menos lo esperábamos se nos presentó un hombre de estatura gigantesca. Estaba en la playa casi desnudo, cantando y danzando al mismo tiempo y echándose arena sobre la cabeza. El comandante envió a tierra a uno de los marineros con orden de que hiciese las mismas demostraciones en señal de amistad y de paz: lo que fue tan bien comprendido que el gigante se dejó tranquilamente conducir a una pequeña isla a que había abordado el comandante. Al vernos (el gigante) manifestó mucha admiración, y levantando un dedo hacia lo alto, quería sin dudas significarnos que habíamos descendido del cielo. Este hombre era tan alto que con la cabeza apenas le llegábamos a la cintura. Era bien formado, con el rostro ancho y teñido de rojo, con los ojos circulados de amarillo, y con dos manchas en forma de corazón en las mejillas. Sus cabellos, que eran escasos, parecían blanqueados con algún polvo. (...) El comandante en jefe mandó darle de comer y de beber, y entre otras chucherías, le hizo un gran espejo de acero. El gigante, que no tenía la menor idea de este mueble y que sin duda por vez primera veía su figura, retrocedió tan espantado que echó por tierra a cuatro de los nuestros que se hallaban detrás de él. Le dimos cascabeles, un espejo pequeño, un peine y algunos granos de cuentas; enseguida se le condujo a tierra, haciéndole acompañar de cuatro hombres bien armados".

Algunos dicen que de aquí deriva el nombre de toda la zona sur argentina conocida como Patagonia, porque los hombres de Magallanes llamaron "patagones" a esos habitantes originarios. El nombre evocaba al Gigante Patagón, un personaje de ficción muy popular, que llegó a aparecer incluso en el Amadís de Gaula, la novela de caballería que Cervantes más satirizó en su *Quijote*.

Cuando Magallanes advirtió las primeras señales de cambio de clima ordenó a la flota zarpar inmediatamente. Pero muchos marinos temían que yendo más al sur pudieran caerse del mapa y organizaron un cruento motín. Magallanes tomó drásticas medidas: dos capitanes, Luis de Mendoza y Gaspar Quesada, fueron pasados por el filo de la espada; Juan de Cartagena y el cura Pedro Sánchez Reina quedaron abandonados en la costa, tocándoles en suerte una muerte diferida. Magallanes logró sofocar este motín pero al poco tiempo estalló otro y una nave íntegra, la San Antonio, se volvió con los rebeldes a España.

Magallanes logró finalmente ponerle su nombre al famoso estrecho. Pero, como Solís, no pudo disfrutar de la gloria. Murió en el viaje y fue reemplazado por su lugarteniente, Juan Sebastián Elcano, que sí logró llegar a Sevilla con sólo dieciocho sobrevivientes y pudo contarle a Carlos V las peripecias de la travesía y los interesantes negocios que podrían abrirse para el imperio. Entre las tierras pletóricas de potenciales negocios estaban las Molucas, repletas de las más amplias variedades de especias que se pudiera imaginar.

Pero no será Elcano el que haga buenos negocios con sus descubrimientos, sino su reemplazante, el marino veneciano educado en Inglaterra Sebastián Gaboto, nombrado piloto mayor del reino a la muerte de Solís. Gaboto le propuso al emperador un minucioso plan para apoderarse de las Molucas y ponerlas rápidamente a producir. Carlos se entusiasmó y aprobó el proyecto, no sin antes emitir una real cédula contra el descontrol sexual a bordo: "Por evitar los daños e inconvenientes que se siguen e cada día acaecen de ir mujeres en semejantes armadas, mandamos y defendemos firmemente que en la dicha armada no vaya ninguna mujer de cualquier calidad que sea y que vos tengáis mucho cuidado de visitar las dichas naos antes de la partida para que esto se cumpla".

Gaboto zarpó en 1526, dispuesto a cruzar el estrecho de Magallanes. Pero primero pasó por las Canarias y, lejos de los controles reales, embarcó unas cuantas "mujeres enamoradas", como se llamaba en aquel entonces a las prostitutas. Cuando llegó a Santa Catalina, cerca de la actual Florianópolis, escuchó por primera vez la leyenda que cambiaría su vida. Hablaba de un rey blanco que habitaba en un palacio con paredes de plata y cargado de tesoros. La obediencia debida no era un valor apreciado por aquellos tiempos y Gaboto trocó las Molucas por la aventura del Río de la Plata. Bajando por el Atlántico lo sorprendió ver a un hombre con ropas europeas: era Francisco del Puerto, el único sobreviviente de "los de Solís". Del Puerto había convivido con charrúas y guaraníes, que habían logrado que la leyenda se transformara en su cabeza en una realidad cercana. Gaboto lo incorporó a sus huestes y juntos surcaron el río que los indios llamaban Paraná y que los europeos, a falta de mejor nombre, decidieron aprender a nombrar. En la confluencia con el Carcarañá fundaron el fuerte Sancti Spiritu, la primera población española en tierras argentinas.

Pero Gaboto tenía la idea fija y no tenía tiempo para andar poniendo placas recordatorias. Dejó en el fuerte a treinta hombres fuertemente armados poniendo en práctica la lección aprendida desde Solís, y partió en busca del rey blanco.

Carlos V seguía esperando alguna noticia sobre las Molucas. De manera que se impacientó y mandó a averiguar qué le había pasado a Gaboto. La expedición "de rescate" estaba al mando de Diego García, antiguo compañero de Solís, y llegó a estas playas en noviembre de 1527. El mundo era chico por entonces y a los pocos días se encontró con Gaboto. El encuentro derivó en una feroz pelea, hasta que García entendió que le convenía bajar el copete y hacerse amigo de Gaboto a cambio de una participación en las ganancias, que total Carlos ni se enteraba. Rápidamente, las Molucas quedaron para después y las dos expediciones unificadas comenzaron a navegar por el río Paraguay hacia el norte.

La primera "leyenda"

Los de Sancti Spiritu se comportaban como era de esperar. Por las dudas, comenzaron a maltratar y a esclavizar a los indios y éstos, al mando de los caciques Siripo y Marangoré, respondieron como corresponde a quien defiende lo suyo, atacando el fuerte el 2 de setiembre de 1529, hasta no dejar más que ruinas.

Muchos años después, el capitán Monasterio, armero del ejército de Manuel Belgrano, bautizó a uno de sus cañones con el nombre del jefe guerrero Marangoré, en homenaje a su heroica resistencia a los invasores.

Ingeniosamente y para demonizar a los habitantes originarios, el cronista Ruy Díaz de Guzmán inventó el mito de Lucía Miranda, la bella esposa del oficial invasor Sebastián Hurtado, uno de los jefes de las *razzias* que regularmente salían a la caza del indio desde Sancti Spiritu.

La leyenda, copiada de por lo menos diez episodios similares de *La Ilíada* y *La Odisea*, cuenta que el "malvado cacique" Marangoré y su hermano Siripo atacaron el fuerte y mataron a todos sus ocupantes. Les perdonaron la vida a Lucía, a otras cinco mujeres y a los niños. Pero Marangoré y su hermano Siripo se enamoraron perdidamente de Lucía. Hurtado, que no estaba en el momento del ataque, se dejó apresar para tratar de rescatar a su mujer y fue condenado a muerte. Siripo lo perdonó tras las súplicas de Lucía, que le juraba que ya no deseaba a su marido. A los pocos días la pareja de españoles fue sorprendida *in fraganti* y, según la leyenda, Lucía fue a parar a la hoguera y Hurtado fue lanceado.

El historiador Vicente Fidel López desmiente categóricamente la veracidad de la leyenda y la califica de "cuento, que ni por leyenda lo tenemos".

Lo cierto es que de Sancti Spiritu sólo quedaron leyendas y cenizas. Enterados Gaboto y García de lo sucedido, se apresuraron a regresar, pero llegaron tarde. De los doscientos compañeros de Gaboto, sólo veinte arribaron vivos a Sevilla el 22 de julio de 1530, y lograron difundir la noticia de que habían llegado hasta muy cerca de las tierras del rey blanco.

A poco de llegar, Gaboto y García comenzaron a pleitear entre ellos por los derechos sobre los nuevos territorios "descubiertos" y las prerrogativas para armar una expedición que llevara a uno de los dos a las míticas tierras del rey blanco. Harto de las disputas, Gaboto se mudó de corte y se puso al servicio de Eduardo VI,[4] nuevo rey de Inglaterra.

Don Pedro

En 1533 Carlos V regresó a España tras permanecer por dos años en Alemania. Desde el Perú le llegaron buenas noticias, junto con varias toneladas de plata y oro. El botín era producto, por una parte, del secuestro y posterior asesinato de Atahualpa por Francisco Pizarro y sus secuaces. El Inca había cumplido sobradamente con el rescate exigido por sus raptores, consistente en dos habitaciones repletas de plata y dos colmadas de oro, pero fue cruelmente torturado y asesinado por los adalides de la civilización occidental. El resto del botín estaba compuesto por el producido de los robos y saqueos de templos, y la conversión a lingotes de centenares de maravillosas obras de arte, que los conquistadores calificaban de "símbolos demoníacos de la idolatría".

Nada de esto preocupaba al emperador, que sólo encontraba motivo de alegría en el incremento ilegítimo de las arcas reales, en épocas en las que el absolutismo estimulaba la confusión entre los dineros del Estado y los propios.

A aquellos que gustan de las profecías y las maldiciones, a los que sostienen que "el que las hace y las paga" y esas cosas tan lejanas a las variables históricas, podríamos decirles que, efectivamente, de muy poco le sirvió a Carlos V el

---

4 Gaboto concretó la exploración del actual Canadá, la Tierra del Labrador y Terranova. Negoció el comercio inglés con la Rusia, como presidente y primer consejero de la Compañía Real de los Mares del Norte. A su muerte, dejó una colección de notas y mapas de gran importancia, que la reina María Tudor entregó a su marido, Felipe II de España.

dinero mal habido, que España siguió siendo un país pobre, sin industrias, atrasado, y que el 80 por ciento del capital aportado por el tesoro americano fue dilapidado por los sucesivos gobiernos hispánicos en las famosas guerras llamadas impropiamente "de religión". Porque si bien el origen del conflicto que envolvió al Imperio que gobernaba Carlos V fue religioso –la Reforma protestante y su expansión en Europa–, el verdadero trasfondo era económico y tenía que ver con uno de los postulados del luteranismo, que predicaba que la Iglesia debía desprenderse, por las buenas o por las malas, de todas sus propiedades. Lutero y sus continuadores hallaron en Alemania el entusiasta apoyo de la mayoría de los príncipes que componían el imperio, que vieron en la disputa teológica una extraordianaria oportunidad para quedarse con los millonarios bienes del papa de Roma ubicados en sus territorios.

Como Carlos no dejaba de ser el nieto de los Reyes Católicos, debió hacerse cargo de la defensa de los intereses de un papado que había sido muy generoso con España, allá por los años de Alejandro VI Borgia.

Las interminables "guerras santas" que acabarían involucrando a toda Europa eran una sangría inagotable para las arcas españolas y le imprimían a la política de expansión y exploración un ritmo febril, en busca de nuevas fuentes de financiamiento de las aventuras imperiales de los Habsburgo. Ya en 1529 Carlos le había tenido que vender las Molucas al rey de Portugal por apenas 350.000 ducados.

El emperador estaba seriamente preocupado por el hecho de que, a pesar de todos los intentos por frenar a los portugueses en el Atlántico Sur, en 1532 el almirante Martín Alfonso de Sousa hubiera logrado penetrar en el Río de la Plata, colocando en sus orillas monolitos con símbolos representativos de la corona de Portugal y anotando en su diario de viaje: "Es la más hermosa tierra que los hombres hayan visto y la más apacible que pueda ser. Yo traía conmigo alemanes e italianos y hombres que habían estado en la India y franceses: todos estaban espantados de la belleza de la tierra; y andábamos todos pasmados que no nos acordábamos de volver. (...) No se puede decir ni escribir las cosas de este río y las bondades de él y de la tierra". El dato, confirmado por sus espías, lo decidió a enviar a una persona de su absoluta confianza en carácter de adelantado, para tomar posesión de la región, conquistarla y fundar allí fortalezas y pueblos.

La elección recayó en don Pedro de Mendoza, que estaba muy lejos de ser un don nadie, como la mayoría de sus colegas, en esto de adelantarse. Era un noble granadino emparentado con el arzobispo de Toledo, la diócesis más importante y rica de España. Se había educado en la corte, primero como paje del heredero del trono de España, y luego como "gentilhombre del emperador". También había participado en la campaña de Italia que culminó con el saqueo de Roma.[5] Las malas lenguas lo acusaban de haberse enriquecido

---

5 El saqueo de Roma se produjo el 6 de mayo de 1527. Fue comandado por el condestable Carlos III, octavo duque de Borbón. Ante el amotinamiento de los soldados por la falta de pago de sus sueldos, el duque de Borbón los dirigió hacia Roma en marzo de 1527 para que el papa procediera a pagar 300.000 ducados que les adeudaba a las tropas imperiales por sus servicios. Como el papa Clemente VII se negó a pagar, a las tropas imperiales se les cayó el catolicismo y procedieron durante ocho días a un saqueo total de la ciudad, que incluyó la iglesia de San Pedro y hasta el propio palacio papal. Según el historiador Blanco Villalta, "Mendoza actuó en ese despiadado saqueo en el que el degüello, los excesos cruentos que una turba sin disciplina, lujuriosa y rapaz puede cometer". (Blanco Villalta, *Historia de la conquista del Río de la Plata*, Buenos Aires, Atlántida, 1946.)

con robos sacrílegos haciéndolos pasar por botines de guerra tomados a los prelados vencidos.

Don Pedro firmó en 1534 la capitulación en la que el emperador lo llamaba "mi criado y gentilhombre de mi casa (...) que os ofrecéis de ir a conquistar y poblar las tierras y provincias que hay en el río de Solís que algunos llaman de la Plata".[6] En ella también, como era usual, se alentaba el secuestro: "Si en vuestra conquista o gobernación se cautivara o prendiere algún cacique o señor, que de todos los tesoros, oro y plata, piedras y perlas que se hubieren de él por vía de rescate, se nos dé la sexta parte de ello y lo demás se reparta entre los conquistadores".

En ese mismo acto se le asignó a Mendoza un sueldo de 2.000 ducados de oro por año y 2.000 ducados "de ayuda de costa para hacer la dicha población y conquista", pero le aclararon muy bien que "estos cuatro mil ducados han de ser pagados de las rentas y provechos a Nos pertenecientes en la dicha tierra".

Se ve que no era mucho, porque, como el resto de los aventureros, don Pedro tuvo que buscar financiamiento externo. Firmó contratos privados con los Wesler y los Neithart, poderosos banqueros alemanes y flamencos cercanos al emperador español, que ya habían hecho negocios con la conquista de Venezuela, sin arriesgar el pellejo.

---

6 Entre el rey y el adelantado se firmaba una capitulación. El rey autorizaba al adelantado y a sus herederos a gobernar una parte de territorio y a explotar las riquezas que se hallaran. El conquistador debía fundar ciudades y fortalezas, cobrar impuestos y cristianizar a los indios. Así se "adelantaban" las fronteras y se ocupaban las tierras sin invertir ni arriesgar capitales que la corona necesitaba para sus guerras europeas. Los adelantados "adelantaban" sus gastos en pro de hipotéticas ganancias.

Pocos meses después, la corona decretará un curioso reparto de América del Sur en cuatro franjas paralelas de unas 200 leguas –alrededor de 1.000 kilómetros– cada una, que corrían de norte a sur y atravesaban todo el continente: la primera empezaba a la altura del actual Ecuador, se llamaba Nueva Castilla y correspondía a Francisco Pizarro; la segunda iba desde el sur del Perú hasta el norte de la Argentina, se llamaba Nueva Toledo y le tocaba a Diego de Almagro; la tercera, Nueva Andalucía, abarcaba la mitad norte de la Argentina y era la de Pedro de Mendoza; la cuarta y última empezaba a la altura de Mar del Plata y se extendía hasta Santa Cruz; no tenía nombre y su titular, Simón de Alcazaba, murió antes de poder hacerse cargo de las tierras.

Mendoza le encargó al maestre de campo Juan de Osorio que reclutara la tripulación. No le resultó difícil conseguir hombres a los que se les prometía participar de la conquista de un rico imperio en el que los lingotes de oro y plata hacían las veces de ladrillos.

Todo estaba listo, pero don Pedro estaba casi listo en más de un sentido. Una sífilis mortal, que había adquirido durante la seguidilla de violaciones en las que participó durante el saqueo de Roma, lo tenía postrado y así estaría por más de un año. Las llagas de don Pedro se multiplicaban al ritmo de las ansiedades de los inscriptos para el viaje y los apuros del emperador, que ya estaba buscando un reemplazante cuando Mendoza decidió hacerse a la mar a pesar de todo.

El 24 de agosto de 1535 zarpaba de San Lúcar de Barrameda la expedición de conquista más poderosa que se había visto hasta esos días. Eran catorce barcos que transportaban a 1.200 hombres y unas quince mujeres.

Venían con Mendoza su hermano Diego y su sobrino Gonzalo, Juan de Ayolas, Domingo Martínez de Irala, varios clérigos y su maestre, Juan Osorio. Fernández de Oviedo atestigua que al partir todos pensaban que el adelantado "había de hallar una sepultura en la mar".

Las llagas y los dolores, que enloquecían a Mendoza, le hicieron delegar el mando en Osorio. Al llegar a las costas de Río de Janeiro, "el altivo andaluz" se entusiasmó con el poder conferido y montó una conspiración contra don Pedro para hacerse cargo del mando de la expedición. La conspiración fue denunciada por Juan de Ayolas, que dijo haber oído decir a Osorio: "¿Qué tiene que obedecer la gente de esta armada a Don Pedro que no entiende nada de guerra, ni hacer lo que él manda sin ninguno de nosotros?". El propio Ayolas fue el encargado de cumplir la sentencia firmada por Mendoza: "Que doquiera y en cualquier parte sea tomado el dicho Juan de Osorio, mi maestre de campo, sea muerto a puñaladas o estocadas o en otra cualquier manera que lo pudiera ser, las cuales le sean dadas hasta que el alma le salga de las carnes".

Uno de los testigos, el padre Lozano, cuenta así el primer crimen de la expedición de Mendoza: "Una tarde, paseábase Juan de Osorio por la costa con lo que volviendo Ayolas y haciendo señas a los compañeros lo cosieron allí a puñaladas. Salió entonces Mendoza a la puerta de su tienda, y viendo tendido a corta distancia el cadáver de Osorio dijo: 'Tiene su merecido, su soberbia y su insolencia le han traído a ese estado'. Al poco tiempo llegó al campamento su hermano el almirante don Diego de Mendoza y cuando supo lo hecho dijo: 'Quiera Dios que la falta y la muerte de este caballero no sean causa de la perdición de todos nosotros'".[7]

7 P. Lozana, *Historia del Paraguay*, tomo II, Buenos Aires, Ediciones Porteñas, 1916, pág. 74.

Don Diego ya estaba buscando responsables ante el posible desastre.

Los dueños de la tierra

A principios de 1536 llegó la flota a lo que sería Buenos Aires. El comienzo no fue muy alentador. Cuenta Antonio Rodríguez, marino de la expedición, que los primeros seis españoles que desembarcaron fueron devorados por los tigres. Tal vez, cuando los felinos comenzaron a hacer la digestión, don Pedro de Mendoza se atrevió a bajar de la Magdalena, la nave capitana, y cumplió con las formalidades de la fundación de Santa María de los Buenos Aires, probablemente en la zona del actual parque Lezama. Allí se construyeron cuatro iglesias, una casa para el adelantado y numerosas chozas de barro y paja, y desembarcaron los 72 caballos y yeguas sobrevivientes de los 100 que habían embarcado en España.

Dice muy bien José Luis Romero: "Para los europeos América apareció como un continente vacío de población y sin cultura. Así se constituyó esa mentalidad fundadora. Se fundaba sobre la nada. Sobre una naturaleza que se desconocía, sobre una sociedad que se aniquilaba, sobre una cultura que se daba por inexistente. La ciudad era un reducto europeo en medio de la nada. Dentro de ella debían conservarse celosamente las formas de la vida social de los países de origen, la cultura, la religión cristiana y, sobre todo, los designios para los cuales los europeos cruzaban el mar. Una idea resumió aquella mentalidad: crear sobre la nada una nueva Europa".[8]

---

8 José Luis Romero, *Las ciudades y las ideas,* Buenos Aires, FCE, 1971.

Y así, como todo adelantado, Mendoza creó el Cabildo de la nueva población en uno de sus primeros actos de gobierno. Designó a los alcaldes y regidores que formaron el primer cuerpo, elegidos entre los vecinos más respetados o de mejor posición económica, que no era lo mismo, y, siguiendo con la mala costumbre castellana, empezó a repartir lo que no era de él, cosa que en este caso no pasaría inadvertida para los verdaderos propietarios.

Efectivamente, la tierra tenía dueños. Eran los que más tarde serían conocidos como pampas. Los guaraníes los llamaban querandíes, "gente con grasa", porque se alimentaban con grasa de pescado y de guanaco.

Los querandíes vivían tranquilamente de la caza y de la pesca. Se asociaban en pequeñas comunidades familiares con antepasados comunes, gobernadas por caciques. No creían en la herencia sino en las virtudes y la capacidad de mando. Por lo tanto, el cargo de cacique no era hereditario sino electivo. Cada comunidad elegía a su cacique según sus cualidades. Había caciques llamados principales que gobernaban grandes comunidades y llegaron a formar confederaciones. Pero los caciques debían consultar sus decisiones más importantes con una asamblea llamada *traun,* que era una especie de parlamento.

Los matrimonios se concretaban mediante regalos del novio a la familia de la novia. Cada hombre podía tener tantas mujeres como pudiese comprar.

Creían en una divinidad suprema llamada Chao, "padre", que en realidad representaba cuatro personas: un hombre viejo, una mujer vieja, un hombre joven y una mujer joven. Estas cuatro personas vigilaban la conducta de los humanos. Si se apartaban del bien, Chao les quitaba su protección dejándolos indefensos frente a los poderes de los "gualichos", los demonios maléficos, que entonces podrían dañarlos y llevarlos a la muerte. Al levantarse ofrecían oraciones a Chao mirando hacia el este, el lugar de donde viene el Sol y, por lo tanto, la vida.

Los querandíes creían que había otra vida después de la muerte y colocaban en las tumbas alimentos y todo lo que el muerto podría necesitar en su nueva vida del otro lado de la cordillera.

Lejos de pasar hambre, los habitantes originarios de las tierras que pretendía Mendoza comían carne de venados, guanacos, ñandúes o nutrias. Complementaban su dieta con cardos, vainas de algarrobo, mucho pescado y maíz que obtenían a través del intercambio con otros pueblos.

La heroica resistencia

Inicialmente, los querandíes se mostraron curiosos y amigables con los recién llegados, como lo cuenta el cronista y veedor de los banqueros Wesler, el alemán Ulrico Schmidl: "Estos querandíes traían a nuestro real y compartían con nosotros sus miserias de pescado y de carne por catorce días sin faltar más que uno en que no vinieron. Entonces nuestro general, Pedro de Mendoza, despachó a su propio hermano con 300 lanceros y 30 de a caballo bien pertrechados: yo iba con ellos y las órdenes era bien apretadas: de tomar presos o matar a todos estos querandíes y de apoderarnos de su pueblo".[9]

Es curiosa la versión que sobre el hecho da el ideólogo del saavedrismo, el deán Gregorio Funes, contradiciendo incluso a Schmidl, que había sido testigo presencial. En su afán de endiosar la conquista, Funes llega a decir: "Con

---

9 Ulrico Schmidl, *Viaje al Río de la Plata*, Buenos Aires, Emecé, 2000, pág. 150.

palabras de paz y de amistad mandó el Adelantado se les reuniese y continuasen un servicio que ponía en obligación su reconocimiento".

Lo cierto es que entre las pocas virtudes de don Pedro y su gente no estaban la paciencia ni la tolerancia. Bastó que los querandíes suspendieran por un día el *delivery* para 1.200 personas para que el "noble" don Pedro los mandara masacrar con "palabras amistosas".

Pero los querandíes no eran de amilanarse. Llegado el caso, perdieron ellos también la paciencia: convocaron al gran consejo de las tribus confederadas y reunieron unos 4.000 hombres con sus mejores armas: "Dichos Querandíes –sigue diciendo el alemán– tienen para arma unos arcos de mano y dardos; éstos son hechos como medias lanzas y adelante en la punta tienen un filo hecho de pedernal. Y también tienen una bola de piedra y colocada en ella un largo cordel al igual como una bola de plomo en Alemania. Ellos tiran esta bola alrededor de las patas de un caballo o de un venado que tiene que caer; así con esta bola se ha dado muerte a nuestro sobredicho capitán y sus hidalgos pues yo mismo lo he visto; también a nuestros infantes se los ha muerto con los susodichos dardos".

La batalla de Corpus Christi fue imponente y con graves consecuencias para ambos bandos. La indiada esperó a los invasores cerca de un río y los dejó venir: "Y cuando nosotros quisimos atacarlos se defendieron ellos de tal manera que ese día tuvimos que hacer bastante con ellos; mataron ellos a nuestro capitán don Diego Mendoza y junto con él a seis hidalgos de a caballo, también mataron a tiros alrededor de veinte infantes nuestros y por el lado de los indios sucumbieron alrededor de 1.000 hombres; más bien más que menos; y se han defendido muy valientemente contra nosotros, como bien lo hemos experimentado".

Dicen que en el combate murió un tal Diego Luján, que fue arrastrado por su caballo hasta caer en las profundidades de un río que todavía hoy lleva su nombre.

La cosa no terminó ahí. La resistencia indígena se armó con refuerzos que llegaban de todas partes apenas se conocían los mensajes enviados por los diferentes caciques, que habían tomado la decisión de poner sitio al conjunto de ranchos que hacía las veces de Santa María de los Buenos Aires. El ataque incluyó una lluvia de flechas incendiarias que terminaron con los techos de las precarias viviendas de la gente de Mendoza. Un pequeño grupo de querandíes en canoas logró incendiar por completo un tercio de la flota. El sostenido asedio les trajo gravísimas consecuencias a los invasores, para quienes trabajar para comer seguía siendo un delito de lesa humanidad:

"Cuando los querandíes pusieron cerco a la ciudad –dice Schmidl– padecían todos tan gran miseria que muchos morían de hambre; ni eran bastantes los caballos. Aumentaba estas angustias haber ya faltado los gatos, ratones, culebras y otros animalejos inmundos, con que sabían templarla, y se comieron hasta los zapatos y otros cueros. Entonces fue cuando tres españoles se comieron secretamente un caballo que habían hurtado, y habiéndose sabido confesaron atormentados el hurto, y fueron ahorcados, y por la noche fueron otros tres españoles y les cortaron los muslos y otros pedazos de carne, por no morir de hambre".[10]

Así de desastrosa era la vida en aquella aldea donde los buenos aires brillaban por su ausencia. Pero el hambre no era para todos, según lo cuenta Bartolomé García, integrante de las huestes de Mendoza: "A mí y a otros seis compañeros

10 Schmidl, *op. cit.* pág. 154.

nos mandó que le cazáramos, y así lo hicimos, que todos los días teníamos tributos de docena y media de perdices y codornices que comía don Pedro de Mendoza y los que él más quería".

Pero, más allá de su glotonería y egoísmo, la enfermedad de Mendoza avanzaba y con ella sus delirios, su locura y su agresividad. En todo el día el adelantado no salía de su habitación de la nave Magdalena, encallada en la orilla del río. Se le habían formado hondas ulceraciones que le roían las manos, la espalda y la cabeza. Tenía miedo a la oscuridad y enloquecía a su compañera María Dávila, a la que no dejaba moverse de su lado. Su médico, Hernando de Zamora, ante los pedidos desesperados de un paciente desesperadamente impaciente, le fue aumentando la dosis de biclorato de mercurio que le suministraba en píldoras, hasta provocarle una profunda intoxicación que puso en riesgo la vida de don Pedro. Despertaba de largas pesadillas gritando: "¡Vosotros, judíos, hicisteis matar al maestre de campo y agora morís como chinches! Desdichado de Osorio que me hicisteis mal, a mí y a todos". En algo tenía razón el adelantado: sus hombres morían como chinches. De los 1.200 originales quedaban apenas 650.

En 1537, uno de los sobrevivientes, Luis de Miranda, escribió el primer romance[11] del Río de la Plata, que entre otras cosas decía:

El estiércol y las heces
que algunos no digerían
muchos tristes los comían
que era espanto.
Allegó la cosa a tanto

11 El romance se caracteriza por ser un relato breve de tema épico-lírico y ritmo octosilábico apto para el canto y la danza.

que como en Jerusalén[12]
la carne de hombre también
la comieron.
Las cosas que allí se vieron
no se han visto en escritura:
comer la propia asadura
de su hermano.
Más tullido el que más fuerte,
El más sabio el más perdido,
El más valiente caído y hambriento.
Nuestro general[13]
Ha causado aqueste mal
Que no ha sabido gobernarse,
Y ha venido aquesta necesidad
También por su enfermedad.[14]

Entre las pocas mujeres "decentes" que habían venido con Mendoza estaba Isabel de Guevara, que así le escribía a la reina de España sobre la flojedad de los hombres y el coraje y la voluntad de las mujeres en la primera Buenos Aires:

Muy Alta y poderosa Señora:
A esta provincia del Río de la Plata, con el primer gobernador de ella Don Pedro de Mendoza, hemos venido ciertas mujeres entre las cuales ha querido mi ventura que

12 Se refiere al sitio de Jerusalén por las tropas del emperador Tito en 70 d. C., conocido en España por los relatos del historiador Flavio Josefo, testigo de los hechos.

13 Referencia a Pedro de Mendoza.

14 Transcripción de la edición paleográfica del romance por José Torre Revello, que utilizó la copia del manuscrito original hecha por Gaspar García Viñas.

fuese yo la una. Y como la armada llegase al puerto de Buenos Aires con mil e quinientos hombres y les faltase el bastimento, fue tamaña el hambre, que a cabo de tres meses murieron los mil. (...) Vinieron los hombres en tanta flaqueza que todos los trabajos cargaban a las pobres mujeres, así en lavarse las ropas como en curarles, hacerles de comer lo poco que tenían, limpiarlos, hacer centinela, rondar los fuegos, armar las ballestas y cuanto algunas veces los indios les venían a dar guerra, hasta acometer a poner fuego en los versos y a levantar los soldados, los que estaban para ello, dar alarma por el campo a voces, sargenteando y poniendo en orden los soldados. Porque en este tiempo –como las mujeres nos sustentamos con poca comida–, no habíamos caído en tanta flaqueza como los hombres. He querido escribir esto y traer a la memoria de V. A. para hacerle saber la ingratitud que conmigo se ha usado en esta tierra, porque al presente se repartió por la mayor parte, de lo que hay en ella, así de los antiguos como de los modernos, sin que de mí y de mis trabajos se tuviese ninguna memoria, y me dejaron de fuera sin me dar indios ni ningún género de servicios. (...) Suplico me sea dado mi repartimiento perpetuo y en gratificación de mis servicios mande que sea proveído mi marido de algún cargo conforme a la calidad de su persona pues él (...) por sus servicios lo merece.

Nuestro Señor acreciente su Real vida y estado por muy largos años. De esta ciudad de la Asunción y de julio 2, 1556 años.

Servidora de Vuestra Alteza, que sus Reales manos besa.[15]

15 Carta de Isabel de Guevara a la princesa gobernadora, fechada en Asunción el 2 de julio de 1556, en Jorge Caldas Villar, *Nueva historia argentina*, Buenos Aires, Juan C. Granda, 1980.

La falta de recursos, el hambre, las disputas internas y la hostilidad de los querandíes corrieron a los españoles. Algunos se dirigieron hacia la recientemente fundada ciudad de Asunción y otros, como el propio Mendoza, regresaron a España. Antes de irse, don Pedro le dejó su adelantazgo a Juan de Ayolas, aclarando que en su ausencia gobernaría Ruiz Galán.

También dejó un pliego, fechado el 20 de abril de 1537, con recomendaciones prácticas para el ejercicio de la justicia, en las que se advierte el recuerdo del caso Osorio: "Si de algunos hiciéredes justicia, sea con mucha razón, y si fuere cosa que podáis pasarla, pasadla, porque Dios será de esto servido y si no no le ajusticiéis sin hacer su proceso primero y bien substanciado, y si el caso fuera tal que os toque en traición, y esto viéredes cierto que es verdad, y no halláredes testigos que basten, empozadlo secretamente de noche".[16]

En su "pliego de mortaja" decía: "Sabéis que no tengo qué comer en España si no es la hacienda que tengo que vender y toda mi esperanza es en Dios, en vos, por eso mira, pues os dejo por hijo y con cargo tan honrado que no me olvidéis pues me voy con seis o siete llagas en el cuerpo, cuatro en la cabeza y otra en la mano que no me deja escribir ni aun firmar. (...) Y si Dios os diera alguna joya o alguna piedra no dejéis de enviármela por que tenga algún remedio de mis trabajos y mis llagas".[17] En otro párrafo decía que se llevaba con él al contador Felipe Cáceres, acusado recurrentemente de robo y malversación de fondos, "por no dejaros aquí este hombre tan bullicioso". Aconsejaba a sus

---

16 Vicente Sierra, *Historia de la Argentina,* Buenos Aires, UDEL, 1957.

17 Gustavo Gabriel Levene, *Breve historia de la independencia argentina,* Buenos Aires, Eudeba, 1966.

hombres que si "entrando muy arriba" se topaban con Pizarro o con Almagro, procuraran entablar amistad, y si Almagro quisiera dar 105 mil ducados por la parte de la gobernación que daba al Mar del Sur, se la entregaran, aunque fuera por 100 mil. Y ya entrando en el regateo, seguía: "Y si viéreis que hay otra cosa que sea más en mi provecho, no dejándome morir de hambre".

Pero nada de esto recibió y murió en alta mar, a bordo de la Magdalena, el 23 de junio de 1537. Según el deán Funes, "el antiguo crédito de Mendoza fue más bien obra de la fortuna que de la naturaleza. Cuando aquélla lo abandonó, desapareció su heroísmo, y sólo quedaron sus flaquezas. Sin genio, sin talento, sin valor y, lo que es más, sujeto a las pequeñeces de las pasiones que envilecen al último pueblo, no había nacido para grandes designios".

La expedición de Mendoza, apadrinada como ninguna por el emperador, había terminado en un rotundo fracaso. Buenos Aires fue completamente despoblada en 1541. Era la más notable derrota sufrida por el "Imperio Universal" de Carlos V en las Indias y había sido infligida, como decía un cronista, por "unos salvajes que no reconocían las más mínimas normas de la propiedad privada por no tener costumbre de apropiarse de las cosas propias ni ajenas".

El Día de la Industria
(2 de setiembre de 1587)

"Y si todos los españoles que en estas partes están
y a ellas vienen fuesen frailes, o su principal intención
fuese la conversión de estas gentes, bien creo yo que
su conversación con ellas sería muy provechosa;
más como esto es al revés, al revés ha de ser el efecto
que obrare; porque es notorio que la más de la gente
española que acá pasa son de baja manera, fuertes y viciosos
de diversos vicios y pecados. Y si a estos tales les diese
libre licencia de se andar por los pueblos de indios,
antes por nuestros pecados se convertirían
a sus vicios que los atraerían a virtud."

CARTA DE HERNÁN CORTÉS A CARLOS V

Desde 1941 se celebra en la Argentina el 2 de setiembre como el Día de la Industria, en conmemoración de un episodio que, bien analizado, no deja de ser todo un símbolo del "ser nacional" y del estado actual de la actividad productiva más vapuleada desde aquel fatídico 24 de marzo de 1976, que implantó el modelo de desindustrialización, afianzado por los jinetes de nuestro Apocalipsis, Menem-Cavallo-De la Rúa & Company, entre 1989 y 2001.

Debe de haber pocos países en el mundo (por no decir ninguno y contribuir a alimentar nuestro ego –por aquello de la originalidad nacional–) que para homenajear a su industria nacional elijan la conmemoración de un hecho delictivo; concretamente, un episodio de contrabando. Eso fue lo que ocurrió aquel 2 de setiembre de 1587 en el territorio que hoy conocemos como República Argentina y que entonces pertenecía al Virreinato del Perú.

Aquel 2 de setiembre de 1587 zarpó del fondeadero del Riachuelo, que hacía las veces de puerto de Buenos Aires, la carabela San Antonio, al mando de un tal Antonio Pereyra, con rumbo al Brasil.

La San Antonio llevaba en sus bodegas un cargamento proveniente del Tucumán, fletado por el obispo fray Francisco de Vitoria. Se trataba de tejidos y bolsas de harina producidos en la por entonces próspera Santiago del Estero. Lo notable es que, según denunció el gobernador del Tucumán, Ramírez de Velasco, dentro de las inocentes bolsas de harina se encontraban camuflados varios kilos de barras de plata del Potosí, cuya exportación estaba prohibida por real cédula. Es decir que la "primera exportación argentina" encubrió un acto de contrabando y comercio ilegal.

Negocios en el Tucumán

El obispo Francisco de Vitoria, que había servido a un mercader en Charcas, pudo entablar allí relaciones comerciales con los miembros más notables de la Audiencia, lo que le permitió obtener un permiso para importar esclavos desde el Río de la Plata.

Hasta entonces no había entrado ni un solo esclavo por Buenos Aires, de modo que Vitoria fue el pionero del tráfico negrero en estas tierras. Sin embargo, el Consejo de Indias lo había propuesto "por ser muy buen letrado y predicador" y por poseer excelentes recomendaciones gracias a su pasado de consejero de la Inquisición, en España.

En 1586, fue nombrado gobernador de Tucumán Juan Ramírez de Velasco. La condena del concubinato ("amancebamiento"), la sodomía y el estupro fue su primera medida. Sus principales enemigos eran el obispo Vitoria y sus socios de la Audiencia de Charcas. El gobernador Ramírez de Velasco denunció el contrabando practicado sistemáticamente por Vitoria, pero los miembros de la Audiencia, que participaban en el negocio, parecían no "oír" sus reclamos.

Decía Ramírez de Velasco en sus notas que "en esta ciudad está la iglesia catedral y por obispo de ella don Francisco de Vitoria, de la orden de Santo Domingo, (...) que si hay escasez de sacerdotes se debe, no a la pobreza de la tierra, sino a los malos tratamientos del prelado porque aun los legos no lo pueden sufrir. A mí me ha excomulgado dos veces. Todo su negocio es tratos y contratos".

Como Ramírez de Velasco no podía con el obispo, empezó a hacer justicia con aquellos que lo secundaban. A un tal García de Jara, que había matado unos once indios y llevado a cabo unos "nueve estupros con fuerza en indias pequeñas, que por serlo mucho murieron seis, y realizado muchas difamaciones por ser uno de esos que lavan su lengua en honras de mujeres honestas", mandó que le cortasen la lengua y la clavaran en un madero y lo que quedara de él lo colgaran "hasta que muriera de muerte natural".

El obispo, que tenía más de 20.000 indios en encomienda, no prestaba mucha atención a lo que decía San Jerónimo (¿347?-420) anticipándose varios siglos a Carlos Marx: "Como el mercader nada agrega al valor de sus mercaderías, si ha ganado más de lo que ha pagado, su ganancia implica necesariamente una pérdida para el otro; y en todo caso el comercio es siempre peligroso para su alma, puesto que es casi imposible que un negociante no trate de engañar". Ni a San Ambrosio (340-397), que condenaba sin soslayos la propiedad privada: "Todo lo que tomas sobre tus necesidades, lo tomas por violencia. ¿Dios habría sido bastante injusto para no distribuir con igualdad los medios de vida, de manera que tú estarías en la abundancia, mientras que otros sufrirían necesidades? El pan de los hambrientos es el que tú acaparas, el traje de los desnudos es el que guardas, el dinero que tú ocultas es el rescate de los desgraciados".[1]

El gobernador Ramírez de Velasco se expresaba en estos términos en una carta dirigida al rey Felipe II: "El obispo Vitoria tiene amedrentados a vuestros vasallos con sus continuas excomuniones y su vida y ejemplo no es de prelado sino de mercader (...) No he visto que haya acudido a las cosas de su cargo ni le he visto en la iglesia ni entiende en la conversión destos pobres naturales (...) y en el entretanto que andaban las procesiones estaba él por sus manos haciendo fardo para llevar al Brasil (...) y llegaron sesenta negros que le dejaron los ingleses (...) vino a esta ciudad con ellos (...) deja de acudir al oficio de pastor para acudir al de mercader sin acordarse destas pobres ovejas (...) y en sabiendo un pecado o liviandad de alguno le hace proceso, y el tal culpado, por no venir a sus manos le da cuanto tiene (...) lo que se ha podido averiguar del oro y la plata que el obispo envió al Brasil son los mil y quince marcos de plata blanca y treintinueve marcos de oro de ocho onzas más trescientos setenta pesos de oro de 22 quilates y dos cadenas que pesaron ciento y noventa y cinco pesos y quince marcos de plata labrada que envió el dicho en el dicho navío a Manuel Tellez Barreto, gobernador de Bahía".

La "nave del Día de la Industria" emprendió su regreso con ciento veinte pasajeros involuntarios (esclavos negros, destinados a las minas de Potosí, y varias decenas de campanas y cacerolas), pero fue abordado por el pirata inglés Thomas Cavendish y sus hombres. Al pirata, poco afecto a los rezos y sermones, no lo amedrentó la presencia del obispo, y se robó el barco con toda la mercadería y la mitad de los esclavos.

1 Juan Agustín García, *La ciudad indiana*, Buenos Aires, Claridad, 1923.

Vitoria, entonces, debió hacer obligadamente voto de pobreza y caminar casi desnudo hasta Buenos Aires, donde fue rescatado y, para desgracia de Velasco, devuelto a su diócesis. Pero al año siguiente, vendió 60 esclavos en Potosí y reunió un capital interesante como para insistir con su negocio, esta vez en un navío propio y con pasajeros que llevaban, entre todos, de 40.000 a 45.000 pesos. Sin embargo, fueron sorprendidos por un temporal muy fuerte y "dieron al través de la otra banda del río" –como informaba el gobernador del Tucumán en diciembre de 1588–, donde los náufragos enterraron la plata y anduvieron prófugos de los indios, hasta que los salvó una expedición salida de Buenos Aires. El obispo rescató 15.000 pesos que tenían los naturales; según el gobernador, porque "Dios no miró las ofensas que le ha hecho su desenfrenada lengua". Aparentemente el Todopoderoso se arrepintió, porque en Buenos Aires el gobernador Torres de Navarrete, amigo de lo ajeno y del mencionado español de los cien años de perdón, se echó sobre la plata, tomó 5.000 pesos y el resto lo repartió entre los vecinos; con lo cual Vitoria y su gente tuvieron que volverse al Tucumán caminando. Algunos herejes suponen que el obispo del Tucumán fue el precursor de las peregrinaciones a pie en nuestro país.

Los cabildos de la región comenzaron a protestar contra el obispo, que no se ocupaba "de las cosas de la fe", sino de los negocios.

Hernando de Lerma, sucesor de Ramírez de Velasco, llegó a desterrar al deán Francisco de Salcedo, nombrado por Vitoria, a la ciudad de Talavera del Esteco. Allí Salcedo sublevó a la población y transformó el convento mercedario "en ciertas horas en cuartel y en otras en una casa de placeres". Parece que por las noches, apenas terminadas las oraciones del templo, se abría la falsa puerta del convento y entraban sigilosamente mujeres embozadas. Talavera se convirtió en la "ciudad de la lujuria" y Salcedo se transformó en el caudillo de Talavera del Esteco, en abierto desafío al poder de Tucumán.

Todos estos episodios culminaron con la separación del obispo de su diócesis. El gobernador del Tucumán lo acusaba de haber expulsado a fuerza de malos tratos a casi todos los sacerdotes de su jurisdicción y, suprema ofensa para la época, dejó entender que el obispo era "cristiano nuevo", es decir, judío. En aquellos tiempos la "pureza de sangre" era un argumento decisivo. En un Estado que había usado para consolidarse el molde y yunque de la religión, todos los que no podían demostrar su linaje cristiano eran discriminados. Por lo tanto, la acusación de marrano –judío converso que seguía respetando la fe de sus mayores–, o incluso de cristiano nuevo, era un arma letal y muy fácil de usar: no había nada más eficaz contra un enemigo que proclamar que no era un verdadero creyente.

Pero lo que seguramente nunca imaginó el creativo obispo Francisco de Vitoria fue que su acto se transformaría en toda una alegoría de la Argentina contemporánea y que se le asignaría un espacio destacado en la caprichosa efeméride oficial.

A aquellos que gustan de asociar el "desarrollo" industrial argentino con la colonización española, en la que ven "un antecedente de las políticas proteccionistas de fomento industrial", vale la pena traerles a la memoria la real orden de 28 de noviembre de 1800, que prohibía el establecimiento de manufacturas en las colonias; orden que a su vez fue ratificada por otra del 30 de octubre de 1801, "relativa al exceso notado en el establecimiento en aquel Reyno de Fábricas y artefactos contrarios a los que prosperan en España y tienen por principal objeto el surtido de nuestras Américas.

"Su Majestad no puede permitir que se multipliquen o aumenten ni aun que subsistan hasta la época de paz porque lo estima contrario al bien y a la felicidad de todos sus vasallos y dominios y recela de que acostumbrados sus vasallos a los calores y trabajos de dichos establecimientos rehusaran después volver a las minas de oro y plata y al cultivo de los preciosos frutos y efectos de esos reinos que tienen seguro consumo en esta península.

"Así que quiere Su Majestad de Vuestra Excelencia se dedique con toda prudencia, celo y la preferencia correspondiente a examinar cuántos y cuáles son los establecimientos de fábricas y manufacturas que se hallan en todo el distrito de su mando, y a procurar la destrucción de ellos por los medios que estime más convenientes".

Las primeras décadas infames: fraude, corrupción y negociados en la Argentina colonial

> "Los corruptos pecan más grave e insolentemente que los ladrones, porque éstos hurtan con miedo, y estos otros delinquen confiada y seguramente. El ladrón teme el látigo con que la ley lo amenaza; éstos, por malo que sea lo que hacen, quieren que se tenga y guarde por ley. La ley en fin, suele acobardar al ladrón para que no se atreva a lo prohibido, pero los malos gobernantes atraen las propias leyes al ilícito aprovechamiento a que los lleva su malicia y codicia."
>
> Juan de Solórzano Pereyra,
> *Política indiana*, 1647.

La etapa colonial, la menos estudiada en nuestro sistema educativo, esconde varias de las claves de interpretación del presente argentino. En ella comienzan a conformarse las elites que perdurarán en el poder, atravesando con éxito los distintos ciclos de nuestra historia. Se producen los primeros repartos de tierras, las concesiones comerciales y los permisos para la nefasta trata negrera, base de las fortunas de muchas de nuestras "familias patricias".

También por aquellos siglos que van de 1580 a 1810, se va conformando un Estado corrupto. Paralelamente, a su amparo se irá consolidando una sociedad que aprenderá empíricamente que las leyes pueden ser flexibles, que las normas pueden violarse y que, en general, la ley va por un lado y la gente por otro.

Los principales responsables de esta pedagogía de la ilegalidad fueron la mayoría de los gobernantes que nos tocaron en suerte durante aquel prolongado período, el más largo de nuestra historia. Para dar algunos datos precisos, todos los gobernadores coloniales, con la única excepción de Hernandarias, fueron excomulgados por los distintos obispos del Río de la Plata. La medida eclesiástica se tomó, en la mayoría de los casos, como castigo moral por las malas prácticas de gobierno; y en otros, por las disputas comerciales y de poder entre obispos y gobernadores, una constante de esta etapa histórica.

Sólo un ínfimo porcentaje de los gobernadores y virreyes superaron airosos los juicios de residencia que evaluaban la conducta de los funcionarios públicos de la colonia. El resto sufrió arrestos, confiscaciones y prisión.

Aquellos que pintan a la sociedad colonial con idílicos colores bucólicos, como una supuesta "edad de la inocencia" a la que es deseable retornar, no han recorrido los archivos en los que se acumulan los procesos judiciales por robos, contrabandos y crímenes de todo tipo. En todos los casos, la principal fuente de corrupción ha sido el Estado, y esto nos lleva a reflexionar acerca de la historia, no para abonar el lugar común que enuncia resignadamente que la historia se repite, sino para jerarquizar el postulado meramente histórico que sostiene que si no se cambian las condiciones, si las oportunidades de enriquecimiento ilícito permanecen intactas y los culpables continúan impunes, a las mismas causas sucederán los mismos efectos. O sea que, más que repetirse, la historia continuará.

Buenos Aires, la capital del Brasil

En 1578, el rey Sebastián de Portugal se embarcó hacia Marruecos en una expedición demasiado riesgosa y murió en la batalla de Alcazarquivir sin dejar descendencia; la corona pasó entonces a su tío don Enrique, bastante mayor el hombre.

Felipe II, como nieto del rey portugués don Manuel "el Afortunado" (1469-1521),[1] reclamó derechos hereditarios contra el trono que él consideraba vacante. Buena parte de la nobleza lusitana se opuso a la instalación de un monarca español y proclamó rey al prior de Ocrato. Felipe II, ni lerdo ni perezoso, envió una escuadra y un ejército al mando del duque de Alba, que infligió una derrota militar a los portugueses y negoció con la nobleza el reconocimiento de aquél como rey de ambas coronas. La unificación, que daba origen al imperio más grande de la historia, se concretó en las cortes de Thomaz en 1581.

La exitosa negociación entre España y Portugal se podría sintetizar en la siguiente fórmula: "la corona a cambio de compartir la plata americana con los cortesanos portugueses".[2] Pero la unidad será sólo aparente y bajo el cetro de la monarquía dual se cobijará una sorda guerra de poder económico entre la dirigencia española y la portuguesa. Esta guerra, que expresaba una profunda desconfianza mutua, se diseminará por todos los mares y todos los territorios del enorme imperio.

Es en este contexto que don Juan de Garay fundó definitivamente Buenos Aires el 11 de junio de 1580. El hecho significaba no solamente la posibilidad de la salida de las riquezas del Perú hacia el Atlántico, sino también una avanzada española hacia el mundo portugués y su sede central en América: el ya próspero Brasil.

---

1 Manuel se casó sucesivamente con dos de las hijas de los Reyes Católicos: Isabel (1495) y María (1500), y, más adelante, con Leonor (1518), hija de Juana I de Castilla y abuela de Felipe II.

2 Enrique Larriqueta, *La Argentina renegada*, Buenos Aires, Sudamericana, 1992.

La diminuta villa con la que los peruanos contaban para salir hacia el Atlántico se convirtió también en la cabecera de playa en la que los portugueses confiaban para entrar con rumbo al Perú. "Nacida peruana –dice Larriqueta–, Buenos Aires comenzó a volverse portuguesa."

Cuando el reino de Portugal pasó a depender de la corona española, creció la inquietud entre los *cristianos novos*[3] portugueses y brasileños. Bajo el reinado del fundamentalista religioso Felipe II, la Inquisición lusitana comenzó a actuar con mayor energía, tanto en Portugal como en sus colonias. En el Brasil, los "visitadores" del Santo Oficio se encargaban de recoger denuncias y hacer negocios: entregaban a los conversos que "judaizaban" a Lisboa, previo embargo de todos sus bienes.

Éstos fueron los motivos determinantes que llevaron a miles de judíos a emigrar desde Portugal y Brasil hacia las colonias españolas, donde no eran conocidos.

Frente a tantas desventajas, podían aprovechar las favorables condiciones comerciales que brindaba la frágil unidad de las dos coronas. Las aduanas se volvían muy fáciles de atravesar y los negocios, legales e ilegales, comenzaron a florecer.

Como en un verdadero éxodo, los cristianos nuevos huyeron hacia Bayona, Burdeos, Amsterdam, Amberes y Hamburgo. Y también a las principales ciudades comerciales americanas, como La Habana, Cartagena, Portobelo, Lima, Charcas y Buenos Aires. Su actividad a fines del siglo XVI y en el transcurso del siglo XVII fue, desde el punto de vista económico y social, un acontecimiento muy importante para los pobladores de Buenos Aires y, como se verá, se constituyó en la válvula de escape necesaria para aliviar la

---

3 Nombre que, como el de "marranos", se daba a los judíos conversos.

"falta de provisiones" que aquejaba a los vecinos y, por consiguiente, fue bloqueado por una rigurosa y absurda legislación que condenaba a Buenos Aires al comercio ilegal o a una muerte lenta pero inexorable.

Muchos españoles hicieron fortuna dedicándose por aquellos años casi exclusivamente a la introducción ilegal de judíos en las naves negreras. En la *Revista del Instituto Argentino de Ciencias Genealógicas* se publica uno de aquellos documentos: "Don Bernabé González Filiano, nacido en la isla de Tenerife, acusado de ser pasajero que entró sin licencia de Su Majestad y no tener ningún oficio, antes debe ser castigado por el delito que cometió y vuelto a embarcar en la costa. Pero al casarse con mujer castellana, vecina y descendiente de conquistadores (nieta de Irala) se le perdona pues las leyes lo protegen".

Apenas una aldea

En el plano trazado por Garay, la ciudad estaba formada por unas quince cuadras, de sur a norte, y por nueve de este a oeste. El trazado iba desde la Avenida Independencia hasta Viamonte y desde Balcarce-25 de Mayo hasta Salta-Libertad, empleando la nomenclatura actual de las calles. Sólo las cuarenta manzanas próximas a la Plaza estaban destinadas a edificaciones o "solares", como se decía entonces. Garay entregó a cada poblador una cuadra en los suburbios, para que con ella "atendiera a sus indios, servicios y menesteres". Esas cuadras "lejanas" estaban a metros de la actual esquina de Viamonte y Maipú.[4]

Juan de Garay se asignó el solar que hoy ocupa el Banco Nación. Parece que el fundador no le dio mucho valor,

---

4 Raquel Prestigiacomo y Fabián Uccello, *La pequeña aldea*, Buenos Aires, Eudeba, 1999.

porque aun en el siglo XIX la gente llamaba al lugar el "hueco de las ánimas", por descampado y abandonado.

El puerto natural era el "Riachuelo de los navíos", que desembocaba por entonces a la altura de la calle Humberto I, y el puerto comercial estaba en la actual "Vuelta de Rocha", en La Boca.

En 1590, una carta del cura de San Francisco a Felipe II explica por qué: "Estas pobres tierras hubieran sido un paraíso para ingleses puritanos acostumbrados a las tareas mecánicas y manuales, pero son una condena en manos de gente noble y de calidad como nosotros que a falta de moros y judíos de quien servirse y sin indios mansos a la vista, debemos arar y cavar por nuestras manos".

Una real cédula de Felipe II parecía responderle al sacerdote: "De las Indias he sido avisado, que muchas personas que de acá pasan, puesto que en ésta solían trabajar e vivían e se mantenían con su trabajo, después que allá tienen algo, no quieren trabajar sino folgar el tiempo que tienen, de manera que hay muchos; de cuya causa yo envío a mandar que el gobernador apremie a los de esta calidad para que trabajen en sus faciendas".[5]

Como se ha dicho antes, Buenos Aires era una vasta provincia que abarcaba también Santa Fe, Corrientes, Paraguay y la Banda Oriental. Pero la ciudad desde la que se administraba semejante territorio dejaba mucho que desear.

En los años que siguieron a su fundación, Buenos Aires era un poblado de un centenar de ranchos hundidos en el barro y la miseria. No parece que hubiera estado cerca de cumplir con lo que pedía la Ordenanza de Población de Felipe II: "Que se construyeran grandes edificios para que los

---

5 Juan Agustín García, *La ciudad indiana*, Buenos Aires, Jackson, 1957.

indios entiendan que los españoles pueblan allí de asiento y los teman y respeten para desear su amistad y no los ofender".

Una fortaleza sobre las barrancas del Río de la Plata fue el primer núcleo poblado y el lugar de refugio de la nueva agrupación. A su sombra, flanqueado por tres conventos, se extendía el caserío de paja y adobe donde vivían las familias protegidas por los soldados del presidio. El resto, los vecinos más pobres, recorrían sus chacras y vigilaban sus haciendas, defendiéndose de los bandoleros que robaban sus animales de trabajo y ponían en peligro con total impunidad las propiedades y las vidas.

Según cuenta Juan Agustín García, "el latrocinio se fue tornando una costumbre", a punto tal que un gobernador intentará poner fin a estas prácticas a través de un bando: "Por quanto el desorden y usorbitancia que hay en esta ciudad y su distrito y jurisdicción, de hurtar caballos, bueyes, mulas y ganado y otros animales cuadrúpedos, es muy grande y los que perpetran tales delitos alegan ser uso y costumbre en estas partes y no ser delito; y porque lo susodicho es en gran daño y perjuicio del bien común y de los vecinos de esta ciudad, y está prohibido por leyes de estos reinos, so graves penas de mis antecesores y mías. Mando que ninguna persona de cualquier estado, calidad y condición que sea, así negros como mulatos, indios, mestizos, ni españoles sean osados a tomar ni hurtar, ni en otra manera llevar los dichos bienes sin expresa licencia y voluntad de sus dueños, so pena de la vida y las demás penas por derecho establecidas".[6]

Del barro y el adobe se pasó con los años al ladrillo cocido unido con barro y argamasa. Las maderas de urunday y pinotea fueron reemplazando a las primitivas estructuras de cañas.

6 Juan Agustín García, *op. cit.*

Los viajeros que visitaron Buenos Aires coincidieron en sus comentarios acerca de la sencillez y pobreza de su edificación. También destacaron la amplitud de las viviendas particulares, proyectadas en torno de amplios patios y, a medida que se afirmaba el uso del ladrillo, provistas de numerosas habitaciones y dependencias de servicio. La extensión del terreno permitía, además, cultivar un huerto y plantar árboles frutales. No era por cierto el aspecto externo lo que indicaba la posición social de la familia porteña; sí, en cambio, la cercanía al casco urbano, el mobiliario, la calidad de la vajilla y la cantidad de sirvientes.

El bloqueo impuesto por la corte de Madrid hacía muy difícil la vida cotidiana: "Al presente en esta ciudad no hay vino, ni cera, ni aceite para alumbrar el Santísimo Sacramento, ni tafetán, ni otra seda, ni holanda, ni otro lienzo para poder hacer el servicio de los altares y ornato del culto divino; ni hierro ni acero para el servicio de las piezas de artillería y arcabuces que hay en este puerto; ni hierro para las rejas de los arados y hoces para segar el trigo, ni hachas para cortar leña y labrar la madera, ni para poder hacer un azadón para cavar la tierra, ni para poder hacer una tapia; ni cordobán, ni otro género de que poder hacer unas calzas; ni lienzo para camisas, ni holanda ni ruan para cuellos, ni jabón para lavar la ropa, ni ningún género de paños para vestirse; y es tanto extremo que no se halla en esta ciudad cintas para unos zapatos y generalmente faltan todas las cosas necesarias para el sustento y el vestir del hombre".

En la Plaza Mayor (actual Plaza de Mayo) se concentraban las actividades comerciales, políticas, sociales y religiosas. En cambio, en los alrededores del Riachuelo, convertido en puerto natural, se generó uno de los primeros arrabales, donde habitaban los sectores populares.

La actual calle Defensa comunicaba la zona portuaria con la ciudad, y su recorrido dio origen a los altos de San Pedro Telmo, donde la población creció dedicándose la mayoría a las actividades comerciales y de abastecimiento que generaba el puerto.

En esta zona se habían concentrado varios hornos de ladrillos y tejas, junto a modestas viviendas y galpones para el almacenamiento de productos de importación y exportación. Recién en 1653 se pudo habilitar un servicio de balsas y canoas para el cruce del Riachuelo.

Sobre los primeros porteños y porteñas, dice el viajero inglés Acarate du Biscay:[7] "Aman su sosiego y el placer y son devotos de Venus. Confieso que son hasta cierto punto disculpables a este respecto, pues las más de las mujeres son extremadamente bellas, bien formadas y de un cutis terso. Las mujeres son más numerosas que los hombres y además de españoles hay unos pocos franceses, holandeses y genoveses, pero todos pasan por españoles, pues de otro modo no habría para ellos cabida allí y especialmente para los que en su religión difieren de los católicos romanos, pues allí está establecida la Inquisición".[8]

---

[7] Acarate du Biscay fue un viajero inglés que vivió por algún tiempo en Cádiz, aprendió el castellano y en 1657 partió hacia Buenos Aires a bordo de un buque español cuyo capitán lo hizo figurar en la tripulación bajo su mismo nombre y como sobrino suyo, por la oposición a que los extranjeros ingresasen en las Indias. Llegado al Río de la Plata, siguió viaje al Perú por Córdoba. Permaneció algún tiempo en Potosí, donde se dedicó al comercio. Regresó a Buenos Aires y partió en un buque holandés hacia Europa, en mayo de 1659. En 1698 apareció en Londres el relato de su viaje.

[8] Relación de los "Viajes de Acarate du Biscay al Río de la Plata y desde aquí por tierra hasta el Perú, con observaciones sobre estos países", traducida al español para la *Revista de Buenos Aires*, tomo XIII, por Daniel Maxwell, Buenos Aires, 1867.

A la sombra de Potosí

Buenos Aires no tenía sentido sin las minas del Potosí, que eran su única razón de ser. Durante el último tercio del siglo XVI, gracias a la introducción de la técnica de la amalgama con mercurio proveniente de Huancavélica, la producción de plata y, también, la explotación y mortandad de los indios se habían duplicado. La "villa imperial" era cada vez más rica.

Potosí llegó a tener una población de 160 mil habitantes, bastante más que la mayoría de las ciudades más importantes de la Europa de aquellos tiempos. Con semejante mercado, se convirtió en la principal consumidora de Hispanoamérica, con una clase dirigente que ostentaba, en medio de la miseria, el mayor poder adquisitivo del continente.

Ante el agotamiento de la mano de obra indígena y el calamitoso descenso de la población, Potosí se transformó también en el centro de demanda de esclavos negros más importante del imperio español.

El negocio más horroroso

Potosí era una máquina de devorar seres humanos. La codicia infinita del poder español y sus vecinos europeos había conseguido que todas las zonas circundantes quedaran prácticamente despobladas. Estaban exhaustos los antiguos semilleros de hombres que dejaban sus vidas en los socavones del Cerro de Plata. Pero la demanda superaba la capacidad de producción y hubo que traer inmigrantes involuntarios desde África.

"La disminución de los naturales –escribe el jurista Antonio de León Pinelo, defensor de los tratantes de esclavos– es ya tan notable en todas las Indias que han venido a ser los esclavos que se llevan a ella de Guinea, no sólo útiles para la comodidad, sino necesarios para la conservación de las lndias".[9]

Así fueron llegando millones de personas arrancadas de sus casas, separadas de sus familias y de su cultura.

Según parece, los portugueses eran los únicos que cumplían con las órdenes de la Iglesia de bautizar a los negros antes de embarcarlos. Algunos clérigos –especialmente los jesuitas– estaban indignados por la forma en que se celebraba este sacramento, y le pedían a la corona que fuesen rebautizados. "Vecinos de Córdoba dijeron que en Angola los curas, movidos por la urgencia de las tratas, juntan en hilera en la Iglesia, en los Quibangas, en la plaza o en la playa 300 o 400 negros un día antes de embarcarse. Habiendo estado aprisionados para que no huyan, y sin haber precedido catecismo, chico ni grande, ni haberles enseñado siquiera quién es Dios, lo primero que hacen es irles diciendo a todos: 'Tú te llamarás Pedro, tú Juan, etc.' dándoles escritos sus nombres para que no se les olviden. Hecho esto vuelven a dar la vuelta, echándoles sal en la boca a todos, y a la tercera vuelta, les echan agua, muchas veces con hisopo, por la prisa, acabándose el bautismo. Luego por medio de un intérprete les platican unas palabras antes de partir".[10]

Fray Tomás Mercado, testigo en Sevilla de la "trata nefanda", recuerda el infierno de la travesía: "Van tan apretados, tan asquerosos y tan maltratados que me certifican los mismos que los traen, que vienen de seis en seis, con argollas por los cuellos en las corrientes, y estos mismos de dos en dos con grillos en los pies de modo que de pies a cabeza

---

9 Florencia Guzmán, "Vida de esclavos en el antiguo Tucumán", en *Todo es Historia* N° 393, Buenos Aires, 2000.

10 Maud de Ridder de Zemborain, "Cuando en Buenos Aires se remataban negros", en *Todo es Historia* N° 393, Buenos Aires, 2000.

vienen aprisionados, debajo de cubierta, cerrados por de fuera, donde no se ve el sol ni la luna, que no hay español que se atreva a poner la cabeza al escotillón sin alma de irse, ni a preservar dentro de una hora sin riesgo de grave enfermedad. Tanta es la hediondez, apretura y miserias de aquel lugar. Y el refugio y consuelo que en él tienen, es comer de veinticuatro en veinticuatro horas, no más de una mediana escudilla de harina de maíz o de mijo crudo que es como el arroz entre nosotros, y con un pequeño jarro de agua y no otra cosa sino mucho palo, mucho azote y malas palabras. Esto es lo que comúnmente pasa".[11]

En los primeros momentos de navegación, algunos esclavos, conservando algo de su natural dignidad y rebeldía, se negaban a tomar alimentos, pero los marineros, elegidos entre los más crueles, les colocaban embudos en las bocas para que se alimentaran de prepo y no perdieran peso, de modo de obtener mejor precio por ellos. No había ninguna tolerancia a bordo. Cuando se detectaba un atisbo de epidemia, echaban al mar a los enfermos, encadenados.

Sólo una vez al día eran sacados a la cubierta para bañarlos con agua de mar y cubrir sus cuerpos con aceite.

Aquellos que intentaban fugarse recibían castigos que tenían como objetivo quitarle para siempre la idea de la libertad al resto del forzado pasaje. Algunos eran quemados vivos; otros, muertos después de ser obligados a comerse el corazón de sus compañeros. Eran frecuentes los despellejamientos hasta la muerte y otras salvajadas pergeñadas, en este caso, por los escuderos de la cultura "más avanzada de la época", o sea, los ingleses, que competían con los portugueses y los holandeses por el monopolio del tráfico de carne humana.

11 Florencia Guzmán, *op. cit.*

Pero las desgracias de los africanos no terminaban con el desembarco. Frecuentemente, en Buenos Aires los traficantes ilegales los ahogaban para no ser descubiertos, según señala una carta de un jesuita, fechada en 1635: "Hubo que luchar no poco con la avaricia de sus amos, los cuales los explotan cruelmente. Saben aquéllos ocultar a estos miserables esclavos, y en el peligro de ser atrapados con una porción de ellos, los sofocan en el agua, para eludir la pena decretada contra aquellos que introducen en el reino de Perú esclavos africanos por vía del Paraguay".

Los sobrevivientes de todas estas tragedias recién comenzaban sus suplicios con la llegada a Buenos Aires, donde eran rematados para llegar a su destino final: el Cerro de Plata de Potosí.

Años más tarde, los principales traficantes negreros del Río de la Plata y alrededores serán Martín de Álzaga y su socio, José Martínez de Hoz.

Lima y Sevilla *versus* Buenos Aires

Según la política de la corona española, toda la inmensa riqueza generada por el maldito cerro sólo podía salir por el puerto de Lima, para seguir hasta Portobelo y desembocar en Sevilla. El objetivo económico era beneficiar casi exclusivamente a los comerciantes de esa ciudad y a sus socios limeños, tributarios ambos de importantes "coimisiones" a la corona.

Alguien tenía que pagar los platos rotos y para eso se eligió a Buenos Aires, asignándole la misión casi exclusiva de cuidarle las espaldas a la ruta limeña. El mecanismo comercial no podía ser más engorroso ni kafkiano: las mercaderías eran enviadas desde España al istmo de Panamá y de allí pasaban a Lima, para ser transportadas por tierra hasta los mercados consumidores del lejano sur. Cuando los productos llegaban a su destino, después de pasar por numerosos intermediarios, sus precios, altos de por sí, se habían inflado por el camino. Así, los colonos de estos lares debían disponer de dineros que no tenían para poder subsistir.

"En toda esta gobernación no se acostumbra vender cosa ninguna en las plazas si no es en este puerto, que hace dificultoso el comercio, y también por no hallar los forasteros indios ni otra persona en quien servirse por su dinero porque los pocos indios que hay con sus mujeres y hijos sirven los encomenderos y son tan pocos los cristianos reducidos que en muy poco tiempo se acabarán y con ellos las haciendas del campo y el sustento de los españoles, los cuales han sido y son tan pobres en todas estas gobernaciones que no han podido ni pueden comprar negros. Hay grandísima multitud de yeguas y caballos silvestres con que han dado ocasión a los indios de andar a caballo y están ya tan diestros que no les da cuidado silla ni aparejo. Todos los indios cristianos y de servicio son (...) ocho mil cincuenta y los infieles ciento noventa y nueve mil doscientos sin las mujeres e hijos. Con los infieles no hay ocupados sacerdotes ningunos sino dos descalzos, el uno gran lengua y gran siervo de Dios muy antiguo y seis padres de la Compañía también lenguas ocupados en tres provincias".[12]

Obviamente, en este contexto, la solución era el contrabando,[13] la primera industria nacional.

---

12 "Carta a S. M. del gobernador del Río de la Plata", Buenos Aires, 25 de abril de 1611, en Archivo General de Indias, Sevilla, Charcas, 10.

13 La palabra *bando* significa ordenanza, decreto, ley y toda resolución gubernativa; de modo que *contra-bando* es todo aquello que se hace contra la ley. Pero el uso ha limitado el sentido general y ha establecido que contrabando es el acto de defraudar las rentas introduciendo o sacando mercaderías con violación de las leyes y procedimientos de las aduanas.

El primer invento argentino

En aquellas épocas el currículum se parecía mucho a un prontuario y el virrey del Perú, a la hora de nombrar un gobernador para el Río de la Plata, allá por 1592, eligió a su amigo y socio, el encomendero de Charcas don Fernando de Zárate.

Como a pesar de las reglamentaciones reales una gran parte de la plata altoperuana seguía saliendo por el puerto de Buenos Aires, la corona decidió endurecer su postura y promulgar la real cédula del 28 de enero de 1594, por la cual ratificó categóricamente la prohibición de comerciar, establecida para todos los puertos de América que no hubieran sido especialmente habilitados:

"(...) que por el Río de la Plata no puedan entrar a las provincias del Perú gente ni mercaderías del Brasil, Angola, Guinea u otra cualquier parte de la corona de Portugal, si no fuere de Sevilla; que se guarde mucho aquel paso y no den lugar a que entre gente natural ni extranjera por allí, sin orden ni licencia nuestra".

El cumplimiento de la orden habría significado la extinción de la ciudad puerto y, como nadie se suicida en las vísperas, los porteños comenzaron a buscar la manera de justificar el dicho español que asegura que "hecha la ley, hecha la trampa".

Los adorables sobrinos del gobernador Zárate, conocidos como "los mozos locos", se dedicaron tan ferviente y abiertamente al contrabando, que las quejas llegaron hasta la Audiencia de Charcas. El tribunal envió en enero de 1595 al contador real Hernando de Vargas para investigar los ilícitos apañados por el tío gobernador. Vargas encontró tan poco respaldo en las autoridades locales, que le mandó una carta al rey denunciando las maniobras, pero aclarándole que nada podía hacer, y se volvió a Charcas.

Libres para actuar a sus anchas, tío y sobrinos inauguraron la nunca bien ponderada "viveza criolla" con un invento que sería todo un suceso. Se trataba de aprovechar una disposición firmada en 1581 entre España y Portugal, por la cual las naves de ambos reinos que se hallaran en peligro podrían ingresar a cualquiera de los puertos más cercanos y vender toda su carga. Así nacieron las "arribadas forzosas".

Los sobrinos Zárate atendían los dos lados del mostrador. Ellos decomisaban la carga, ellos la remataban y ellos la compraban, todo, por supuesto, a través de hábiles testaferros.

De esta forma arribaron "forzosamente" a Buenos Aires centenares de naves portuguesas que traían esclavos negros y una variada gama de mercaderías. Estos productos se revendían a precios muy inferiores a la mercadería legalmente procedente de Lima. Estas operaciones producían una abundancia de dinero circulante que beneficiaba a gran parte de la población porteña, que terminaba mirando al contrabando con complacencia, en la certeza de que de él dependía su prosperidad.

Los habitantes de Buenos Aires nunca dejaron de movilizarse para lograr una revisión de la absurda clausura de su puerto. Pese a su miseria, la ciudad logró mantener un procurador en la corte, y por su mediación, combinando súplicas y amenazas de despoblar el sitio y entregarlo a los extranjeros, los porteños recordaron al rey sus trabajos "con la esperanza del comercio que había de tener este puerto con la costa de Brasil" y alegaron que si ese comercio cesaba "dicha ciudad no se podría sustentar, porque los vecinos de ella no tienen otro refugio para vestirse que algunas harinas, sebos y cecinas que hacen y venden para llevar a la costa del Brasil, y cesando éste esta ciudad no se podría sustentar y así se perderá un puerto muy importante al servicio de su Majestad".[14]

Hernandarias

El gobierno del Río de la Plata había carecido de continuidad. Se habían sucedido los gobernadores, sin tiempo alguno para conocer los problemas del país, ya fuera porque abandonaran su puesto antes de tiempo, completamente hartos, como Juan Torres de Vera y Aragón y Fernando de Zárate, o por fallecimiento fulminante, como el de Ramírez de Velasco en 1597.

Ante la muerte de Velasco, los colonos de Asunción eligieron como gobernador a Hernando Arias de Saavedra, Hernandarias, que fue confirmado por el virrey del Perú en 1597. El 12 de enero de 1602 llegó finalmente el pliego de Felipe III con el nombramiento oficial de Hernandarias como gobernador.

Antes de presentar su plan de gobierno de seis años, Hernandarias se dispuso a recorrer la gobernación dejando como teniente de gobernador en Buenos Aires a su sobrino, el cordobés Pedro Luis de Cabrera. Cabrera puso todo su empeño en el contrabando de negros, desentendiéndose por completo de sus funciones.

Al regresar, uno de los primeros problemas que tuvo que enfrentar Hernandarias fue el de la clausura del puerto de Buenos Aires por pedido de los comerciantes de Lima. Entonces, se dirigió al Consejo de Indias en una carta donde explicaba que la defensa del puerto era posible aumentando la población, lo que redundaría en una mejor resistencia a

---

14 José Luis Romero y Luis Alberto Romero (comps.), *Buenos Aires, historia de cuatro siglos*, Buenos Aires, Altamira, 2000.

quienes pretendieran invadir el Perú vía Buenos Aires. También decía que, de ocurrir esto, el Potosí se despoblaría. Hernandarias sabía que ésta era la palabra mágica: Potosí; nada era más importante para la corona, que no podía darse el lujo de ponerlo en riesgo. Como los argumentos fueron buenos y convincentes, la real cédula del 20 de agosto de 1602 autorizó a que se abriera parcialmente el puerto.

Este documento, en el que se aprecia claramente la presión del eje Lima-Sevilla, mantiene la clausura del puerto pero acuerda al mismo tiempo ciertos beneficios temporales a los pobladores de Buenos Aires: "No conviene –dice– que por las dichas provincias del Río de la Plata se abra puerto de contratación con estos Reynos ni con ninguna otra parte, sino que la prohibición (...) se guarde invariablemente y que por allí no salgan ni entren ninguna persona de cualquier calidad sin expresa licencia mía (...) ni se metan mercaderías (...) ni se saque oro ni plata ni otra cosa. Mas, por hacer merced a los vecinos y moradores de la dicha ciudad de la Trinidad y Puerto de Buenos Aires (...) tengo por bien darles licencia y permisión (...) para que por el tiempo de seis años, de los frutos de sus cosechas y en navíos, suyos y por su cuenta puedan sacar cada año (...) hasta dos mil fanegas de harina y quinientos quintales de cecina y otras quinientas arrobas de sebo y llevarlo al Brasil y Guinea y otras islas circunvecinas de vasallos míos y para que en retorno de ello puedan llevar las cosas que tuvieren necesidad para sus casas, como es ropa, lienzo, calzado, y otras cosas semejantes y hierro y acero y todo que se haya de consumir y se consuma en las dichas provincias del Río de la Plata".

Ya en el gobierno, Hernandarias recibió de Felipe III la orden de expulsar a todos los judíos, y su cumplimiento quedó a cargo de Manuel de Frías. Pero las tierras del Plata no eran proclives para esta clase de persecuciones: aunque hubo expulsados y otros que huyeron, la mayoría de los afectados por la disposición se quedaron aquí. Unos, porque habían adquirido el derecho de residencia al casarse con "mujeres vecinas"; otros, porque se convirtieron; y muchos, porque, siendo habilidosos artesanos, la población se encargó de esconderlos. Los ricos, como siempre, encontraron a sus padrinos. Tal protección se hizo pese a las amenazas de Hernandarias: fiel a la ley, publicó un bando en el que prohibía esconder a "dichos portugueses", en una carta real del 20 de noviembre de 1603.

Otro aspecto importante de su administración fue el fomento de los casamientos de españoles con nativas y la defensa de los indios de las misiones, como puede observarse en este escrito firmado por el gobernador: "Mas empezaron los encomenderos a oprimir a los indios y también a sus mujeres e hijos con pesados trabajos, impidiéndoles adquirir bienes y reduciéndolos a la miseria (...). Algunos religiosos de la Compañía procuraron poner remedio a tantos males (...) por lo cual el Padre Torres convirtió en Colegio nuestra casa residencia de Asunción (...). Fue ayudado eficazmente por el gobernador don Hernando Arias quien acababa de recibir una carta del Rey Católico encargándole sobremanera la conversión de las provincias aún sumidas en las tinieblas del paganismo, sin valerse para nada de las armas, sino únicamente de los misioneros".[15]

Hernandarias se propuso destruir la organización contrabandista. Para conseguirlo, dictó varios decretos fijando nuevas condiciones para la introducción y extracción de productos. Los habitantes de Buenos Aires no salían de su asombro frente a esta inesperada demostración de honestidad

---

15 Nicolás del Techo, *Historia de la provincia del Paraguay y de la Compañía de Jesús*, tomo II, Madrid, Regium, 1879.

administrativa. Unos, los llamados "beneméritos", descendientes de los primeros pobladores, se plegaron a la obra del gobernador; y otros, los "confederados", recién llegados vinculados al comercio ilegal, temerosos de que la actitud de Hernandarias acarreara más privaciones para la ciudad, se pusieron de parte de los contrabandistas.

Piratas de levita

Pero en 1609 Hernandarias terminó su mandato, convencido de que terminaría el contrabando y satisfecho por el deber cumplido. Lo sucedió Marín Negrón, que trató de continuar la política de enfrentar el contrabando.

Uno de los primeros contrabandistas seriales porteños fue un lusitano conocido como Bernardo Pecador o hermano Pecador. A su muerte, la banda de contrabandistas portugueses quedó al mando de Diego de la Vega, que había entrado clandestinamente a Buenos Aires con su mujer, Blanca Vasconcelos.

Diego de la Vega era "hijo de quemados", como decían sus documentos, porque sus padres, que eran de ascendencia judía, habían sido ejecutados por la "Santa" Inquisición. Don Diego se convirtió rápidamente en un opulento comerciante. En su manzana, delimitada por las actuales Alsina, Moreno, Balcarce y Defensa, y en su chacra de Barracas atracaban directamente los barcos para descargar esclavos y mercaderías. Para entonces ya dominaba el tráfico con el Brasil y Portugal, y tenía agentes en Lisboa, Londres, Río de Janeiro, Flandes, Lima, Angola y todo el interior de la región del Río de la Plata.

Don Diego, en compañía de su pariente Diego de León, Juan de Vergara, el capitán Mateo Leal de Ayala y el tesorero de la Hacienda Real, Simón de Valdez, idearon una organización conocida como El Cuadrilátero, que se transformaría en la banda de contrabandistas más grande de toda la América española, lo que no era poca cosa.

El objeto de esta sociedad era precisamente ejercer este lucrativo tráfico clandestino. En algo más de tres años introdujeron alrededor de 4.000 "piezas", obteniendo una ganancia de más de 2 millones de ducados. Sus maniobras se ajustaban a la norma que disponía que todo contrabando requisado debía ser rematado de inmediato. Cumpliendo religiosamente con tal requisito, en cuanto llegaba un contrabando, los miembros de la pandilla se encargaban de denunciarlo, de manera que enseguida los negros se ponían a la venta pública. Ninguna oferta podía sobrepasar el precio básico de la ley, unos 100 pesos plata, y el que hacía una oferta que lo sobrepasara, si no era de la banda, perdía la plata y hasta la vida. Los desdichados negros eran vendidos luego en Potosí por varias veces la suma que habían pagado los delincuentes. Los confederados no descuidaron tampoco otros aspectos legales y enviaron a España al brillante abogado Antonio de León Pinelo, para cerciorarse de que estaban actuando "dentro de la ley". Pinelo confirmó desde Madrid que todo era "legal".

El encargado de organizar estas subastas, a las que Vergara y sus socios comenzaron a llamar "contrabando ejemplar", era el tesorero real Simón de Valdez.

Simón de Valdez había nacido en Tenerife en el seno de una familia noble. Uno de sus tíos había sido obispo de León. Valdez se embarcó hacia las Antillas con el grado de cabo, y en La Habana se enteró por casualidad de que un pirata inglés depredaba los puertos de la zona y se ofrecía una interesante recompensa por su captura. Con dinero obtenido en el juego clandestino, armó una pequeña flota, persiguió y capturó al pirata, lo condujo ante el gobernador y cobró el suculento premio, que se constituyó en su capital original, la acumulación primitiva, según algunos.

Poco después Valdez aparecerá nuevamente en La Habana, otra vez en lucha contra los piratas, y obtendrá el título de almirante. Después de varios triunfos, viajó a España y el rey le adjudicó como premio a sus "méritos" el cargo de tesorero de la Real Hacienda en las Provincias del Río de la Plata, el 28 de junio de 1605.

El tesorero llegó al puerto de Buenos Aires en febrero de 1606, tomó posesión de su cargo el 13 de marzo y fue aceptado por el Cabildo el 3 de abril. Al día siguiente se presentó en sociedad: en la casa de los oficiales reales, frente al Fuerte, se enfrentó a puñaladas con el contador de la Real Hacienda, Hernando de Vargas.

Vargas era otro personaje de temer. Había llegado a Buenos Aires en 1595. Comenzó su gestión denunciando los manejos ilegales del gobernador Zárate y llevó el caso a la Audiencia de Charcas. A su regreso se cruzó con el juez pesquisidor Sancho de Figueroa. Don Sancho portaba una real cédula que prohibía todo comercio con el puerto de Buenos Aires, pero había decidido no difundirla, al percibir las oportunidades de negocios que se le presentaban. Vargas se enteró vía Madrid de la existencia de la cédula y denunció a Sancho, que desapareció "misteriosamente".

Simón de Valdez no vino solo. Lo acompañaba Lucía González de Guzmán, que, según dicen los documentos, "no es su esposa legítima". La Guzmán llegará a ser una activa participante de la banda y así se convertirá en adelantada de tantas mujeres de funcionarios por venir. Entre sus actividades, Lucía adoraba ostentar sus riquezas. Después de un tiempo, sus gustos se habían refinado tanto, que sólo iba a misa si se hacía conducir por sus esclavos en silla cubierta, con estrado y cojines de ricas telas.

En 1610, don Diego de la Vega logró que el Cabildo[16] porteño le concediese la calidad de vecino, demostrando que "hacía nueve años que tenía casa poblada y haciendas de mucha importancia en la ciudad". Por aquel entonces, su socio Juan de Vergara había comenzado a ocupar cargos en la administración local y poco a poco fue transformándose en uno de los mayores terratenientes de la región, exportador de ganado y productor agrícola, utilizando gran cantidad de esclavos, indios alquilados y encomendados.

Como señala Jorge Gelman,[17] los sectores que dominaban la vida de Buenos Aires se formaron casi todos a imagen y semejanza de Vergara, combinando comercio y actividades de la tierra con mano de obra compulsiva y administración.

Pero junto a los comerciantes enriquecidos con el tráfico clandestino vivía en Buenos Aires una población que pasaba grandes penurias. Uno de los primeros obispos escribía: "Así ocurre con todo de cuenta que 20 ducados valen en España más que 200 aquí, a causa del precio de las cosas. Para

16 El Cabildo estaba formado por dos alcaldes y seis regidores designados por la corona o el gobernador. No era, como pretenden los defensores de la colonia, un cuerpo democrático o deliberativo elegido por el pueblo, sino el reducto de los vecinos (o sea, los propietarios) de clase alta que se perpetuaban en el poder cuando cada mes de enero "elegían" a quienes habían de integrar el Cabildo durante el año. Las elecciones debían ser confirmadas por el gobernador, que frecuentemente las anulaba o cubría directamente las vacantes. La costumbre de vender los cargos públicos desde los primeros años del siglo XVII redujo aún más la significación de estas elecciones. En Buenos Aires, los concejales propietarios formaban la mayoría del Cabildo y sus derechos eran hereditarios.

17 Jorge Gelman, "El mundo rural en transición", en Noemí Goldman, *Nueva historia argentina*, Buenos Aires, Sudamericana, 1998.

hacerse unos zapatos es menester comprar un cuero, buscar luego un zapatero, rogarle y rogarle muchos meses seguidos, pagarle un precio alto como las nubes, contentarse con
los zapatos, estén como estén, y dar las gracias al operario
efusivamente. No hay médicos, ni droguistas; no existen
medicinas ni barberías, pero todos ofician de médicos y
barberos, cada cual prepara las medicinas del modo que se
le alcanza, como es de suponer (...) No hay plata ni oro, ni
moneda real ni de cobre, de ninguna clase. Las transaccio-
nes se hacen a causa de éstos por medio del cambio de productos, dando vino por trigo, trigo por azúcar, azúcar por
carne, carne por mate y así sucesivamente".[18]

En aquel mismo año de 1610 la sociedad del Cuadrilátero decidió diversificar sus negocios: instaló el casino más
importante del Río de la Plata, con juegos, naipes, dados,
ajedrez, "truques" (una especie de billar) y "mujeres enamoradas", donde también se bebía a discreción. Esta casa
estaba ubicada en la esquina de las actuales calles Alsina y
Bolívar y era propiedad de Simón de Valdez y de su socio
Juan de Vergara. La casa fue construida por el arquitecto
italiano Baccio da Filicaia (1565-1635), florentino, quien tenía en su haber la construcción de los fuertes de Bahía, en
Brasil, el primer Cabildo y el primer hospital de Buenos Aires,
edificado en 1611.

El crecimiento y la impunidad de las actividades de los
confederados alarmaron finalmente a Negrón, que inventó
un procedimiento para expulsar a los portugueses, esta vez
no como "portugueses ilegales" –como lo había propuesto
Hernandarias–, sino como judaizantes. Pero el Tribunal de

---

18 Juan M. Vigo, "Hernandarias entre contrabandistas y judíos",
Todo es Historia N° 51, Buenos Aires, 1971.

la Inquisición en Buenos Aires tenía como notario precisamente al mismísimo líder de la banda, Juan de Vergara, así que el proyecto quedó demorado en el Consejo de Indias.

La apertura parcial del puerto incrementó el contrabando y los de Lima consiguieron que un oidor de la Audiencia de Charcas, don Francisco de Alfaro, se hiciera presente para evaluar la situación. Inició su viaje de inspección –una especie de intervención federal– a fines de 1610 y entró por el Tucumán para dirigirse luego a Buenos Aires en 1611. El 26 de junio de ese año dictó una serie de medidas para combatir el comercio ilícito:

• Se prohibía vender los permisos para exportar.

• Para obtener permiso había que certificar tres años de vecindad.

• Los encargados de buques debían llevar un registro de cargas.

• Se establecía un régimen de multas a los pasajeros que carecieran de licencia.

• Las mercaderías importadas debían consumirse dentro de los límites de la gobernación

Con este aval, el gobernador Negrón dictó una disposición que le costaría la vida: ordenó que las subastas de cargas ilegales por "arribadas forzosas" se hiciesen previa tasación del gobernador y a su "justo precio". El 26 de julio de 1613 murió repentinamente.

Se acata pero no se cumple

Por aquel entonces en Buenos Aires los cargos se adjudicaban en pública subasta, en acto solemne presidido por las más altas autoridades de la colonia, reunidas en la plaza, a las puertas del Cabildo. Y terminaba el acto con esta frase: "Que buena, que buena, verdadera pro le haga".

En 1590, en una real cédula dirigida al gobernador de Buenos Aires, Felipe II ya daba cuenta de la forma ilegal en que se adquirían los cargos: "Muchas veces os habéis entrometido a nombrar jueces, oficiales reales, con voz y voto en Cabildo, por muerte o ausencia del propietario, y que los oficiales de dicha nuestra hacienda real, so color de decir que son regidores más antiguos, pretenden y se les han encargado oficios de alcaldes, por muerte o ausencia del electo, de que resultan grandes inconvenientes (...) y Nos mandamos que, no teniendo cédula y poder particular de nuestra real persona, no os entrometáis a nombrar ni dar los dichos títulos".[19]

Los Reyes Católicos habían prohibido la venta de cargos, pero, como dice Bobadilla, se "debería quitar la dicha ley, que no ocupe el libro de la Recopilación en balde, pues ya no se guarda, y se venden los dichos oficios por culpa de los tiempos, y por las grandes necesidades y obligaciones de Su Majestad".

Un oficio era exactamente igual que cualquier otra propiedad susceptible de ser gravada con derechos reales, ejecutable para el pago de deuda, vendida o heredada: "Y se debe computar al hijo en legítima y mejora, y al marido y mujer en las arras y ganancias: y débese a la hija, si en nombre de dote se le prometió alguno destos oficios; y puédense obligar e hipotecar como la casa y la viña".[20]

Mediante el recurso de la compra de cargos, en 1614, el Cabildo quedó en manos de los confederados.

Pero a los pocos días de la elección llegó un visitador de la Audiencia de Charcas, Enrique de Jerez, que descubrió

---

19 Acuerdos del Cabildo.
20 Acuerdos del Cabildo.

que Negrón había sido envenenado por el flamante alcalde del Cabildo y tesorero de la Santa Cruzada, Juan de Vergara. Vergara, amante de la justicia, lo mandó detener inmediatamente, acusándolo de haber querido detenerlo a él por un "delito imaginario".

Con este panorama, el virrey de Lima, marqués de Montesclaros, designó a un gobernador para terminar con el interinato de Leal de Ayala y nombró a don Francés de Beaumont, que ya había estado en Buenos Aires vinculado al tráfico de negros. El nuevo gobernador venía con las Ordenanzas de Montesclaros, un reglamento ideado por el virrey para la vigilancia de las descargas marítimas. Vergara, que ya había sumado a sus cargos el de síndico procurador del Cabildo, afirmó que el virrey se había excedido en sus atribuciones y propuso al nuevo gobernador que sus ordenanzas sean "acatadas pero no cumplidas". Beaumont se las devolvió al virrey para que las estudiara nuevamente.

Hernandarias vuelve

Mientras los confederados operaban cómodamente, en abril de 1615 llegó una noticia tremenda: el rey Felipe III había elegido nuevamente gobernador al criollo Hernandarias, que asumió el 23 de mayo.

Una de sus primeras medidas de gobierno fue relevar a las autoridades del Cabildo –en manos de los confederados– y sustituirlas por miembros del minoritario partido de los beneméritos, leales al gobernador y a las leyes de la corona.

Pocos días después, metió presos a De la Vega, Valdés, Leal de Ayala y Vergara. Este proceso, sin embargo, estuvo plagado de irregularidades, ya que muy pocos se animaban a declarar, y algunos funcionarios fueron asesinados, como el alguacil menor Domingo de Guadarrama, que había testificado en contra de la banda.

Valdez fue enviado a España para ser juzgado, pero logró escapar después de sobornar al capitán del buque. Vergara sobornó a un guardia de la prisión del Perú adonde había sido enviado y también se escapó.

El expediente contra la banda del Cuadrilátero llegó a tener ¡16.000 fojas!, engrosado por las absurdas chicanas opuestas por los defensores de los contrabandistas. Para sustentarlo, fue necesario solicitar crecientes cantidades de papel a otras ciudades del virreinato.

Como el proceso se demoraba por falta de testigos, Hernandarias pidió a la Audiencia de Charcas que le concediera la facultad de "cuestión extraordinaria", es decir, la de aplicar torturas. Con los testigos debidamente torturados, pudo probar, en detalle, el envenenamiento de Negrón, la complicidad de Leal de Ayala y los oficiales reales con los contrabandistas, la maniobra para apoderarse del Cabildo y las demás jugadas de los confederados. Tras su declaración, los testigos fueron conducidos por los miembros de la banda que estaban en libertad fuera de los límites de la provincia –aparecieron en Santiago de Estero– y se desdijeron de todo lo declarado, por haberlo hecho bajo tormento. Hernandarias tuvo que adoptar una actitud defensiva, porque los confederados tenían mucha influencia entre los habitantes de Buenos Aires, y se sentía odiado y mal reconocido por "perseguir el bien".

La detención de la banda dejó en claro que Buenos Aires vivía del tráfico ilegal y cundió el desabastecimiento, lo que agravó aún más la impopularidad que fue ganando el gobernador.

Sin pruebas, e imposibilitado de continuar el proceso, Hernandarias concluyó su mandato sin haber logrado establecer condena alguna para los principales organizadores del comercìo clandestino.

El fraude modelo 1616

Los confederados necesitaban apoderarse del Cabildo, sobre todo de los puestos de alcaldes, que tenían a su cargo la justicia comunal y eran imprescindibles para hacer la vista gorda necesaria que permitiera la continuidad de los negocios de la banda.

Como todos los años, el 1 de enero de 1616 el Cabildo saliente elegía al entrante. El Cabildo de Buenos Aires estaba formado por dos alcaldes, Francisco de Salas y Francisco Manzanares, y seis regidores con voto –en este caso eran cinco, porque el sexto estaba en la cárcel por un "caso de crimen"[21]: Domingo Gribeo, Felipe Naharro, Gonzalo de Carabajal, Miguel de Corro y Bartolomé Frutos, además del depositario y alférez real Bernardo de León. Además, por una práctica aceptada, votaban también los tres oficiales reales, que eran nada menos que Simón de Valdez, Tomás Ferrufino y Bernardo de León; los dos primeros, integrantes de la organización delictiva. Es decir, que los "confederados" contaban con dos votos contra ocho.

Los delincuentes de turno comenzaron intentando el soborno de los electores mayoritarios, tal como lo denunciarían el día de la elección el alcalde de primer voto y tres de los regidores, pero la maniobra sólo les aportó dos votantes más: el alcalde de segundo voto, Manzanares, que se prestó a los deseos de la banda a cambio de la promesa de llegar a convertirse en procurador general y mayordomo

---

21 José María Rosa, *Historia argentina*, tomo 1, Buenos Aires, Oriente, 1971.

de propios, y el regidor Felipe Naharro, al que le ofrecieron el cargo de alcalde de hermandad. Pero la cuenta seguía dando cuatro votos contra seis y no alcanzaba.

El día de la elección, al entrar en la sala capitular, los beneméritos se enteraron de la maniobra montada por los poderosos confederados de Juan de Vergara: la noche anterior habían sido apresados el escribano del Cabildo, Cristóbal Remón, y uno de sus regidores, Domingo Gribeo, y en cambio estaba presente el detenido por el caso de crimen, Juan Quinteros. Francisco de Salas protestó por las "detenciones maliciosas" de Gribeo y Remón, objetó la presencia del delincuente Quinteros y denunció que conocía las tratativas para sacar del medio a otro alcalde, tachando de nulo el acto comicial que estaba por perpetrarse.

Ayala, que presidía el acto, explicó que había detenido a Gribeo por causas criminales y se negó a que se lo hiciese comparecer bajo custodia.

El presidente empezó la elección recomendando que hubiera paz. Debían elegirse los alcaldes: los cinco beneméritos votaron a Gonzalo de Carabajal y los cinco confederados a Juan de Vergara y a Sebastián de Orduña. El escribano de registro tachó el voto que Carabajal se había concedido a sí mismo y dijo que por haber resultado empatada la elección entre Gribeo, Vergara y Orduña, el gobernador debía definirla con su voto. Ayala, confirmando aquello de que el miedo no es zonzo, les dio su voto a Vergara y a Orduña, y así legalizó el resultado. La elección fue tan escandalosa que un regidor designado por unanimidad, el capitán Francisco Muñoz, desistió de asumir el cargo y prefirió la multa y prisión correspondientes a su negativa.

El contrabando del señor gobernador

En 1617, Felipe III decidió finalmente dividir el extenso territorio de la gobernación del Río de la Plata en dos jurisdicciones: una intendencia con capital en Asunción y otra con capital en Buenos Aires. Hernandarias debía abandonar Buenos Aires para hacerse cargo de la nueva sede de Paraguay.

El elegido para ocupar el cargo de primer gobernador de Buenos Aires, Diego de Góngora, tenía antecedentes que le daban cierto lustre: pertenecía a la orden de Santiago y durante más de siete años había guerreado en Flandes, de donde regresó a España con una expresiva recomendación del duque de Lerma, que le valió como premio la gobernación de estas tierras, uno de los cargos más requeridos por los nobles españoles, más ávidos de riquezas que de gloria.

El nuevo gobernador, quizás para abreviar, zarpó de España el 15 de abril de 1618 con tres naves que traían un cargamento de contrabando valuado en 300 mil ducados. En los primeros días de junio, la flotilla de Góngora recaló en la bahía de Todos los Santos con el propósito de invernar allí, antes de proseguir su viaje al lugar de destino. Pocos días después, entraba en el mismo puerto un velero procedente de Oporto, que traía comunicaciones confidenciales para Góngora; en ellas se le avisaba que a los cuatro días de su partida se había levantado en Lisboa un sumario en el que habían declarado cuantos habían intervenido en las negociaciones, quedando por ende en descubierto sus manejos ilícitos.

Como cuadra en estos casos, Góngora se hizo el sorprendido y argumentó que toda la carga era "para su uso personal". Cuando se dio cuenta de que sus argumentos no eran muy convincentes, mandó desembarcar en Bahía todo el cargamento causante de la denuncia, del que, por supuesto, se encargaron sus corresponsales de la compañía de contrabandistas, radicados en el lugar.

Finalmente el "ilustre" gobernador llegó a Buenos Aires el 16 de noviembre de 1618 y tomó el mando al día siguiente.

Góngora trató de cambiar los "malos hábitos" de sus súbditos: "Hay en esta gobernación generalmente en hombres y mujeres un vicio abominable y sucio que es tomar la yerba con gran cantidad de hierbas calientes para hacer vómitos con grandísimo daño de lo espiritual y temporal porque quita totalmente la frecuencia del santísimo sacramento y hace a los hombres holgazanes, que es la total ruina de la tierra y como es tan general temo que no se podrá quitar si Dios no lo hace".[22]

Al poco tiempo vislumbró el primer negocio: supuestamente avisado de que los holandeses "y otros corsarios" intentaban apoderarse del puerto, Góngora, ni lerdo ni perezoso, envió decenas de informes a sus autoridades, manifestando el estado de indefensión en que se hallaba el lugar y reclamando al mismo tiempo el envío de fuerzas pagadas y dotadas de suficientes armas, municiones y "fondos extraordinarios". El ataque nunca se produjo; el negociado, sí.

Algunos historiadores, como Zacarías Moutoukias, plantean la legítima duda sobre si puede hablarse de corrupción dentro de un régimen cuya razón de ser eran los negocios ilícitos: "La corrupción consistió, durante el siglo XVII en el Río de la Plata, en la infracción regular de un repertorio

---

22 "Carta a S. M. del gobernador de Buenos Aires", 25 de abril de 1617, en Ricardo Rodríguez Molas, *Historia social del gaucho*, Buenos Aires, CEAL, 1982.

fijo de normas que limitaban la integración de los representantes de la Corona en la oligarquía local, es decir, en la participación de las actividades económicas. ¿A qué llamarle corrupción? Si las condiciones en que la Corona organizó la estructura administrativa y militar explican esas infracciones y, además, éstas fueron un aspecto de la práctica económica de la elite dominante, la cual englobaba también a los funcionarios, y la Corona se adaptó a esta situación porque le permitía financiar su aparato administrativo y militar local".[23]

La reanudación del comercio y el mismo contrabando devolvieron la vida a Buenos Aires pero su florecimiento no tardaría en encontrar nuevas trabas. La competencia que enfrentaban los comerciantes de Lima provocó su reacción y la intervención de sus socios de la Casa de Contratación de Sevilla, que, expeditivamente, ordenaron el cierre definitivo del mercado altoperuano a los porteños. Se dictó la real cédula de 1622, que instalaba la aduana seca, o sea, no portuaria, de Córdoba, encargada de frenar el tráfico desde Buenos Aires hacia el Potosí. Para paliar esta situación, se autorizó el envío de dos navíos por año desde Sevilla a Buenos Aires, de modo de asegurar la provisión de la ciudad.

Los reflejos porteños fueron rápidos: el Cabildo anunció que la real cédula lesionaba los intereses de la ciudad, ya que los dos navíos anuales no alcanzaban para cubrir las necesidades mínimas de los vecinos. Los interesados en el contrabando procedieron, antes de la instalación efectiva de la Aduana de Córdoba, a intensificar los envíos al Alto Perú, inundando esa plaza de mercadería y provocando una sensible reducción en los precios, lo que

---

23 Zacarías Moutoukias, "Burocracia, contrabando y autotransformación de las elites. Buenos Aires en el siglo XVII", *Anuario IEHS*, III, Tandil, 1988.

enloqueció aún más a los "pelucones" limeños, que volvieron a mover sus influencias y a renovar sus quejas.

Pero todas las medidas adoptadas no lograron interrumpir la penetración de Buenos Aires en los mercados que se le pretendieron cerrar. Su condición de salida natural de esos territorios al Atlántico se impuso por sobre todas las prohibiciones y controles, que sólo sirvieron para fomentar el contrabando.[24]

Por supuesto que durante el gobierno de Góngora continuaron y aun se incrementaron las "arribadas forzosas". Esto llevó a la corona a sospechar que Góngora estaba asociado a los confederados a través de Simón Valdés. Así que llegó un nuevo juez pesquisador, el licenciado Matías Delgado Flores, que al poco tiempo de investigar el caso calificó al gobernador de "señor y dueño absoluto de esta tierra", no precisamente en tono laudatorio.

Góngora usó de todos los medios a su alcance para impedir la acción de la justicia y logró que el notario del Santo Oficio, que no era otro que el retornado Juan de Vergara, condenara a Flores por haber dicho: "Los contrabandistas están en todas partes. He de matar a todos los de esta ciudad". Delgado Flores terminó deportado en un barco negrero, el 21 de julio de 1619. Nunca más se supo de él.

Enterada del episodio, la Audiencia de Charcas designó a su oidor, Alonso Pérez de Salazar, para que entendiera en los desórdenes y abusos de que se acusaba al gobernador Góngora.

Las sospechas eran fundadas. Con Góngora, la banda de Vergara volvió a hacerse del poder. Coparon nuevamente el

---

24 Diego Luis Molinari, *Buenos Aires, cuatro siglos*, Buenos Aires, TEA, 1984.

Cabildo, sobornaron a la Audiencia de Charcas y enviaron al Consejo de Indias a sus propios emisarios, con abundantes falsos alegatos e informaciones distorsionadas.

Góngora le pidió a Hernandarias el expediente judicial contra los confederados, que ya sumaba más de 19.000 fojas. Hernandarias se negó a concedérselo, aduciendo que el nombramiento de pesquisidor de la Audiencia de Charcas era independiente del cargo de gobernador de Buenos Aires. Góngora ordenó el secuestro del sumario y decretó la prisión del caudillo, y el embargo y la venta de sus bienes, en noviembre de 1618.

Con el juicio en sus manos, Góngora liberó a los vecinos que habían sido apresados, encarceló a los hombres leales a Hernandarias y desterró a los funcionarios fieles al criollo, como el escribano del Cabildo que había oficiado de secretario en el sumario, que fue deportado al África, aunque no resistió las torturas y murió en el viaje.

Juan de Vergara estaba nuevamente instalado en Buenos Aires, listo para retomar sus actividades y transformarse en la persona más rica y poderosa de la ciudad, hasta su muerte. Había "adquirido" en Lima todos los cargos del Cabildo a perpetuidad, y allí colocó a sus amigos, a un cuñado y a su suegro, nada menos que Diego de Trigueros, conocido porque en tierras de su estancia ocurrió el milagro de la Virgen de Luján.

También durante el gobierno de Góngora regresó el tesorero Simón de Valdez, a quien Hernandarias había mandado a España "para que se hiciera Justicia". Ya no había por qué preocuparse y, como ocurre en estos casos, la impunidad lleva a la ostentación perversa. Todavía no existía la revista *Caras*, pero Juan de Vergara se jactaba, ante quien quisiera escucharlo, de tener setenta y cinco esclavos para servicio doméstico y una casa de quince habitaciones.

Según la información que suministró el sargento mayor Diego Páez de Clavijo, Góngora murió el 21 de mayo de 1623, "pocos días después que le cargaron unas calenturas o pesadumbres causadas de las calumnias que en estas partes se usan".

En el juicio de residencia celebrado "en ausencia", Góngora resultó culpable de haber permitido la arribada forzosa de navíos que introdujeron en estas tierras más de 5.000 esclavos negros y también de haber permitido la salida de cueros, sin tener licencia para ello. El Consejo Real de las Indias revisó la residencia y los cargos acumulados contra Góngora y, por sentencia fechada el 18 de febrero de 1631, lo condenó pagar de 23.050 ducados, "a cumplirse contra los bienes que había dejado el finado". En la misma fecha se dictó también la sentencia del juicio de residencia contra el gobernador interino Diego Páez de Clavijo, que en tiempo récord había acumulado doce cargos en su contra, y se lo condenó al pago en efectivo de 6.700 ducados.

El sucesor de Góngora fue Francisco de Céspedes, que quiso quedar bien con Dios y con el diablo y manifestó que los cargos contra los confederados habían sido magnificados, y que los beneméritos habían llevado adelante una lucha real digna de encomio.

En 1627, Céspedes, aconsejado por Hernandarias, puso en riesgo su vida encarcelando al intocable Juan de Vergara con la idea de darle "garrote en la cárcel". El asunto produjo un revuelo general y el obispo, fray Pedro Carranza, se dirigió a la cárcel, forzó la puerta y liberó a su primo Vergara. Céspedes exigió su devolución, pero Carranza, vestido como para un tedéum y con un báculo en la mano, pronunció un anatema contra el gobernador, que prefirió entregarse.

Céspedes pidió ayuda a Hernandarias, que viajó desde Santa Fe a Buenos Aires autorizado por la Audiencia de

Charcas, gestionó que el obispo Carranza levantara la excomunión e hizo procesar a Vergara lejos de la diócesis de su pariente. Pero el líder de los contrabandistas consiguió inmediatamente su absolución en Charcas.

En 1624, Hernandarias había sido reivindicado oficialmente por el oidor Pérez de Salazar, por medio de un oficio librado el 24 de junio de ese año, que decía: "(...) porque es merecedor de las mercedes y agradecimientos con que su majestad honra y premia a los que en semejantes cargos le sirven fielmente".[25]

Diez años más tarde, a los 70 años, el primer gobernante criollo de estas comarcas moría en Santa Fe, en la más absoluta pobreza.

---

25 José Francisco Figuerola, *¿Por qué Hernandarias?*, Buenos Aires, Plus Ultra, 1981.

Civilización y barbarie:
la rebelión de Túpac Amaru

"Si triunfaran los indios
nos hicieran trabajar
del modo que ellos trabajan
y cuanto ahora los rebajan
nos hicieran rebajar.
Nadie pudiera esperar
casa, hacienda ni esplendores,
ninguno alcanzará honores
y todos fueran plebeyos:
fuéramos los indios de ellos
y ellos fueran los señores."

COPLA ESPAÑOLA ANÓNIMA, 1780

Justo es reconocer que el discurso del poder ha sido y es muy sabio. Decenas de generaciones de argentinos han crecido sabiendo cómo murió Túpac Amaru, sin recordar, y a veces sin saber, cuál fue el motivo de su postrer suplicio. Así, el último Inca no ha quedado en el imaginario colectivo como el símbolo de la libertad americana, sino como el más gráfico ejemplo del descuartizamiento.

Todos los historiadores serios coinciden en señalar que la rebelión encabezada por Túpac Amaru fue el movimiento social más importante de la historia colonial del continente. Y los más recalcitrantes hispanistas admiten que el imperio corrió serio riesgo de desaparecer. Pero como los planteos de Túpac Amaru suenan tan actuales y como sus reivindicaciones sueñan aún hoy el sueño de los justos, sigue siendo prudente que la gente recuerde qué les pasa a los rebeldes cuando se toman demasiado en serio su rebeldía, pero que no se interiorice demasiado de los motivos, de las injusticias atroces que condujeron a la formación del ejército rebelde más justo que haya pisado el continente. La rebelión repercutió notablemente en nuestro país, y nuestras autoridades de entonces tuvieron un rol protagónico en la feroz represión que tuvo como respuesta.

De un lado, estaban la milenaria civilización incaica y sus herederos, que peleaban por lo suyo: por sus tierras, su cultura y su derecho a una vida digna. Del otro, la barbarie de los invasores, cuyo único dios estaba representado por el oro y la plata, y cuyo medio para llegar a él era la codicia, que no reparaba en muertos. Los castigos infligidos a la familia de Túpac Amaru dejan muy en claro de qué lado de la oposición "civilización o barbarie" estaba cada uno.

Nada de espejitos de colores

Pese al relato interesado que nos quiere hacer creer que los habitantes originarios de estas tierras recibieron en todas partes a los invasores como dioses y se entregaron como corderos en el matadero, el viejo imperio incaico, al igual que gran parte del continente, resistió heroicamente el despojo y el genocidio.

El primer intento de resistencia nació con la llegada de Pizarro en 1536 y fue encabezado por el hermano de Atahualpa, Manco Inca, en quienes los españoles habían puesto sus expectativas para que les facilitara el saqueo de aquellas ricas tierras.

En abril del año 1536 Manco partió del Cuzco con la excusa de ir a buscar unas estatuas de tamaño humano para Hernando Pizarro, que gustoso dio el consentimiento. Manco también dijo que realizaría una cacería (el gran "chaco" o caza ceremonial de vicuñas), aunque lo que pretendía era realizar los rituales previos a un enfrentamiento militar.

Pocos días después los invasores se enteraron de que contingentes indígenas se habían concentrado en Yucay y enviaron soldados armados en su búsqueda, pero el intento fue desbaratado por los nativos. Por ese entonces, las tropas de Manco sumaban unos 10.000 hombres, sin contar a las mujeres, que, según el uso indígena, acompañaban a los combatientes.

Tras arduos preparativos, Manco cercó la ciudad de Cuzco. Años más tarde, se recordaría el pavor que sufrieron los españoles sitiados, al verse rodeados por tal cantidad de hombres que permanentemente levantaban un gran vocerío y en las noches encendían fogatas que marcaban el cerco de la ciudad.

Para evitar que Francisco Pizarro enviase refuerzos que rompieran desde afuera el cerco del Cuzco, Manco había coordinado también un ataque a Lima. Por su parte, Francisco Pizarro había decidido enviar una expedición al Cuzco a las órdenes de Gonzalo de Tapia, por la ruta de Pisco. En el ascenso anterior a Vilcashuaman, se toparon con las fuerzas del Inca cerca del río Pampas, donde se libró una sangrienta batalla que terminó con la derrota total de los españoles. Las tropas nativas siguieron su camino y arribaron a Parcos (Huancavélica), donde se las vieron con un nuevo contingente de españoles que trataban de avanzar hasta el Cuzco.

Una tercera expedición enviada desde Lima por vía de Jauja fue sorprendida en Angoyacu, donde murió su jefe, Juan Morgovejo de Quiñones. La ruta del Mantaro quedó despejada para los naturales a través de otros dos combates: Jauja y Pariacaca.

El 5 de setiembre de 1536 el ejército inca, a las órdenes de Quizo Yupanqui, llegó a las puertas de Lima y sostuvo varios duros encuentros con los españoles en Mama, Cañete, Mala, Chancay y Ate. Un contingente al mando de Pedro de Lerma intentó detenerlos en las inmediaciones de Puruchuco, pero los atacantes llegaron a instalarse en los cerros que rodeaban a la ciudad de los reyes y comenzaron a bajar para completar el ataque. Quizo Yupanqui había sido derrotado en Pachacámac por Alonso de Alvarado y, con el estratégico apoyo de tropas indígenas de diversos lugares, los españoles consiguieron la victoria final en Lima. Quizo Yupanqui y Cusi Rímac, los principales jefes de la ofensiva indígena, perecieron.

En el Cuzco, el cerco a la ciudad terminó tras nueve meses, cuando retornaron las tropas de Almagro procedentes de Chile.

Manco decidió trasladarse con su pueblo a la zona de Vilcabamba, donde instalaría, con capital en la imponente ciudad sagrada de Machu Picchu, el Estado neoinca, que iba a perdurar hasta 1572. Allí se restableció el antiguo ceremonial de la religión inca, con el rechazo de todo tipo de elemento cristiano.

Manco fue sucedido por su hijo, Sayri Túpac, y su hermanastro, Titu Cusi, que hacia 1560 dominaba un extenso territorio. Ambos habrían de continuar la resistencia contra los españoles, hasta la muerte de Titu Cusi, en 1571, cuando nombró sucesor al hijo legítimo de Manco Inca, Túpac Amaru, que sería finalmente apresado y decapitado por los españoles.

Así se puso fin a casi treinta y seis años de un Estado neoinca que mantuvo en jaque a los invasores y que atrajo a miles de indios fugitivos de minas y obrajes. Por aquellos años también se produjo el movimiento del Taki Ongoy, que en lengua quechua significa "canto o danza de la enfermedad". Fue un movimiento netamente milenarista, "rabiosamente anticatólico y antihispano".

Sus líderes, Juan Chocne, y las indias Santa María y Santa María Magdalena, propugnaron el rechazo del uso de las ropas españolas o cualquier elemento de índole hispana, incluso los nombres. Denunciaban a la Iglesia y al gobierno virreinal como los principales responsables de las condiciones de sometimiento de los indios. Anunciaban un diluvio inminente que acabaría con todos los españoles. Su tradición indicaba que el imperio había estado precedido por cuatro épocas o soles, de mil años cada una, por lo que justo en el año del estallido del movimiento, 1565, sucumbía la ultima luna, lo que originaría una nueva humanidad.

Ahí viene José Gabriel

José Gabriel Condorcanqui Noguera, que pasaría a la historia con el nombre de Túpac Amaru,[1] nació el 19 de marzo del año 1740 en el pueblo de Surimaná, provincia de Tinta (actual Perú). Era el segundo hijo de don Miguel Condorcanqui y de doña Rosa Noguera, y descendiente en quinta generación del último Inca, Túpac Amaru,[2] que había encabezado una heroica rebelión en 1571 contra el virrey Francisco de Toledo.

---

1 En quechua, el nombre Túpac Amaru significaba "serpiente resplandeciente": *túpac*, resplandeciente, y *amaru*, serpiente. Los antiguos incas comparaban los hombres grandes y poderosos a las serpientes, porque, como ellas, infundían miedo y respeto con su sola presencia. Uno de los barrios del Cuzco, donde los incas conservaban y veneraban algunas serpientes, llevaba el nombre de *Amaru-cancha*, «corral de las serpientes».

2 Don Martín García Loyola, sobrino de San Ignacio, y gobernador de Chile en 1593, se casó con Clara Beatriz, hija única y heredera del Inca Túpac. De este matrimonio nació una hija, que pasó a España, donde se enlazó con un caballero, llamado don Juan Henríquez de Borga, y a quien el rey concedió el título de marquesa de Oropesa. De esta rama procedía también Túpac Amaru.

José Gabriel ingresó a los diez años en el Colegio de Caciques de San Francisco de Borja, en el Cuzco. Años más tarde, estando en Lima por asuntos judiciales, parece que su constante interés en aumentar sus conocimientos lo llevó a escuchar clases de Artes en la Universidad de San Marcos. Heredó los cacicazgos de Pampamarca, Tungasuca y Surimaná y una importante cantidad de mulas que lo convirtieron en un cacique de buena posición, dedicado al transporte de mercaderías. El 25 de mayo de 1760, cuando acababa de cumplir 20 años, se casó con la mujer que sería el amor de su vida, Micaela Bastidas Puyucawa, natural del pueblo de Pampamarca. De esta unión nacieron tres hijos varones: Hipólito, en 1761; Mariano, en 1762; y Fernando, en 1768. Todos los hijos del cacique fueron bautizados por el cura Antonio López de Sosa. El matrimonio con aquella mujer extraordinaria lo alentó en el reclamo de su reconocimiento oficial como cacique y de la ratificación de su calidad de legítimo descendiente del Inca Túpac Amaru.

Un testigo de la época lo describe como "un hombre de poco más de 1,70 de estatura, de nariz aguileña y de ojos vivos. De silueta grácil y delgada, pelo cortado sobre la frente, largo y rizado hasta la cintura, cubierto con un sombrero español de castor. Modales cortesanos y caballerosos, en donde la ecuanimidad y el comedimiento ponen en evidencia un hombre de cultura superior y los rasgos de su carácter. Habla con perfección el español y con gracia especial el quechua. Se conduce con dignidad con sus superiores y con formalidad con los indios".

Las reformas borbónicas

A fines del siglo XVIII, la dinastía de los Borbones, con el objeto de reorganizar el orden y el poder imperiales, inició una política de reformas administrativas y económicas. Las "reformas borbónicas" se extendieron a América y modificaron sustancialmente la relación entre España y las colonias.

Una de las medidas de mayor importancia fue la creación, en 1776, del Virreinato del Río de la Plata, que incluía las minas de Potosí.

A partir de este hecho y del desarrollo de la actividad marítima, Buenos Aires aumentó rápidamente su población, consolidó su estructura urbana y se transformó en el centro comercial más importante entre las colonias que España poseía en el sur del continente americano.

La medida perjudicó seriamente al Virreinato del Perú, donde el visitador José Antonio de Areche pretendió reemplazar los recursos que hasta entonces provenían del Potosí con la hiperexplotación de los indígenas y una asfixiante alza de las cargas tributarias, que incluía la creación de nuevos impuestos que recaían, por supuesto, sobre las ya dobladas espaldas de los indios.

El cierre de los obrajes, la paralización de las minas y la crisis del algodón y el azúcar provocaron el incremento de la desocupación y la pérdida de sus míseros ingresos para miles de indígenas.

Por el fin del mal gobierno

Ante esta situación, Túpac presentó una petición formal para que los indios fueran liberados del trabajo obligatorio en las minas. En ella decía: "Entonces morían los indios y desertaban pero los pueblos eran numerosos y se hacía menos sensible; hoy, en la extrema decadencia en que se hallan, llega a ser imposible el cumplimiento de la mita porque no hay indios que las sirvan y deben volver los mismos que ya la hicieron". Denunciaba los esfuerzos inhumanos a que eran sometidos y que para llegar hasta las minas debían andar "más de doscientas jornadas de ida y otras tantas de vuelta". Pedía también que se acabara con los obrajes, verdaderos campos de concentración donde se obligaba a hombres y mujeres, ancianos y niños a trabajar sin descanso.

Denunciaba particularmente el sistema de repartimientos, antecedente del bochornoso pago en especies, de larga vida en la vida laboral de los latinoamericanos: los corregidores, para sostener sus vidas lujosas e incrementar aún más sus dividendos, obligaban a los indios a comprar toda clase de objetos inútiles, para quedarse ellos con parte de la ganancia obtenida. Decía Túpac Amaru: "Nos botan alfileres, agujas de Cambray, polvos azules, barajas, anteojos, estampitas y otras ridiculeces como éstas. A los que somos algo acomodados nos botan terciopelos, medias de seda, encajes, hebillas, ruan y cambrayes, como si nosotros los indios usáramos de estas modas españolas. Y en unos precios exorbitantes, que cuando llevamos a vender no volvemos a recoger ni la veinte parte de lo que hemos de pagar".

La soberbia Audiencia de Lima, compuesta mayoritariamente por encomenderos y mineros explotadores, ni siquiera se dignó a escuchar sus reclamos.

Túpac fue entendiendo que debía tomar medidas más radicales y comenzó a preparar la insurrección más extraordinaria de la que tenga memoria esta parte del continente.

Los pobres, los niños de ojos tristes, los viejos con la salud arruinada por el polvo y el mercurio de las minas, las mujeres cansadas de ver morir en agonías interminables a sus hombres y a sus hijos, todos comenzaron a formar el ejército libertador.

La primera tarea fue el acopio de armas de fuego, vedadas a los indígenas. Pequeños grupos asaltaron depósitos y casas de mineros y el arsenal rebelde fue creciendo. Abuelos y nietos se dedicaron a la fabricación de armas blancas, pelando cañas, preparando flechas vengadoras. Las mujeres tejían maravillosas mantas con los colores prohibidos por los españoles. Una de ellas sería adoptada como bandera por el ejército libertador. Con los colores del arco iris, aún flamea en los Andes peruanos.

Túpac entendió tempranamente que su rebelión no podría triunfar sin el apoyo de criollos y mestizos, pero los propietarios nacidos en América no se diferenciaban demasiado de sus colegas europeos. Formaban parte de la estructura social vigente, que basaba su riqueza en la explotación del trabajo indígena en las minas, haciendas y obrajes.

La independencia propuesta por Túpac no era sólo un cambio político, sino que implicaba la modificación del esquema social imperante en la América española.

Durante el tiempo en que José Gabriel Túpac Amaru se levantó contra el abuso del corregidor y la mala organización del trabajo en las minas, su movimiento produjo una profunda conmoción en el Perú, grandes transformaciones internas y amplias resonancias americanas. "Muera el mal gobierno; mueran los ministros falsos (...). Y mueran como merecen los que a la justicia faltan y los que insaciables roban con la capa de aduana."

Los elevados impuestos y los nuevos repartimientos realizados a la llegada del virrey Agustín de Jáuregui[3] provocaron que Condorcanqui se decidiera a desatar la rebelión. La ocasión se presentó cuando el obispo criollo Moscoso

---

3 Agustín de Jáuregui fue el trigésimo tercer virrey del Perú. Gobernó desde 1780 hasta 1784, y los tres primeros años de su gestión fueron absorbidos completamente por la rebelión de Túpac Amaru. Luego fue llamado por el rey de España, Carlos IV, quien, un poco tarde, desaprobó su conducta en relación con el juicio y la ejecución.

excomulgó al corregidor de Tinta, Arriaga, individuo particularmente odiado por los indios. El 4 de noviembre de 1780, Túpac Amaru, con su autoridad de cacique de tres pueblos, mandó detener a Antonio de Arriaga y lo obligó a firmar una carta en la que pedía a las autoridades dinero y armas, y llamaba a todos los pueblos de la provincia a juntarse en Tungasuca, donde estaba prisionero. Le fueron enviados 22.000 pesos, algunas barras de oro, 75 mosquetes, mulas, etcétera. Tras un juicio sumario, Arriaga fue ajusticiado en la plaza de Tungasuca, el 9 de noviembre.

Túpac Amaru emitió un bando reinvindicando para sí la soberanía sobre esos reinos, en el que decía: "Los Reyes de Castilla me han tenido usurpada la corona y dominio de mis gentes, cerca de tres siglos, pensionándome los vasallos con insoportables gabelas, tributos, piezas, lanzas, aduanas, alcabalas, estancos, catastros, diezmos, quintos, virreyes, audiencias, corregidores y demás ministros: todos iguales en la tiranía, vendiendo la justicia en almoneda con los escribanos de esta fe, a quien más puja y a quien más da, entrando en esto los empleos eclesiásticos y seculares, sin temor de Dios; estropeando como a bestias a los naturales del reino; quitando las vidas a todos los que no supieren robar, todo digno del más severo reparo. Por eso, y por los clamores que con generalidad han llegado al Cielo, en el nombre de Dios Todopoderoso, ordenamos y mandamos, que ninguna de las personas dichas, pague ni obedezca en cosa alguna a los ministros europeos intrusos".

Por donde pasaba el ejército libertador se acababan la esclavitud, la mita y la explotación de los seres humanos. Todos eran iguales para este ejército que venía a terminar "con la raza de los mandones". La gente volvía a levantar la cabeza, a sentir otra vez el orgullo de ser ellos mismos.

Según Julián Santisteban Ochoa: "El 13 de noviembre el rebelde pasó al obraje de Pomacanchi, el cual mandó abrir, y en presencia de los varios caciques de los pueblos vecinos que por su orden habían concurrido, les dijo que su comisión se entendía no sólo a ahorcar cinco corregidores, sino a arrasar todos los obrajes y poner gente de su confianza al mando. Hizo sacar todas las ropas que había y las repartió entre los indios".

El 18 de noviembre de 1780 se produjo la batalla de Sangarará. En este primer combate, las fuerzas rebeldes derrotaron al ejército realista dirigido por Tiburcio Landa. A partir de entonces, la rebelión tomó un carácter más radical, con un líder a la altura de las circunstancias, que proponía: "Vivamos como hermanos y congregados en un solo cuerpo. Cuidemos de la protección y conservación de los españoles; criollos, mestizos, zambos e indios por ser todos compatriotas, como nacidos en estas tierras y de un mismo origen".

Boleslao Lewin, historiador de la vida de Túpac Amaru, señala que el programa esgrimido por la rebelión contenía las siguientes reivindicaciones:

- supresión de la mita;
- eliminación de los obrajes;
- anulación del reparto de los corregidores;[4]
- abolición de todos los impuestos;
- liberación de los esclavos que se sumaran a la rebelión.

"Desde el día diez –dice un documento de la época citado por Pedro de Ángelis– empezó a escribir cartas a diferentes caciques, mandándoles que prendiesen a sus corregidores,

---

4 El repartimiento o reparto, como lo llamaban los indios, funcionaba como sistema de endeudamiento capaz de garantizar una fuerza de trabajo más permanente. De hecho, forzaba a la población indígena a comprar bienes europeos y nativos al crédito y a precios inflados, obligándolos después a trabajar en las haciendas y en los obrajes, o a entregar un excedente de su producción para así poder cancelar la deuda contraída.

tenientes y demás dependientes, y dando órdenes para que se embargasen sus bienes. Estas cartas iban acompañadas de los edictos que habían de publicar dichos caciques en sus respectivas provincias, promulgando que se acabarían los pechos [impuestos] de repartimientos, aduanas y mitas de Potosí con el exterminio de los corregidores."

El 23 de diciembre de 1780 Túpac Amaru se dirigió especialmente a los criollos, en una proclama donde les hizo saber que "viendo el yugo fuerte que nos oprime con tanto pecho y la tiranía de los que corren con este cargo, sin tener consideración de nuestras desdichas, y exasperado de ellas y de su impiedad, he determinado sacudir el yugo insoportable y contener el mal gobierno que experimentamos de los jefes que componen estos cuerpos, por cuyo motivo murió en público cadalso el corregidor de Tinta, a cuya defensa vinieron de la ciudad del Cuzco una porción de chapetones, arrastrando a mis amados criollos, quienes pagaron con sus vidas su audacia. Sólo siento lo de los paisanos criollos, a quienes ha sido mi ánimo no se les siga ningún perjuicio, sino que vivamos como hermanos y congregados en un cuerpo, destruyendo a los europeos".

Unos 100 mil indios en una extensión de 1.500 kilómetros, de Salta al Cuzco, se dispusieron a seguir al rebelde. En Oruro, donde hubo mucha participación de mestizos, se fijó en abril de 1781 este pasquín:

"Ya en el Cuzco con empeño, / quieren sacudir y es ley, / el yugo de ajeno rey / y coronar al que es dueño. / ¡Levantarse americanos! / Tomen armas en las manos, / y con osado furor / maten, maten sin temor / a los ministros tiranos".

Y en marzo de 1781 fueron fijadas estas palabras en la puerta de la Audiencia de Charcas:

"El general inca viva / jurémosle ya por rey, / porque es muy justo y de ley / que lo que es suyo reciba. / Todo indiano se aperciba / a defender su derecho / porque Carlos con despecho / los aniquila y despluma / y viene a ser todo, en suma, / robo al revés y al derecho".

Cuenta el historiador peruano Valcárcel que "el papel que desempeñó doña Micaela Bastidas Puyucawa tiene capital importancia para conocer la rebelión de Tinta. Puede asegurarse que, desde el primer momento, ella fue el principal consejero de Túpac Amaru, junto al rumoreado Consejo de los Cinco. Y aunque el caudillo actuó mediante decisiones propias, por sus ideas e iniciativas aparece la figura de esta enérgica y prócer mujer con los caracteres de un personaje de valor innegable".[5]

Mucho temor deben haber tenido algunos españoles del Cuzco, quienes, según un testimonio contemporáneo citado por De Ángelis, no sólo se refugiaban en las iglesias sino que "pedían a los sacristanes les franqueasen las bóvedas para sepultarse vivos". Sentir miedo y que sea público es algo que los soberbios jamás perdonan. El miedo pasado y la "repulsión" a la idea de que los "bárbaros" pudieran hacer justicia aquí en la tierra los ponía demasiado nerviosos.

El favorito del rey Carlos IV (y, sobre todo, de su señora), Manuel Godoy, da cuenta, en sus memorias, de cómo el pánico se extendió hasta la corte de Madrid: "Nadie ignora cuánto se halló cerca de ser perdido, por los años de 1781 y 1782, todo el Virreinato del Perú y una parte del de la Plata, cuando alzó el estandarte de la insurrección el famoso Condorcanqui, más conocido por el nombre de Túpac Amaru".

El terror había llegado hasta Buenos Aires, como lo hacía notar el doctor Pacheco, fiscal del recientemente creado Virreinato del Río de la Plata: "Cree el Fiscal poderse declarar

---

5 Daniel Valcárcel, *Rebeliones coloniales sudamericanas*. México, FCE, 1982.

por rebelde al cacique Túpac Amaru; y en caso que no se entregue, o le entreguen sus partidarios a las reconvenciones o requerimientos que permitan las situaciones de cada partido, autorizarse a todo vasallo del Rey, tanto del partido rebelde como del que pase a subyugarle, para que le aprendan o maten para la más cabal inteligencia de aquel excelentísimo señor Virrey, y que las tropas de una y otra parte procedan con la mayor armonía. Buenos Aires y enero 15 de 1781".

En uno de sus manifiestos decía Túpac: "Un humilde joven con el palo y la honda y un pastor rústico libertaron al infeliz pueblo de Israel del poder de Goliat y del faraón: fue la razón porque las lágrimas de estos pobres cautivos dieron tales voces de compasión, pidiendo justicia al cielo, que en cortos años salieron de su martirio y tormento para la tierra de promisión. Mas al fin lograron su deseo, aunque con tanto llanto y lágrimas. Mas nosotros, infelices indios, con más suspiros y lágrimas que ellos, en tantos siglos no hemos podido conseguir algún alivio (...). El faraón que nos persigue, maltrata y hostiliza no es uno solo, sino muchos, tan inicuos y de corazones tan depravados como son todos los corregidores, sus tenientes, cobradores y demás corchetes: hombres por cierto diabólicos y perversos (...) que dar principio a sus actos infernales sería santificar (...) a los Nerones y Atilas de quienes la historia refiere sus iniquidades (...). En éstos hay disculpas porque, al fin, fueron infieles; pero los corregidores, siendo bautizados, desdicen del cristianismo con sus obras y más parecen ateos, calvinistas, luteranos, porque son enemigos de Dios y de los hombres, idólatras del oro y de la plata. No hallo más razón para tan inicuo proceder que ser los más de ellos pobres y de cunas muy bajas".

Aprovechando que España estaba en guerra con Gran Bretaña, se decía que Túpac había tomado contacto con los ingleses, para desprestigiarlo. Entre la crítica y la admiración, un diario de Arequipa describía así, en enero de 1781, la figura del insurrecto y sus compañeros: "El ejército era muy considerable, y fuera de la infantería llevaba sobre mil hombres de caballería, españoles y mestizos, con fusiles, y al lado izquierdo y derecho de Túpac Amaru iban dos hombres rubios y de buen aspecto, que parecían ingleses. Túpac Amaru iba en un caballo blanco, con aderezo bordado de realce, su par de trabucos naranjeros, pistolas y espada, vestido de azul de terciopelo, galoneado de oro; su cabriolé en la misma forma, de grana, y un galón de oro ceñido en la frente. Su sombrero de tres vientos, y encima del vestido, su camiseta o unco, semejante a un roquete [casulla] de obispo, sin mangas, ricamente bordado, y en el cuello una cadena de oro, y en ella pendiente un sol del mismo metal, insignias de los príncipes, sus antepasados".

Tras el triunfo de Sangarará, Túpac Amaru no marchó sobre Cuzco y regresó a su cuartel general de Tungasuca sin entrar en la ciudad, en un intento de facilitar una negociación de paz.

El bando del comandante español detalla el estado calamitoso en el que quedaron las tropas realistas tras la batalla con el ejército libertador: "La tropa al mando del señor mariscal de campo, don José del Valle, volvió al Cuzco muy disminuida por muertos y desertores, y los que entraron en dicha ciudad causaban compasión, viéndolos cubiertos de piojos, muchos o los más descalzos, y otros envueltos en pellejos. Fueron a alojarse en los hospitales, porque de los malos alimentos estaban padeciendo disentería; no tuvieron un colchón, casa de medicina, ni médico para la curación de los enfermos, y las tiendas de campaña estaban hechas pedazos, de podridas y maltratadas. Dicen que no se puede leer sin lágrimas los diarios de los señores Valle y Avilés, y conviene en que aquellos infelices que dejaron el bello temperamento de Lima, la quietud y regalo de sus casas para servir al Rey, como sus buenos vasallos, no han sido pagados".

La gravedad de la situación llevó a los virreyes de Lima y Buenos Aires, Agustín de Jáuregui y Juan José de Vértiz, respectivamente, a unir sus fuerzas. El virrey de Lima dispuso el envío al Cuzco del visitador general, José Antonio Areche, con el mando absoluto de Hacienda y Guerra, acompañado por el mariscal de campo, José del Valle, inspector de las tropas de aquel virreinato, y del coronel de dragones, don Gabriel de Avilés, al mando de un ejército de más de 17.000 hombres. Vértiz, el "virrey de las luminarias", destinó al teniente coronel Ignacio Flores, gobernador de Moxos, nombrándolo comandante general de todas las provincias "que estuviesen alteradas en la jurisdicción de su mando", con amplias facultades para obrar libremente.

Vértiz y su colaborador, el inefable marqués de Sobremonte, le escribían en estos términos al virrey del Perú: "El buen orden y estado pacífico, consistiría en extirpar el ambicioso origen de todos los males que padecen los pueblos, segando la cabeza del rebelde José, he ordenado, se sitúen, y tengan a disposición de cualesquiera de los fieles vasallos u otra persona que este servicio haga, 10.000 pesos corrientes de plata, acuñada en cualesquiera de las cajas de este Virreinato, en que haga constar haberlo ejecutado, y 20.000 de la misma moneda, al que lo entregase prisionero; de manera que se pueda hacer justicia en su persona para el escarmiento y ejemplo de los demás rebeldes sus secuaces. Y si cualquiera de éstos, arrepentidos de sus errores y descamino, ejecutare el mismo servicio, a más de la retribución pecuniaria, se le concederá el perdón de su culpa y pena por ella merecida. Lo que mando se publique y haga notorio en la manera conveniente".

Con la llegada al Cuzco del visitador Areche y el inspector general José del Valle, la situación se desequilibró en perjuicio de los rebeldes.

El pánico de verse adornando las horcas prometidas por los insurrectos llevó a la Junta de Guerra del Cuzco a acompañar la presencia militar con inteligentes medidas políticas que recogían parte de las reivindicaciones de Túpac:

• abolición definitiva de los repartimientos de los corregidores;

• perdón general a todos los comprometidos en la insurrección, exceptuando a los cabecillas;

• condonación de las deudas contraídas por los indios con sus corregidores.

Estas medidas, complemento de la campaña terrorista de saqueo de pueblos y asesinato indiscriminado de todos sus habitantes, lograron que muchos indios desertaran del ejército rebelde o se pasaran a las filas realistas y facilitaron la derrota definitiva de los insurrectos.

Túpac intentó todavía dar un golpe de mano atacando primero, pero el ejército realista fue advertido por un prisionero fugado y el ataque sorpresivo fracasó. La noche del 5 al 6 de abril se libró la desigual batalla entre los dos ejércitos.

Según un parte militar del ejército realista "fueron pasados a cuchillo más de mil y derrotado el resto enteramente". Túpac Amaru intentó la fuga: "Viendo todo perdido –sigue contando el parte militar del 8 de abril– envió orden a su mujer e hijos de que huyesen como pudiesen y se arrojó a pasar un río caudaloso a nado, lo que logró. Pero a la otra banda el coronel de Langui, que lo era por su orden en este pueblo, por ver si indultaba su vida, le hizo prisionero y le entregó a los nuestros (...) lo mismo que a su mujer, hijos y demás aliados. (...) A las seis de la mañana de este mismo día se condujo prisionero a Francisco Túpac Amaru, tío de José

Gabriel, y a otro cacique llamado Torres, famosos capitanes del rebelde. El primero traía vestiduras reales, de las que usaban los Incas, con las armas de Túpac Amaru bordadas de seda y oro en las esquinas".

El traidor era Francisco Santa Cruz, lugarteniente y compadre de Túpac, y había sido aconsejado para dar el tremendo paso por el cura de Langui, Antonio Martínez, que le escribía orgulloso al visitador Areche: "Vea su señoría qué bien eché el cartabón[6]".

Túpac fue hecho prisionero y trasladado al Cuzco. El visitador Areche entró intempestivamente en su calabozo para exigirle, a cambio de promesas, los nombres de los cómplices de la rebelión. Túpac Amaru le contestó con desprecio: "Nosotros dos somos los únicos conspiradores; Vuestra merced por haber agobiado al país con exacciones insoportables y yo por haber querido libertar al pueblo de semejante tiranía. Aquí estoy para que me castiguen solo, al fin de que otros queden con vida y yo solo en el castigo".

Túpac Amaru fue sometido a las más horribles torturas durante varios días. En uno de los interrogatorios, le respondió de este modo al sádico juez Mata Linares: "Siendo descendiente de los incas, como tal, viendo que sus paisanos estaban acongojados, maltratados, perseguidos, él se creyó en la obligación de defenderlos, para ver si los sacaba de la opresión en que estaban".

Al jefe rebelde le fueron atadas las muñecas a los pies. En la atadura que cruzaba los ligamentos de manos y pies fue colgada una barra de hierro de 100 libras e izado su cuerpo a 2 metros del suelo, lo que le causó el dislocamiento de uno de sus brazos.

---

6 Echar el cartabón: tomar medidas para lograr algo.

Túpac Amaru no delató a nadie, se guardó para él y la historia el nombre y la ubicación de sus compañeros. El siniestro visitador Areche debió reconocer el coraje y la resistencia de aquel hombre extraordinario, en un informe al virrey, en el que dejaba constancia de que a pesar de los días continuados de tortura, "el Inca Tupac Amaru es un espíritu y naturaleza muy robusta y de una serenidad imponderable".

En la cámara de tortura su coraje lo llevó a burlarse de sus verdugos, cuando le preguntaron a quién iba dirigida la carta que había escrito con sangre en su celda, y les contestó: "Este borrador es para un tal Higinio de Marcapata, español, minero, pelo rubio, ojos azules, que estuvo con el confesante en una mula blanca. Búsquenlo si pueden".

Túpac fue "juzgado" a la manera de la autodenominada justicia española, heredera de la Inquisición, y condenado a muerte. Esa condena alcanzó a toda su familia. Se iban a perpetrar sobre los líderes rebeldes y la familia del Inca las atrocidades más grandes, sin precedentes en nuestras tierras hasta esos días.

La sentencia, dictada el 17 de mayo de 1781, hablaba del odio desatado entre los españoles como producto del horror provocado por la magnitud de la insurrección. El documento comenzaba enumerando los "crímenes" de los rebeldes: "En la causa criminal que ante mí pende, y se ha seguido de oficio de la Real Justicia contra José Gabriel Túpac Amaru, cacique del pueblo de Tungasuca, en la provincia de Tinta, por el horrendo crimen de rebelión o alzamiento general de los indios, mestizos y otras castas, pensado más ha de cinco años, y ejecutado en casi todos los territorios de este virreinato y el de Buenos Aires, con la idea (de que está convencido) de quererse coronar Señor de ellos, y libertador de las que llamaba miserias de estas clases de habitantes que logró seducir, a la cual dio principio con ahorcar a su corregidor don Antonio de Arriaga".

Y sentenciaba: "Condeno a José Gabriel Túpac Amaru, a que sea sacado a la plaza principal y pública de esta ciudad, arrastrado hasta el lugar del suplicio, donde presencie la ejecución de las sentencias que se dieren a su mujer, Micaela Bastidas, sus dos hijos Hipólito y Fernando Túpac Amaru, a su tío, Francisco Túpac Amaru, a su cuñado Antonio Bastidas, y algunos de los principales capitanes y auxiliadores de su inicua y perversa intención o proyecto, los cuales han de morir en el propio día; y concluidas estas sentencias, se le cortará por el verdugo la lengua, y después amarrado o atado por cada uno de los brazos y pies con cuerdas fuertes, y de modo que cada una de éstas se pueda atar, o prender con facilidad a otras que prendan de las cinchas de cuatro caballos; para que, puesto de este modo, o de suerte que cada uno de éstos tire de su lado, mirando a otras cuatro esquinas, o puntas de la plaza, marchen, partan o arranquen a una voz los caballos, de forma que quede dividido su cuerpo en otras tantas partes, llevándose éste, luego que sea hora, al cerro o altura llamada de Picchu, adonde tuvo el atrevimiento de venir a intimidar, sitiar y pedir que se le rindiese esta ciudad, para que allí se queme en una hoguera que estará preparada, echando sus cenizas al aire, y en cuyo lugar se pondrá una lápida de piedra que exprese sus principales delitos y muerte, para solo memoria y escarmiento de su execrable acción. Su cabeza se remitirá al pueblo de Tinta, para que, estando tres días en la horca, se ponga después en un palo a la entrada más pública de él; uno de los brazos al de Tungasuca, en donde fue cacique, para lo mismo, y el otro para que se ponga y ejecute lo propio en la capital de la provincia de Carabaya; enviándose igualmente, y para que se observe la referida demostración, una pierna al pueblo de Livitaca en la de Chumbivilcas, y la restante al de Santa Rosa en la de Lampa, con testimonio y orden a los respectivos corregidores, o justicias territoriales, para que publiquen esta sentencia con la mayor solemnidad por bando, luego que llegue a sus manos, y en otro igual día todos los años subsiguientes; de que darán aviso instruido a los superiores gobiernos, a quienes reconozcan dichos territorios. Que las casas de éste sean arrasadas o batidas, y saladas a vista de todos los vecinos del pueblo o pueblos donde las tuviere, o existan. Que se confisquen todos sus bienes, a cuyo fin se da la correspondiente comisión a los jueces provinciales. Que todos los individuos de su familia, que hasta ahora no hayan venido, ni vinieren a poder de nuestras armas, y de la justicia que suspira por ellos para castigarlos con iguales rigorosas y afrentosas penas, queden infames e inhábiles para adquirir, poseer u obtener de cualquier modo herencia alguna o sucesión, si en algún tiempo quisiesen, o hubiese quienes pretendan derecho a ella. Que se recojan los autos seguidos sobre su descendencia en la expresada Real Audiencia, quemándose públicamente por el verdugo en la plaza pública de Lima, para que no quede memoria de tales documentos".

Finalmente se recomendaba que fuera exterminada toda su descendencia, hasta el cuarto grado de parentesco.

La condena redactada por el visitador Areche era todo un manifiesto ideológico y llegaba a prohibir todo vestigio de la cultura incaica: "Del propio modo, se prohíben y quitan las trompetas o clarines que usan los indios en sus funciones, y son unos caracoles marinos de un sonido extraño y lúgubre, y lamentable memoria que hacen de su antigüedad; y también el que usen y traigan vestidos negros en señal de luto, que arrastran en algunas provincias, como recuerdos de sus difuntos monarcas, y del día o tiempo de la conquista, que ellos tienen por fatal, y nosotros por feliz, pues se unieron al gremio de la Iglesia católica, y a la amabilísima y dulcísima dominación de nuestros reyes. Y para que estos indios se despeguen del odio que han concebido contra los españoles, y sigan los trajes que les señalan las leyes, se vistan de nuestras costumbres españolas, y hablen la lengua castellana".

La barbarie

El 18 de mayo de 1781 Túpac Amaru y los suyos quedaron expuestos a fieras que se cobraron con creces los momentos de humillación y miedo que debieron pasar por su causa.

A continuación transcribimos textualmente el relato de la muerte de la familia Túpac Amaru contada por sus asesinos:

"El viernes 18 de mayo de 1781, después de haber cercado la plaza con las milicias de esta ciudad del Cuzco (...) salieron de la Compañía nueve sujetos que fueron: José Verdejo, Andrés Castelo, un zambo, Antonio Oblitas (el que ahorcó al general Arriaga), Antonio Bastidas, Francisco Túpac Amaru; Tomasa Condemaita, cacica de Arcos; Hipólito Túpac Amaru, hijo del traidor; Micaela Bastidas, su mujer, y el insurgente, José Gabriel. Todos salieron a un tiempo, uno tras otro. Venían con grillos y esposas, metidos en unos zurrones, de estos en que se trae la yerba del Paraguay, y arrastrados a la cola de un caballo aparejado. Acompañados de los sacerdotes que los auxiliaban, y custodiados de la correspondiente guardia, llegaron al pie de la horca, y se les dieron por medio de dos verdugos, las siguientes muertes.

"A Verdejo, Castelo, al zambo y a Bastidas se les ahorcó llanamente. A Francisco Túpac Amaru, tío del insurgente, y a su hijo Hipólito, se les cortó la lengua antes de arrojarlos de la escalera de la horca. A la india Condemaita se le dio garrote en un tabladillo con un torno de fierro (...) habiendo el indio y su mujer visto con sus ojos ejecutar estos suplicios hasta en su hijo Hipólito, que fue el último que subió a la horca. Luego subió la india Micaela al tablado, donde asimismo en presencia del marido se le cortó la lengua y se le dio garrote, en que padeció infinito, porque, teniendo el pescuezo muy delgado, no podía el torno ahogarla, y fue menester que los verdugos, echándole lazos al cuello, tirando de una a otra parte, y dándole patadas en el estómago y pechos, la acabasen de matar. Cerró la función el rebelde José Gabriel, a quien se le sacó a media plaza: allí le cortó la lengua el verdugo, y despojado de los grillos y esposas, lo pusieron en el suelo. Le ataron las manos y pies a cuatro lazos, y asidos éstos a las cinchas de cuatro caballos, tiraban cuatro mestizos a cuatro distintas partes: espectáculo que jamás se ha visto en esta ciudad. No sé si porque los caballos no fuesen muy fuertes, o porque el indio en realidad fuese de hierro, no pudieron absolutamente dividirlo después que por un largo rato lo estuvieron tironeando, de modo que lo tenían en el aire en un estado que parecía una araña. Tanto que el Visitador, para que no padeciese más aquel infeliz, despachó de la Compañía una orden mandando le cortase el verdugo la cabeza, como se ejecutó. Después se condujo el cuerpo debajo de la horca, donde se le sacaron los brazos y pies. Esto mismo se ejecutó con las mujeres, y a los demás les sacaron las cabezas para dirigirlas a diversos pueblos. Los cuerpos del indio y su mujer se llevaron a Picchu, donde estaba formada una hoguera, en la que fueron arrojados y reducidos a cenizas que se arrojaron al aire y al riachuelo que allí corre. De este modo acabaron con José Gabriel Túpac Amaru y Micaela Bastidas, cuya soberbia y arrogancia llegó a tanto que se nominaron reyes del Perú, Quito, Tucumán y otras partes. (...)

"Este día concurrió un crecido número de gente, pero nadie gritó ni levantó la voz. Muchos hicieron reparo, de que entre tanto concurso no se veían indios, a lo menos en el traje que ellos usan, y si hubo alguno, estarían disfrazados con capas o ponchos. (...) Habiendo hecho un tiempo muy seco y días muy serenos, aquel día amaneció entoldado, que no se le vio la cara al Sol, amenazando por todas partes a llover. Ya la hora de las 12, en que estaban los caballos estirando al indio, se levantó un fuerte refregón de viento y tras éste un aguacero que hizo que toda la gente, aun las guardias, se retirasen a toda prisa. Esto ha sido causa de que los indios se hayan puesto a decir que el cielo y los elementos sintieron la muerte del Inca, que los inhumanos e impíos españoles estaban matando con tanta crueldad".

Dice Valcárcel que en ese momento el pequeño Fernando Túpac Amaru,[7] de diez años de edad, quiso volver la cabeza y taparse los ojos, pero fue obligado a presenciar el sacrificio de sus padres y hermanos y "dio un grito tan lleno de miedo externo y angustia interior que por mucho tiempo quedaría en los oídos de aquellas gentes".

Un documento español titulado *Distribución de los cuerpos, o sus partes, de los nueve reos principales de la rebelión, ajusticiados en la plaza del Cuzco, el 18 de mayo de 1781* nos exime de todo comentario:

José Gabriel Túpac Amaru.
Micaela Bastidas, su mujer.
Hipólito Túpac Amaru, su hijo.
Francisco Túpac Amaru, tío del primero.
Antonio Bastidas, su cuñado.
La cacica de Arcos.
Diego Verdejo, comandante.

---

7 Fernando Túpac Amaru, hijo de José Gabriel, fue pasado por debajo de la horca, y desterrado por toda su vida a uno de los presidios de África.

Andrés Castelo, coronel.

Antonio Oblitas, verdugo.

Tinta

La cabeza de José Gabriel Túpac Amaru.

Un brazo a Tungasuca.

Otro de Micaela Bastidas, ídem.

Otro de Antonio Bastidas, a Pampamarca.

La cabeza de Hipólito, a Tungasuca.

Un brazo de Castelo, a Surimaná.

Otro a Pampamarca.

Otro de Verdejo, a Coparaque.

Otro a Yauri.

El resto de su cuerpo, a Tinta.

Un brazo a Tungasuca.

La cabeza de Francisco Túpac Amaru, a Pilpinto.

Quispicanchi

Un brazo de Antonio Bastidas, a Urcos.

Una pierna de Hipólito Túpac Amaru, a Quiquijano.

Otra de Antonio Bastidas, a Sangarará.

La cabeza de la cacica de Arcos, a ídem.

La de Castelo, a Acamayo.

Cuzco

El cuerpo de José Gabriel Túpac Amaru, a Picchu.

Ídem el de su mujer con su cabeza.

Un brazo de Antonio Oblitas, camino de San Sebastián.

Carabaya

Un brazo de José Gabriel Túpac Amaru.

Una pierna de su mujer.

Un brazo de Francisco Túpac Amaru.

Azangaro

Una pierna de Hipólito Túpac Amaru.

Lampa
Una pierna de José Gabriel Túpac Amaru, a Santa Rosa.
Un brazo de su hijo a Iyabirí.

Arequipa
Un brazo de Micaela Bastidas.

Chumbivilcas
Una pierna de José Gabriel Túpac Amaru, en Livitaca.
Un brazo de su hijo, a Santo Tomás.

Paucartambo
El cuerpo de Castelo, en su capital.
La cabeza de Antonio Bastidas.

Chilques y Masques
Un brazo de Francisco Túpac Amaru, a Paruro.

Condesuyos de Arequipa
La cabeza de Antonio Verdejo, a Chuquibamba.

Puno
Una pierna de Francisco Túpac Amaru, en su capital.

Al enterarse del éxito de la faena, el benemérito obispo de Buenos Aires, fray Sebastián, emitió el siguiente "piadoso" sermón: "El día, pues, de ayer, 23 del corriente, recibimos por el correo de Chile noticias fijas y ciertas, que el 8 de abril próximo fue derrotado y preso el traidor José Gabriel Túpac Amaru con su mujer, hijos, hermanos y demás secuaces que le acompañaban, e influían a negar la debida obediencia a Dios y a Nuestro Católico Monarca. ¿Y qué vasallo fiel y leal no se alegrará en el arresto de este rebelde? ¿Qué español verdadero no concibe en su pecho una excesiva alegría, por noticia tan plausible? ¿Qué cristiano no se empeñará en tributar a Dios los más rendidos obsequios, por habernos concedido un beneficio tan grande? Sí, amados hijos, este suceso es digno de todos nuestros votos y de las más fervientes oraciones. El amor que debemos al Rey y a la Religión que profesamos exige que exhalemos nuestros corazones en alabanzas y cánticos. Últimamente, exhortamos a todos nuestros súbditos, a perseverar en la obediencia de Nuestro Católico Monarca, y en el respeto que se debe a sus virreyes, gobernadores y ministros, cumpliendo con el precepto del Apóstol, que nos intima, que toda alma esté sujeta a las superiores potestades. Dadas en nuestro palacio episcopal, firmadas de nuestra mano, y refrendadas por nuestro secretario, a 24 de junio de 1781".

Ecos de los Andes: sigue la rebelión

Las heroicas muertes de José Gabriel Condorcanqui, sus compañeros y su familia, a pesar de su brutalidad, no pusieron fin a la rebelión. Sus parientes Diego Andrés Túpac Amaru y Miguel Bastidas, y los líderes de las regiones vecinas, como Julián Apaza, más conocido como Túpac Catari, continuaron la lucha. Los Túpac Amaru se concentraron en la zona del Cuzco, mientras que Túpac Catari peleó en la zona del Alto Perú.

El apresamiento de Tomás, uno de los hermanos Catari, que tenían lazos familiares con Túpac Amaru, fue una de las tantas chispas que extendieron la rebelión. Tan querido como el Inca, Tomás Catari fue uno de los dirigentes que más reclamó por su gente ante los españoles, incluido el propio virrey Vértiz.

Entre 1781 y 1784 los hermanos Catari tuvieron en jaque a los españoles, que terminaron capturándolos después de algunos triunfos militares y muchas delaciones. Túpac Catari cayó en 1781, cuando uno de sus colaboradores lo condujo a una emboscada española. Él y su mujer, Bartolina Sisa, corrieron la misma suerte que José Gabriel y Micaela.

El destino de Diego Cristóbal fue tan trágico como el de su hermano, Túpac Amaru, y el de Túpac Catari: a pesar de una amnistía que hubo en 1782, los portadores de la civilización occidental lo apresaron en 1783, lo quemaron con tenazas al rojo y lo colgaron hasta darle muerte.

La lista de las ciudades sublevadas y de los dirigentes que encabezaron las revueltas sería demasiado extensa. Pero sería triste no nombrar a Vilca-Aspasa, que no creyó en la amnistía y siguió peleando hasta que fue muerto en 1784. Injusto sería olvidar a algunas mujeres que lideraron la rebelión, como las cacicas Marcela Castro y Tomasa Tito Condemaito (que dejó todo por la guerra, marido incluido, y guerreaba siempre al frente). Las dos murieron sufriendo horribles suplicios.

Entre febrero y marzo de 1781 comenzaron las rebeliones de los tobas de la reducción de San Ignacio, en el Chaco jujeño, y de la Puna.

Fue José Quiroga, lenguaraz de la reducción, el que supo aprovechar sus relaciones con los tobas y otros grupos para organizar el movimiento en favor de Túpac Amaru en el Norte argentino. El gobernador militar de Jujuy, Gregorio Zegada, lo informó así: "Los indios tobas han esparcido la voz, por su intérprete y caudillo José Quiroga, cristiano que se ha aliado con ellos, diciendo que los pobres quieren defenderse de la tiranía del español, y que muriendo todos, sin reserva de criaturas de pecho, sólo gobernarán los indios por disposición de su rey Inca, cuyo maldito nombre ha hecho perder el sentido a estos indios".

En la Puna, el sargento criollo Luis Lasso de la Vega se proclamó gobernador de la región, en nombre de Túpac

Amaru. El movimiento se extendió a Rinconada, Casabindo, Santa Catalina y Cochinoca.

La delación de algunos caciques y criollos condenó la rebelión al fracaso. Según una nota enviada al virrey por el Cabildo de Jujuy, el traidor Pedro Serrano denunció que Quiroga le había dicho que "venían en defensa de la gente baja, pues a todos los estaban matando en esta ciudad para que tuviese menos vasallos el dicho rey Inca". Serrano fingió participar del alzamiento como capitán, para enterarse de los movimientos de Quiroga y denunciarlo.

El resultado fue un combate librado en Zapla, en el que el gobernador Zegada tomó prisioneros y obligó a los indios a refugiarse en el monte. En represalia, los indios sitiaron y tomaron San Salvador de Jujuy. Zegada pidió ayuda al gobernador intendente del Tucumán, pero éste estaba muy ocupado en contener otros ataques rebeldes en Salta.

Quiroga y su segundo, Domingo Morales, fueron capturados y torturados antes de morir. En el juicio sumario que se les hizo a los prisioneros, los cabecillas fueron condenados a muerte, y el resto, a ser marcados a fuego con una "R", que significaba "rebelde", y a varios años de trabajos forzados.

Lo que tenía ocupado al gobernador intendente Mestre en Salta era otro alzamiento, el de los wichis.

Él y Zegada se encargaron de los escarmientos, tal como cuenta en una carta enviada en abril al virrey Vértiz: "Se me dio noticia de que el comandante don Cristóbal López y el gobernador de armas don Gregorio Zegada habían logrado avanzar a dichos matacos y apresar el número de 65 bien armados, 12 pequeños y 12 mujeres, y la vieja que traían por adivina y que los conducía a la ciudad. Pero considerando el disgusto del vecindario, las ningunas proporciones de asegurarlos y transportarlos al interior de la provincia sin un crecido costo de la real hacienda (...) y finalmente que la intención de eso fue la de ayudar a los tobas a poner a la obra sus proyectos, incurriendo en la ingratitud que otras ocasiones, sin tener aprecio de la compasión con que se les ha mirado siempre, manteniéndolos aun sin estar sujetos a reducción, y que su subsistencia sería sumamente perjudicial, les mandé pasar por las armas y dejarlos pendientes de los árboles de los caminos, para que sirva de terror y escarmiento a los demás".

A pesar de la dispersión de fuerzas y de haber perdido a los dirigentes que los cohesionaban, tanto los tobas como los wichis (matacos) dieron pelea hasta 1785. La brutal represalia a que se los sometió apagó finalmente la rebelión, aunque siguió habiendo uno que otro estallido hasta fines del siglo XVIII.

Los que nunca dieron tregua fueron los chiriguanos, que tomaron la posta y comenzaron una nueva ofensiva hacia 1796, en el Norte argentino y el Alto Perú, contra ciudades y grupos indígenas reducidos por los religiosos. La represión española, a cargo del gobernador de Cochabamba, Francisco de Viedma, y del de Potosí, Francisco de Paula Sanz, nunca tuvo éxito contra ellos: aunque les quemaban tierras y alimentos, les envenenaban el agua y mataban a cuantos de ellos se les cruzaran, los chiriguanos practicaban una especie de guerra de guerrillas y se esfumaban en el monte. Si alguno corría el riesgo de caer en manos españolas, prefería despeñarse junto con su familia.

La campaña iniciada por Sanz en 1805 terminó con la retirada española, luego de enfrentamientos con grupos chiriguanos aliados a los chanés.

Tucumán, La Rioja, Córdoba, Mendoza, Santiago del Estero, ninguna región escapó a la fiebre rebelde.

Mucho tiempo después aún continuaba la lucha en Charcas y la represión en todo el Perú.

El temor a otra rebelión dejó su huella y, poco después de la masacre, las autoridades españolas decidieron suprimir el régimen de corregidores y repartimientos. En su lugar se estableció el régimen de intendencias. Años después se hizo realidad la creación de la Audiencia del Cuzco, otro de los postulados de la rebelión.

Por las dudas, todavía en 1782, las autoridades españolas prohibieron cualquier libro que otorgara a la época del imperio incaico la imagen de una edad de oro a la que fuera deseable retornar. La circulación de la obra *Comentarios reales,* del lnca Garcilaso de la Vega, fue considerada políticamente peligrosa para la población.

Los revolucionarios de 1810 serán llamados "tupamaros" por los documentos españoles de la época y este calificativo será asumido con orgullo por los rebeldes, que lo harán propio, como lo señala una copla anónima de aquellos años:

"Al amigo Don Fernando
Vaya que lo llama un buey
Porque los Tupamaros
No queremos tener rey".

Las invasiones inglesas o el agua y el aceite

Por una de esas curiosidades de la enseñanza de nuestra historia, el episodio conocido como "las invasiones inglesas", a los argentinos, nos remite casi exclusivamente a un hecho de tinte gastronómico: el derrame de litros y litros de aceite, eso sí, hirviendo, por las callejuelas del Buenos Aires colonial.

Algunos de los que van un poco más lejos se ponen nostálgicos, se lamentan de que "hayamos echado a los ingleses" y proponen que comparemos la actual Argentina con los Estados Unidos, Australia y Canadá. Suponen ellos, no se sabe muy bien por qué, que la Argentina, gracias al impulso de la "raza anglosajona", sería hoy una potencia mundial y no una ex colonia inglesa con la mayoría de la población en la miseria, como sucede en la India, Bangladesh, Pakistán o Tanzania.

Según testimonia Robert Clive, funcionario inglés que tuvo a su cargo la conquista y ocupación de Bengala (hoy Bangladesh) en 1757, el centro textil de Dacca (capital de Bengala) era "tan extenso, populoso y rico como Londres". La ciudad tenía al llegar los ingleses 150 mil habitantes con cientos de telares, una pujante industria textil, tierras fértiles y prósperas. Uno de los padres del liberalismo económico, Adam Smith, se lamenta en *La riqueza de las naciones* de los estragos que produjeron los ingleses en aquella región. Dice Smith: "Cientos de miles mueren por año a causa de las condiciones impuestas por los conquistadores, que convierten la escasez en hambre, destruyendo ricos campos de arroz para plantar amapolas para el comercio de opio". Para 1840, tras casi un siglo de explotación inglesa, la población de Dacca había descendido a 30.000 personas. Según reconocía sir Charles Trevelyan en la Cámara de los Lores, "Dacca, el Manchester de la India, ha dejado de ser una ciudad muy próspera para convertirse en una ciudad muy pobre y muy pequeña".[1]

La clave del desarrollo de los Estados Unidos, Canadá y Australia no estuvo en la colonización inglesa –que fue en los tres países brutal, cruel y genocida– sino en el desarrollo en cada uno de esos países de burguesías, explotadoras y egoístas, como corresponde, pero sin embargo con una cierta dosis de coherencia que las llevó a vincular su fortuna y su suerte a la de sus respectivos países, cosa que no ocurrió ni ocurre en la Argentina. Ya lo decía Liniers en 1806, en plena reconquista: "¡Qué no trabajaría yo en los 11 meses después de echar a los ingleses de Buenos Aires para hacer guerrero a un pueblo de negociantes y ricos propietarios! donde la suavidad del clima, la abundancia y la riqueza debilitan el alma y le quitan energía. (...) El dependiente era más apto que el patrón".

Las invasiones inglesas fueron mucho más que "agua y aceite" o el sinónimo de un mate mal cebado, por aquello

1 Noam Chomsky, *Política y cultura a finales del siglo XX*, Buenos Aires, Ariel, 1995.

de que es pura "agua hirviendo y palos". Significaron la incorporación del Río de la Plata al conflicto mundial entre Inglaterra y Francia, las dos potencias capitalistas dominantes, y la definitiva partida de defunción del decadente imperio español. En lo interno, demostraron la fragilidad de las autoridades locales, materializada tanto en la formación de milicias populares como en la inédita destitución de un virrey y el nombramiento de otro, por una voluntad popular en la que la voz de los criollos ya sonaba mucho más fuerte que la de los peninsulares.

Europa en guerra

En la segunda mitad del siglo XVIII el dominio inglés de los mares parecía indiscutible. Como en un "chiste de gallegos", la española "Armada Invencible" hacía rato que había sido vencida y habían quedado muy atrás los tiempos en los que el almirante holandés Michel de Ruyter ostentaba a manera de cetro una escoba, como símbolo del poder holandés que podía "barrer" del mar a todos los enemigos.

Para los barcos franceses, holandeses y españoles, cruzar los mares se había transformado en una aventura peligrosa. Entre 1702 y 1808, España e Inglaterra sostuvieron seis conflictos armados. Esto llevó a las colonias americanas a proveerse de los bienes indispensables a través del ya generalizado contrabando de productos, sobre todo británicos, provistos por los hijos de Su Graciosa Majestad. La incomunicación afectó seriamente la protección militar de los dominios hispánicos. En 1806, los defensores de Buenos Aires recordaban que el último regimiento de infantería proveniente de la metrópoli había llegado a la capital del virreinato en 1784.

América para los ingleses

Desde los comienzos de la conquista de América, los distintos gobiernos ingleses les habían echado el ojo a las riquezas del Nuevo Mundo. La política exterior del imperio británico fue evolucionando de los grandes piratas –tan gratos a Hollywood y a los futuros gobernantes norteamericanos, que los verían como un ejemplo digno de ser imitado– a los grandes contrabandistas de los siglos XVII y XVIII, todos ellos empleados y condecorados por la Gran Bretaña. El broche de oro lo aportó el tratado de Utrecht (en el territorio de los actuales Países Bajos), firmado el 11 de abril de 1713 por Gran Bretaña, Portugal, las Provincias Unidas, Saboya, Prusia y España, que puso fin a la guerra de sucesión de España y otorgó a los ingleses el "asiento de negros" en las colonias españolas, lo que les dio una presencia comercial que los acercó cada vez más a un curioso "monopolio del contrabando". Los barcos que traían esclavos no sólo transportaban lo que se declaraba sino que sus bodegas rebasaban de manufacturas y, por supuesto, no volvían vacías. Llevaban, también de contrabando, las materias primas –en nuestro caso, cueros, tasajo y sebo– con destino a sus incipientes fábricas, que se preparaban para dar el gran salto de la Revolución Industrial.

Gran parte del para nada aburrido siglo XVIII transcurrió entre discusiones en círculos comerciales y políticos ingleses sobre la conveniencia de apoyar la independencia de América del Sur y copar su mercado de incalculable riqueza. En 1741, por ejemplo, se elaboró un plan que proponía la liberación de las colonias españolas, porque según se decía en el texto: "Conviene a un pueblo libre como el inglés colocar a los otros en las mismas condiciones porque el comercio inglés se beneficiaría con la existencia de naciones libres en

América del Sur, y que así Inglaterra ganaría amigos y aliados útiles". Otros planes para libertar a América del Sur fueron presentados al gobierno británico en varias oportunidades durante ese siglo: en 1742, 1760, 1766, 1780 y 1785.

La Revolución Industrial, que se inició en el último cuarto del siglo XVIII, dio un nuevo impulso al capitalismo inglés, y demandó la búsqueda de nuevos mercados para las altamente competitivas manufacturas británicas, que ya habían saturado el mercado local.

A partir de entonces el Estado inglés, como toda potencia hegemónica de la historia, desarrollará un doble discurso que se traducirá en una doble política comercial: en el plano interno, un férreo proteccionismo para asegurar su desarrollo industrial y, en el plano externo, la promoción e imposición del libre cambio para la libre concurrencia de sus mercaderías y la compra a precios viles de las materias primas en los países periféricos. "Haz lo que yo digo pero no lo que yo hago."

Mientras todo esto pasaba, España, que a través de su red de espías tenía información sobre estos proyectos del gobierno británico y no se chupaba el dedo, a menudo prevenía a los virreyes sobre nuevas amenazas. Así, por ejemplo, el 1 de diciembre de 1783, el funcionario real José Gálvez le escribía al virrey de Buenos Aires: "Tiene el Rey segura noticia de que una potencia extranjera trata de enviar a nuestras Indias emisarios disfrazados con el pérfido fin de sublevar sus naturales y habitantes". El virrey recibió orden de encontrar a tales agentes y castigarlos "según corresponde a lo enorme del delito".

En este contexto de búsqueda de nuevos mercados, tuvieron eco en Londres las ideas del revolucionario venezolano Francisco de Miranda, personaje novelesco que supo ser amante de la princesa Catalina II de Rusia, soldado de Washington y general de la Revolución Francesa.

En marzo de 1790, Miranda le había presentado al primer ministro inglés William Pitt, apodado "El Joven",[2] un plan de conquista de las colonias americanas para transformarlas en una monarquía constitucional, con la coronación de un descendiente de la Casa de los Incas como emperador de América. Miranda se ilusionaba en su informe: "Sudamérica puede ofrecer con preferencia a Inglaterra un comercio muy vasto, y tiene tesoros para pagar puntualmente los servicios que se le hagan. (...) Concibiendo este importante asunto de interés mutuo para ambas partes, la América del Sud espera que asociándose a Inglaterra por un Pacto Solemne, estableciendo un gobierno libre y similar, y combinando un plan de comercio recíprocamente ventajoso, ambas Naciones podrán constituir la Unión Política más respetable y preponderante del mundo".

Miranda pensaba que sucesos como la rebelión de Túpac Amaru y la de los comuneros del Paraguay y Nueva Granada implicaban un signo claro de odio a la metrópoli y al monarca, cuando en realidad aparecían como expresiones aisladas que aún no encontraban un punto de confluencia.

En 1796, mientras España, aliada de Francia, declaró la guerra a Inglaterra, le fue propuesto a Pitt, por un miembro de su gobierno, otro plan de expediciones a América del Sur, de más largo alcance que el de 1790. Algunos barcos fueron enviados para practicar un reconocimiento del Río de la Plata, pero en 1797 el plan fue abandonado, a causa de la crítica situación de Europa. Durante ese mismo año, el

---

2 Se lo llamó así porque al ocupar el cargo de primer ministro por primera vez, en 1783, tenía solamente 24 años, y para diferenciarlo del su padre y homónimo, que lo había precedido en el cargo, y que fue llamado, desde entonces, en la historia inglesa con el creativo nombre de "El Viejo".

infatigable Miranda propuso otro plan de ayuda británica en la liberación de su continente natal, pero, una vez más, el proyecto no prosperó.

Pero por una vez el azar jugaría a favor de los planes del revolucionario venezolano. El 5 de octubre de 1804, estando a 25 leguas de Cádiz, cuatro fragatas españolas comandadas por el gobernador de Montevideo, José de Bustamante, que les llevaban oro y plata del Alto Perú a sus apropiadores, sufrieron el ataque de cuatro buques ingleses, que se colocaron en medio de la flotilla española y abrieron fuego.

El motivo del ataque fue la sospecha de que el tesoro, valuado en unos 2 millones de libras, iría a parar a Francia para financiar las campañas de Napoleón,[3] como parte del subsidio que pagaba puntualmente el rey español Carlos IV al emperador francés para, según confiaba, ahorrarse problemas con su incómodo aliado.

El ataque inglés fue todo un éxito, que culminó con la captura de tres barcos y la voladura de una cuarta nave en el transcurso de la batalla. En el ataque a este último barco murieron la madre de Carlos María de Alvear, el futuro dictador argentino, y ocho de sus nueve hermanos. Carlos y su padre, Diego de Alvear, lograron salvarse pero fueron capturados con el resto de la flota. Pasaron algún tiempo en Inglaterra, donde

---

3 Napoleón Bonaparte nació en Córcega en 1769 y siendo muy joven se incorporó a la academia militar francesa. Tras el golpe de Estado del 18 Brumario (9 de noviembre de 1799) gobernó a Francia con amplios poderes. En 1804 se coronó emperador. Realizó importantes conquistas en toda Europa, hasta que en 1812 fue derrotado en Rusia. Tras un breve período de recuperación, fue vencido definitivamente en Waterloo, el 16 de junio de 1815. Fue desterrado a la isla de Santa Elena, donde murió el 5 de mayo de 1821.

Carlos María completaría su formación y establecería perdurables contactos con importantes dirigentes ingleses.

En plena conmoción por el suceso y ante la declaración de guerra por parte de España, el 12 de octubre de 1804, Pitt y su gabinete discutieron el plan de Miranda con sir Home Popham, y se acordó que debía ser concluido y presentado de inmediato.

Dice el historiador canadiense H. S. Ferns que Popham "era uno de los jefes más capaces, imaginativos y exitosos de la Armada. Sus hazañas de navegación, sus aportes al mejoramiento de las señales y su dominio de las operaciones conjuntas justificaban tanto su ascenso a su alto grado como su incorporación a la Real Sociedad. Había quedado convicto de corrupción por un tribunal militar y había logrado que se revocara la sentencia".[4]

Aparentemente, Miranda se estaba saliendo con la suya y se lanzaba a escribir a sus anchas sobre los objetivos de su plan: "La emancipación de Sud América, de su Gobierno Tiránico, de su Administración Opresiva, de sus Arbitrarias Extorsiones y los muy exorbitantes avances sobre todos los Artículos Europeos". Resulta evidente que Miranda sabía que al gobierno inglés había que hablarle de comercio antes que de libertades, si quería obtener algún apoyo para la emancipación y protección de América del Sur.

"Entrando al asunto de Sud América –escribía Popham acompañando el documento de Miranda–, es casi innecesario llamar la atención de los Ministros de Su Majestad sobre su positiva riqueza o sus Facultades comerciales; ellas han sido, estoy seguro, meditadas muchas veces, y una ansiedad

4 H. S. Ferns, *La Argentina*, Buenos Aires, Sudamericana, 1973.

universal ha inducido a transformar esta infalible fuente de riqueza en cualquier canal menos el que ahora disfruta de ella."

Popham abonaba su carta con datos comerciales contundentes, tales como que los ingleses sabían muy bien que dos tercios de todas las riquezas que España sustraía de América del Sur iban a parar directamente a Francia, y que esto sería así por el corto lapso que mediara hasta que Napoleón se decidiera a invadir América y obtener directamente él las materias primas de las colonias.

Para el gabinete inglés, que venía de sufrir la irreparable pérdida de las colonias de América del Norte, estaba claro que esto debía evitarse a toda costa. Popham finalizaba comentando que el ex ministro de los Estados Unidos en Londres creía que la independencia de la América española era el único camino para salvar a Gran Bretaña de la completa derrota bajo los ataques de Napoleón.

El gobierno de Pitt tenía razones para temer que los franceses intentaran apoderarse de la región del Río de la Plata en ese momento, y tomó medidas de inteligencia para ser avisado antes de tal movimiento.

En un primer momento, Pitt expresó su apoyo al plan Popham-Miranda. Pero cuando en diciembre de 1804 la expedición estaba siendo preparada, tuvo que ser pospuesta por varias circunstancias, y Popham, que no podía estar demasiado tiempo quieto, decidió, en el verano de 1805, alistarse voluntariamente en una expedición destinada a tomar el Cabo de Buena Esperanza, en África del Sur, de manos de los holandeses, aliados de Napoleón. Antes que partiera, Pitt le advirtió al comodoro que el ataque a América del Sur debía ser abandonado por el momento, porque el gobierno estaba tratando de separar a España de Francia pacíficamente.

En el Viejo Mundo, el obstáculo fundamental para la expansión napoleónica era Inglaterra, su principal enemiga. Napoleón comenzó a soñar con dominar las dos riberas del Canal de la Mancha y, como la distancia entre los sueños y la realidad era para Napoleón tan corta como su estatura, el encuentro entre la flota aliada de España y Francia, por un lado, y los ingleses, por otro, se produjo finalmente el 21 de octubre de 1805 en Trafalgar, cerca de Cádiz, donde la pericia del almirante Horatius Nelson determinó el triunfo total de los británicos. La flota francoespañola, al mando del vicealmirante francés Pierre Charles de Villeneuve, quedó prácticamente destruida y perdió 2.400 hombres. Los ingleses no se la llevaron de arriba: tuvieron sus 1.587 muertos, entre ellos el propio Nelson, pero se aseguraron el control de las rutas comerciales más rentables del mundo.

Los ingleses llamarían desde entonces Trafalgar Square a una de las plazas y centros comerciales más importantes de Londres e impondrían para siempre el luto en forma de corbata negra a todos los integrantes de la Royal Navy, en recuerdo del almirante Nelson.

La victoria tranquilizó a los ingleses. Napoleón ya no podría invadir Londres y el dominio de los mares permitía pensar en la búsqueda de nuevos mercados que aliviaran a las fábricas de Liverpool, Manchester y Londres, abarrotadas y al borde de la quiebra, y al Banco de Inglaterra, que había debido decretar por primera vez en su historia el curso forzoso de la libra, es decir, su circulación exenta de respaldo oro.

Cuarenta días después de Trafalgar, Napoleón se tomó revancha derrotando al ejército austroprusiano en Austerlitz, al norte de Viena, y mandó construir el famoso Arco de

Triunfo en el centro de París.[5] Tras estas dos batallas decisivas el poder europeo quedó repartido: los mares para Inglaterra y el continente para Francia. Cuentan que el primer ministro inglés, sir William Pitt, al conocer el triunfo del emperador francés, enrolló un mapa de Europa exclamando: "Durante los próximos diez años no lo necesitaremos".

Mientras se enteraba del desastre francoespañol de Trafalgar, Popham recibió del Almirantazgo la orden de enviar una fragata a un lugar de la costa sudamericana entre Río de Janeiro y el Río de la Plata, para procurar datos de inteligencia del enemigo y prevenir cualquier posible ataque francés. A los pocos días recibió noticias de su amigo y antiguo socio en el comercio negrero, el norteamericano residente en Buenos Aires Pío White, que le advirtió sobre la absoluta indefensión de los puertos de Buenos Aires y Montevideo y de la presencia en la capital virreinal de un fabuloso tesoro de más de un millón de pesos plata provenientes de Potosí, que estaba a punto de ser remitido a la península.

Popham debía a White una gran suma de dinero y no es descabellado pensar que esta deuda pudo haber urgido al comodoro a atacar Buenos Aires, para asegurarse el pago con el botín porteño.

Lo cierto es que Popham se presentó ante el comandante Baird y le manifestó su intención de tomar el Río de la Plata, con apoyo de su ejército o prescindiendo de él. Baird aceptó la

---

5 El monumento, de unos cincuenta metros de altura, se encuentra en el extremo oeste del Boulevard de Champs Eliseés. La construcción comenzó en 1806 y recién pudo inaugurarse en 1846. Allí Napoleón dejó grabados los nombres de 386 de sus generales y 96 de sus victorias. Tras la Primera Guerra Mundial, se erigió bajo el Arco el monumento al soldado desconocido.

propuesta y le facilitó el Regimiento 71 de Infantería, la artillería necesaria y 1.000 hombres para emprender el proyecto.

El comandante no confiaba totalmente en el éxito de la empresa. Entonces, para tener cierto control sobre la situación, decidió ascender a general al coronel William Carr, vizconde de Beresford,[6] con la orden de nombrarlo vicegobernador, para excluir la posibilidad de que se proclamara la independencia de Buenos Aires. Popham imaginaba que la llegada de las fuerzas británicas encendería una espontánea y entusiasta adhesión de los partidarios del libre comercio. La realidad le demostraría que la cuestión no era tan simple.

Las razones que Baird tenía para autorizar la expedición pueden leerse en una carta dirigida a Robert Stewart, vizconde de Castlereagh, ministro de la Guerra y de las Colonias, fechada el 14 de abril de 1806. Muy influido por su subordinado Popham y conociendo los intereses de la corona, Baird apelaba a las posibilidades comerciales de la nación: "Considero la posesión de una colonia en la costa de Sud América llena de incalculables ventajas, tanto para nuestra Nación como para la colonia en particular, y no necesito señalar a su señoría los peculiares beneficios a derivarse de esta oportunidad en nuestras manos, de abrir un nuevo y lucrativo cauce para la exportación de nuestra industria nacional, que al actual Gobierno Francés tanto interesa obstruir y disminuir".

Sin esperar la respuesta de Castlereagh, la expedición zarpó de Ciudad del Cabo el mismo 14 de abril de aquel año. En el camino, en la isla de Santa Elena, Popham convenció al gobernador para que le prestara, sin garantía de devolución,

---

6 Beresford había ingresado al ejército británico en 1785 participando de campañas en Egipto y Sudáfrica. En una de ellas había perdido un ojo por un disparo accidental.

unos 250 hombres y dos cañones de la guarnición de la Compañía de la India Oriental. Así la *task force* (denominación dada históricamente por el Almirantazgo a las fuerzas de choque) pasó a estar compuesta por unos 1.500 hombres, de los cuales 36 eran oficiales. De los cinco buques, el Narcissus llevaba a los mandos de la fuerza, y a mitad de camino éstos desestimaron la propuesta de Beresford de hacer pie en Montevideo, y decidieron por mayoría atacar Buenos Aires. De modo que el 8 de junio la expedición se encontraba frente a Montevideo y en la mañana del 25 las naves inglesas estuvieron frente a Buenos Aires.

El desembarco sonó a presentimiento. Los invasores fueron recibidos por una fuerte tormenta de lluvia y granizo.

Llega la *task force*

La noche del 24 de junio de 1806, el virrey Sobremonte, pionero en las artes de usar fondos públicos para fines particulares, festejaba el cumpleaños de su ayudante y futuro yerno, Juan Martín de Marín, con una comida ofrecida en el fuerte. Al terminar el ágape, toda la comitiva se dirigió a la Casa de Comedias, donde se representaba la obra de Nicolás Fernández de Moratín *El sí de las niñas*. Allí el virrey recibió una comunicación del comandante de Ensenada de Barragán, capitán de navío Santiago de Liniers,[7] en la que le

---

7 Santiago de Liniers y Bremond había nacido en La Vendée, Francia, en 1753. Estudió en Malta, donde fue honrado como caballero de la Orden Soberana. En 1775 se incorporó a la flota española durante la guerra con los argelinos y tras esta campaña llegó con Pedro de Cevallos al Río de la Plata. Volvió temporariamente a Europa y se reincorporaría a la marina española, en lucha contra los ingleses. En 1788 fue nuevamente destinado al Río de la Plata, donde se casó con la hija del rico comerciante Martín de Sarratea.

informaba que una flota de guerra inglesa se acercaba y había disparado varios cañonazos sobre su posición.

A las 11 de la mañana del 25, unos 1.600 soldados del Regimiento 71 Highland Light Infantry, entre ellos 36 artilleros chinos y numerosos alemanes, desembarcaron en Quilmes y en pocas horas, avanzando desde el sur por la actual avenida Montes de Oca y por la estrecha calle que luego se llamaría Defensa, ocuparon una Buenos Aires que por entonces tenía unos 45.000 habitantes.

Mariquita Sánchez, futura ejecutante del Himno y testigo presencial de la invasión, dejó su recuerdo sobre los hechos y el registro más remoto sobre la minifalda en nuestras tierras: "Entraba por la Plaza el Regimiento 71 escocés al mando del coronel Pack; las más lindas tropas que se podían ver, el uniforme más poético: botines de cintas punzó cruzadas, una parte de las piernas desnudas, una pollerita corta, unas gorras de tercia de alto adornadas con plumas negras y una cinta escocesa que formaba el cintillo; un chal escocés como banda sobre una casaquilla corta punzó".

El Regimiento 71, llamado también Real Escocés, al mando del coronel Pack, era uno de los cuerpos más gloriosos del ejército inglés y llegaba a Buenos Aires invicto. Se había destacado en campañas en la India y en Europa. En 1799, en la famosa batalla de San Juan de Acre (actualmente Israel) había constituido el sólido núcleo de la defensa contra el famoso ejército de Egipto que mandaba Bonaparte y acababa de desarrollar una gloriosa campaña en Sicilia antes de llegar a Buenos Aires.

El virrey Sobremonte, menos preocupado por el currículum de sus atacantes que por mantener sus privilegios, huyó a Córdoba tratando de salvar los caudales. Antes dejó una olvidable última consigna: "Replegarse hacia el fuerte para obtener una honrosa capitulación". Desde luego, los caminos de entonces eran aún peores que los actuales y el virrey tardó tres días en llegar a la villa de Luján, el tiempo suficiente para que los ingleses se enteraran de la huida del representante del rey de España y, sobre todo, de la ubicación del anhelado tesoro. El virrey siguió viaje, pero el tesoro fue entregado a una escolta inglesa, en Luján, el 30 de junio. El 2 de julio se firmaron en Buenos Aires las condiciones finales de rendición, incluyendo la renuncia al tesoro por parte de las autoridades españolas.

Dentro del famoso baúl capturado al virrey podían contarse 1.291.323 pesos plata. Parte del botín se repartió entre la tropa. A los jefes de la expedición, William Carr Beresford y Home Riggs Popham, les correspondieron 24.000 y 7.000 libras respectivamente. El resto, más de 1 millón, fue embarcado hacia Londres.

Una vez en Londres, el botín fue paseado en ocho carros tirados por seis caballos adornados con cintas azules, mientras una banda ejecutaba el "God Save the King" y el "Rule Britannia". El cortejo se detuvo frente al Almirantazgo, pasó por Pall Mall y Saint James Square, y llegó a la sede del Banco de Inglaterra, donde quedó depositado el suculento tesoro de Buenos Aires. Evidentemente, algunas veces los ingleses perdían su habitual seriedad y compostura, y se dejaban tentar por el mismo circo que tanto nos critican a los sudamericanos.

Los que presionaron y finalmente obligaron a Sobremonte a entregar el tesoro fueron los capitulares porteños, es decir, los más ricos propietarios de la ciudad de Buenos Aires, llamados honoríficamente "la gente más sana del vecindario", que ante la amenaza de Beresford de cobrarse el botín en sus fortunas personales, si no lograba dar con el tesoro de Sobremonte, optaron, sentando un lamentable y exitoso precedente, por que el Estado se hiciera cargo de los gastos y "sugirieron" al virrey la entrega de los caudales públicos.

Enterado Manuel Belgrano del episodio, comentará con desprecio: "El comerciante no conoce más patria, ni más rey, ni más religión que su interés".

En el *Libro del Cabildo de Luján*, años 1806-1814, folio 6, hay un relato del modo en que se comportó la escolta inglesa, portadora de una "cultura superior", según se nos dice, durante el tiempo que permaneció alojada en la casa capitular. Además de maltratar documentos, quemar los bancos de la escuela usándolos como combustible y robar $ 16 de los $ 28 de la caja chica, quizás intuyendo la futura manifestación de la "mano de Dios" en el Diego, rompieron todas las tejas del techo de la cárcel al ir a recoger la pelota con la que jugaban "caminando sobre las tejas como si caminaran sobre sólido terreno".[8]

En diciembre de 1805, Sobremonte estuvo preparado para repeler un ataque inglés que creía que se llevaría a cabo en la región del Plata. Pero la flota que causó la alarma, por haberse aprovisionado en Bahía, nunca llegó a Buenos Aires. Esa flota no era otra que la de Baird y Popham y se dirigía al Cabo de Buena Esperanza, para marchar a Buenos Aires desde allí.

El bochornoso episodio de la fuga de Sobremonte inspiró a los porteños para escribir versos como éstos:

"Al primer disparo de los valientes
disparó Sobremonte con sus parientes.
Un hombre, el más falsario,
Que debe a Buenos Aires cuanto tiene,

8 E. Udaondo, *Las invasiones inglesas y la villa de Luján*, Buenos Aires, Raigal, 1928, pág. 108.

Es un marqués precario
Y un monte que viene
Y sobre el monte ruina nos previene".[9]

Para los lectores que deseen armar un Sobremonte en su casa, aquí van las instrucciones. Los ingredientes, lamentablemente, se pueden conseguir aún hoy, en pleno siglo XXI, en algunos despachos, cenáculos, fundaciones y cenas de camaradería:

Ingredientes de que se compone la quinta generación
del marqués de Sobremonte

"Un quintal de hipocresía,
tres libras de fanfarrón,
y cincuenta de ladrón,
con quince de fantasía,
tres mil de collonería;
mezclarás muy bien después,
en un caldero inglés,
con gallinas y capones,
extractarás los blasones
del más indigno marqués.
Ni en la capitulación
supieron lo que se hacía,
porque ésta la disponían
dos gallinas y un capón.
Ya de Quintana[10] el blasón

---

9 Copla popular anónima, en Arturo Capdevila, *Las invasiones inglesas*, Buenos Aires, 1938.

10 Se refiere a Hilarión de la Quintana, jefe militar de la ciudad que, como diría el tango, "se entregó sin luchar".

es preciso el olvidar
y a Vuestra Excelencia preguntar,
al que de miedo se caga
¿dónde lo hemos de enterrar?".[11]

La conducta de Sobremonte dejó mucho que desear. Sin embargo, la sentencia del consejo de guerra celebrado en Cádiz en 1813 determinó la absolución del ex virrey, en la causa que se le seguía por su conducta militar en Buenos Aires, en los sucesos de 1806 y 1807. El fiscal pidió que, en recompensa de sus servicios, se le diera en la península un mando igual al que tenía en América cuando fue depuesto, el pago de los sueldos atrasados y el ascenso a mariscal de campo, nombrándolo, además, consejero de Indias. Todo un precedente.

El 28 de junio de 1806, Beresford comenzó a organizar la administración de su gobierno militar. Convocó a las autoridades españolas existentes y les explicó que tenía intención de permitirles obrar como antes de la conquista, de acuerdo con la ley de gobierno.

El prior de los dominicos, fray Gregorio Torres, agradeció a los invasores por su humanidad y dijo que "aunque la pérdida del gobierno en que se ha formado un Pueblo suele ser una de sus mayores desgracias, también ha sido muchas veces el principio de su gloria". Y continuó: "Yo no me atrevo a pronosticar el destino de nuestra gloria, pero estoy seguro de que la suavidad del gobierno inglés, y las sublimes cualidades del comandante Beresford, los consolarían de su reciente sufrimiento". El prior terminó diciendo: "La religión nos manda respetar las potestades seculares y

---

11 John Street, *Gran Bretaña y la independencia del Río de la Plata,* Buenos Aires, Paidós, 1967.

nos prohíbe maquinar contra ellas sea la que fuere su Fe; y si algún fanático o ignorante atentase temerariamente contra verdades tan provechosas, merecería la pena de los traidores a la Patria y al Evangelio".

El humor popular no perdonó ni a la jerarquía eclesiástica:

"Si pensó el padre Prior
que ese señor general
lo haría otra vez provincial
por meterse a adulador:
entienda que el tal señor
detesta la adulación
y quisiera que el sermón,
o su carta adulatoria,
la diera en la boca de un cañón".[12]

Alentado por tanta bendición, Beresford escribió un informe a la Oficina de Guerra: "Tengo suma satisfacción en decir que si hay una Orden del Pueblo que más que nada desea sea liberada del Gobierno de España, es el Clero; ellos han sido no sólo tiranizados sino literalmente robados últimamente y han declarado más abiertamente sus Sentimientos de lo que aparece, para ser políticos, de las presentes Circunstancias; los cuales pueden verse en un discurso que me leyó públicamente el Prior Principal de los Predicadores en compañía de los otros Prelados Regulares de Buenos Ayres y que luego me entregó y hasta desea haberlo publicado".

Fueron muchos los funcionarios acomodaticios y los ricos propietarios y comerciantes locales que pasaron por el

---

12 En Ignacio Núñez, *Noticias históricas*, Buenos Aires, Jackson, 1957.

fuerte para jurar fidelidad a su "Graciosa Majestad Jorge III" y visitar a Beresford. Los obsecuentes de turno, al enterarse de que el comandante inglés era muy goloso, llegaban a la sede del gobierno portando grandes fuentes de dulce de leche y dulce de zapallo. Según se cuenta, Beresford, probablemente ignorando las costumbres del país, creía que el obsequio incluía el recipiente, y se quedaba con las fuentes de plata que, encajonadas convenientemente, eran enviadas a Inglaterra.

Por su parte, Mariano Moreno escribe: "La rapidez con que las armas británicas tomaron una ciudad tan considerable supone negligencia en el gobierno, o indiferencia en sus habitantes; esta sola duda obliga a todo ciudadano a manifestar verdaderas causas de este suceso".

En su primera proclama, Beresford decía que la población de Buenos Aires estaba "cobijada bajo el honor, la generosidad y la humanidad del carácter británico". Se apresuró a decretar la libertad de comercio y nombró administrador de la Aduana a José Martínez de Hoz –una garantía–, que se apuró a reducir los derechos de importación para los productos británicos.

El comandante se tranquilizaba a sí mismo diciendo que "por ahora se contenta el Comandante Británico con manifestar al Pueblo, que el sistema de monopolio, restricción y opresión ha llegado ya a su término, que podrá disfrutar de las producciones de otros países a un precio moderado, que las manufacturas y producciones de su país están libres de la traba y opresión que las agobiaba, y hacía que no fuese lo que es capaz de ser, el más floreciente del mundo, y que el objeto de la Gran Bretaña es la felicidad y prosperidad de estos Países".

En un primer momento y antes de la llegada a Londres del suculento botín, las noticias sobre la toma de Buenos Aires cayeron como una bomba en el Almirantazgo, y los lores expresaron, en perfecto lenguaje diplomático británico, su "desaprobación a que una medida de tanta importancia hubiera sido adoptada sin la sanción del Gobierno de Su Majestad", pero su "completa aprobación a la conducta juiciosa, capaz y animosa demostrada" por Popham y todos los que estaban bajo su comando en ocasión del ataque. Así, el gobierno inglés se preparaba para elogiar la operación si era un éxito o condenarla enérgicamente si era un fracaso.

Los criollos más progresistas, partidarios de cambios profundos que no descartaban la independencia, se enfrascaron en profundas discusiones.

Manuel Belgrano prefirió retirarse a su estancia de la Banda Oriental. Antes de irse, pronunciaría su famosa frase: "Queremos al viejo amo o a ninguno".

Desde la capital del virreinato, el almirante Popham le escribía a Francisco de Miranda y lanzaba una frase destinada a perdurar: "Mi querido general: Aquí estamos en posesión de Buenos Aires, *el mejor país del mundo*".[13]

Las noticias tardaban mucho en difundirse y el *Times* de Londres dirá exactamente un mes después de la reconquista de Buenos Aires, suponiendo que Buenos Aires seguía siendo una colonia inglesa: "En este momento, Buenos Aires forma parte del Imperio Británico, y cuando consideramos las consecuencias resultantes de tal situación y sus posibilidades comerciales, así como también de su influencia política, no sabemos cómo expresarnos en términos adecuados a nuestra idea de las ventajas que se derivarán para la nación a partir de esta conquista".[14]

---

13 Carta del almirante inglés sir Home Popham al revolucionario venezolano Francisco de Miranda, en Gustavo Gabriel Levene, *Breve historia de la independencia argentina*, Buenos Aires, Eudeba, 1966.

14 *The Times*, Londres, edición del 13 de setiembre de 1806.

Unos días después, el *Times* nos avisa que, gracias a la fertilidad de nuestro suelo, seremos "el granero del mundo".

En España, al enterarse del cambio de manos de Buenos Aires, el director de la Caja de Consolidación dijo muy preocupado: "La pérdida de Buenos Aires no puede menos que acarrear una catástrofe en América y de resultas la bancarrota del Estado, si no se ataca prontamente el mal, reconciliándonos con los ingleses".[15]

A causa de una denuncia efectuada por el acaudalado criollo de origen francés Juan Martín de Pueyrredón a Popham, en la que le decía que los negros "mostraban desobediencia porque pensaban que los ingleses venían a liberarlos", Beresford tuvo que desalentar un incipiente movimiento de emancipación de los esclavos porteños. Les recordó, vía bando, que debían mantenerse sujetos a sus dueños y estableció duras penas para los que intentaran escaparse.

El general inglés no parecía ser un gran lector de Adam Smith, quien sostenía: "Creo que la experiencia de todas las edades y las naciones demuestra que, si bien el trabajo realizado por los esclavos parece costar sólo sus gastos de mantenimiento, al fin de cuentas resulta más caro. Una persona que no puede adquirir propiedades no puede tener más interés que el de comer todo lo posible y trabajar lo menos posible".[16]

El mejor medio de difusión de los ideales políticos y gubernamentales británicos fue el periódico *Southern Star* (*Estrella del Sur*), editado en inglés y en castellano, establecido en Montevideo durante la ocupación.

---

15 Julio Irazusta, *Breve historia argentina*, Buenos Aires, Independencia, 1982.

16 Adam Smith, *La riqueza de las naciones,* Buenos Aires, Distal, 2002.

El *Estrella del Sur* comparaba en sus editoriales los modos de gobierno inglés y español, y la bajeza de Napoleón y sus adeptos contra la generosidad y heroísmo de los ingleses.

Los oficiales ingleses alternaban con las principales familias porteñas y se alojaban en sus casas, donde se sucedían las fiestas en homenaje a los invasores. Era frecuente ver a las muy católicas Sarratea, Marcó del Pont y Escalada paseando del brazo de los "herejes".

Sin embargo, esa actitud condescendiente no se traducía en un decidido apoyo político por parte de los criollos, que no se decidían a colaborar con los invasores, quizás recordando episodios anteriores, como el de Martinica, que había sido devuelta por los ingleses a los españoles tres veces, tras otras tantas invasiones, o el de Guadalupe, que ostentaba el récord de cinco invasiones y devoluciones sucesivas.

Belgrano lo dice muy claramente en su *Autobiografía*: "Inglaterra nos abandonaría si se ofrecía un partido ventajoso en Europa, y entonces vendríamos a caer bajo la espada española".[17]

Así lo reconocía Beresford en una carta del 11 de julio de 1806: "He tenido informes que me aseguran que la Gente de esta Ciudad no sólo está más reconciliada con el Cambio de Amos, sino que estaría satisfecha y desearía permanecer bajo la Protección de Su Majestad y nada más que el temor de caer nuevamente bajo el Dominio de sus antiguos amos impide que se muestre abiertamente, y nuestra pequeña fuerza actual no puede dar la suficiente Confianza para no temer las Consecuencias de tal paso y siendo yo ignorante de lo que pueden ser las Intenciones del Gobierno de Su Majestad soy necesariamente cuidadoso en adelantar algo

---

17 Manuel Belgrano, *Autobiografía*, Buenos Aires, Carlos Pérez, 1968.

que pueda comprometerlo o que haga que la gente de aquí se comprometa; y hasta que no se me den instrucciones sobre ese punto yo estaré satisfecho de que todo permanezca como hasta ahora. Ciertamente, sin embargo, si retenemos este lugar solamente durante la Guerra y si las Instrucciones nos lo permiten podemos actuar aquí de una manera que aleje totalmente los afectos del Pueblo del yugo español el cual si es nuevamente restaurado tendrá una tarea extremadamente difícil para gobernarlo".

Las instrucciones a Beresford llegarían, tarde pero seguro, varios días después de la rendición, y constituyen un interesante documento sobre los límites de la "liberalidad" británica y del apoyo a los movimientos revolucionarios americanos.

En cuanto a las seguridades que podía dar a la gente respecto a su trato futuro en caso de firmar la paz con España, se le dijo a Beresford que continuara con su táctica presente de no hacer ninguna declaración que comprometiera al gobierno británico a una política definida. "Deberá abstenerse de toda interferencia en las conmociones internas, si existiera alguna, y rehusar tomar parte con cualquier clase de personas implicadas en ellas, a no ser, hasta donde sea necesario, para protección de aquellos relacionados con usted en cualquier trato comercial o para prevenir algún acto importante e inmediato de violencia y crueldad en algún caso particular en que su interferencia pueda ser empleada sin riesgos y efectivamente."

Inglaterra no estaba interesada en los planes "a la Miranda". Eran un arma demasiado peligrosa en el contexto de la guerra europea. Sí, en cambio, estaba dispuesta a promover la instalación de un foco comercial en la costa de América del Sur, mientras no fuera muy costoso en ningún sentido.

Por aquello de "una de cal y una de arena", en el segundo despacho se le transmitía a Beresford la "completa aprobación" del rey a su conducta y a la de sus tropas. Tragando una buena porción de real flema británica se le decía al general: "En verdad, toda mentira adoptada con prudencia, que tienda a mostrar a los habitantes de Buenos Aires y las Provincias adyacentes la enorme diferencia que hay entre el gobierno opresivo bajo el cual han vivido hasta ahora, y el benigno y protector Gobierno de Su Majestad debe ser de enorme importancia para asegurar a este país, de la manera más eficaz y satisfactoria, esos brillantes proyectos que el éxito de las armas de Su Majestad ha abierto en este momento a nuestra vista".

Finalmente, el rey Jorge III emitió dos órdenes –el 17 de setiembre y el 1 de octubre de 1806– regulando el comercio de Buenos Aires, aprobando los cambios que Beresford había hecho provisionalmente y colocando el territorio del Río de la Plata en la misma categoría comercial que las colonias británicas de la Indias Occidentales y América del Sur. Como ya lo señalamos, cuando se dictaron, Buenos Aires estaba nuevamente bajo el dominio de España, y ya no volvería a estar en posición de recibir los "beneficios" de la administración británica.

La subversión

Más allá de los adulones y acomodaticios de siempre, la mayoría de la población, que era hostil a los invasores y estaba indignada por la ineptitud de las autoridades españolas, decidió prepararse para la resistencia.

Los ranqueles (como se llamaba por entonces a los tehuelches) fueron de los primeros en reaccionar contra la invasión: enviaron una delegación a Córdoba para entrevistarse con Sobremonte y ofrecerle sus mejores lanceros. También los llamados pampas ofrecieron al Cabildo de Buenos Aires sus bravos jinetes. Diez caciques ingresaron en la sala capitular y por medio de un intérprete transmitieron este mensaje: "Hemos querido conoceros por nuestros ojos y llevarnos el gusto de haberlo conseguido, os ofrecemos nuevamente hasta el número de veinte mil de nuestros súbditos, todos gente de guerra y cada cual con cinco caballos porque queremos que sean los primeros en embestir a esos colorados que parece que aún os quieren incomodar".[18] Pero a los oligarcas porteños les dio un poquito de miedo la imagen de la indiada, aunque fuera colaborando, y rechazaron la ayuda. De todas formas, la tregua unilateral decretada por los aborígenes fue muy valiosa, porque permitió que cuerpos de frontera, como los Blandengues, se unieran a los defensores.

Por aquellos días apareció en Buenos Aires el primer ensayo de guerrilla urbana de nuestra historia, representado por un grupo de criollos y catalanes que se reunía en la librería de don Tomás Valencia, en la más absoluta clandestinidad y divididos en células compartimentadas, de cinco integrantes. Encabezados por Felipe Sentenach, ingeniero y matemático de profesión, y Gerardo Esteve y Llach, propusieron volar el fuerte y todas las posiciones inglesas. Prepararon explosivos que debían estallar debajo del fuerte de Buenos Aires, residencia de Beresford y la oficialidad invasora, y del Teatro de la Ranchería, que se había transformado en el cuartel general de los portadores de la cultura occidental. Para cumplir su propósito, alquilaron una casa vecina a La Ranchería y desde allí iniciaron las excavaciones.

18 Acta del Cabildo, del 22 de diciembre de 1806. Acuerdos del Extinto Cabildo de Buenos Aires. Serie IV, t. II, lbs. LIX, LX, LXI y LVII, 1805-1807.

Otro de los catalanes del grupo, José Fornaguera, propuso organizar una banda secreta de cuchilleros para pasar a degüello a todos los ingleses. Mientras se disponían a actuar, los subversivos distribuyeron un manifiesto firmado por Sentenach: "Si tenemos la fortuna de conseguir felizmente la reconquista hemos de establecer una mesa redonda en que todos seamos iguales y no haya alguno superior a los demás y gobernemos con igualdad de carácter o autoridad los integrantes de las juntas".[19]

El grupo ponía como ejemplo a imitar a los revolucionarios de América del Norte, que hacía apenas diez años se habían proclamado independientes. Sentenach decía que había llegado la ocasión de "hacerse hombres y proclamar por fin nuestra república independiente del Rey Nuestro Señor y de España". Cuando los complotados tenían todo listo para transformar a Beresford y a los suyos en los primeros astronautas del Río de la Plata, apareció Liniers con su tropa y, por seguridad, se resolvió suspender los atentados.

Martín Rodríguez, por su parte, planeó secuestrar al jefe invasor. Así lo cuenta en sus memorias dictadas al servicial escriba Rivera Indarte, treinta años después de los hechos: "Concebí el proyecto de apoderarme de Beresford y comitiva, para cuya empresa me puse de acuerdo con diez mozos resueltos, bien montados y bien armados y convinimos en esperar el día en que saliese, para echarnos sobre él y los suyos. Uno de mis amigos, don Antonio Romero, me vino a ver y me rogó encarecidamente que suspendiera la empresa, porque si la llevaba a efecto, los ingleses se vengarían de la población".[20]

19 Enrique de Gandía, *Nueva historia de América*, Buenos Aires, Claridad, 1961.

20 Martín Rodríguez, *Memorias,* Biblioteca de Mayo, Senado de la Nación, 1962.

Martín de Álzaga, negrero y sólido comerciante monopolista, que sostenía una red de negocios extendida desde Potosí hasta Lima y desde Chile hasta Buenos Aires, y se veía seriamente perjudicado por el libre cambio decretado por los ingleses, se mostró dispuesto a financiar cualquier acción contra los invasores. Alquiló una quinta en Perdriel, que sería utilizada por Juan Martín de Pueyrredón como campo de entrenamiento militar de las fuerzas de la resistencia al invasor. Al enterarse de la situación, Beresford encabezó una fuerza de 550 hombres que sorprendió y derrotó a Pueyrredón y su gente el 1 de agosto de 1806.

En aquella quinta de Perdriel, hoy un bello museo del partido de San Martín, nacería el 10 de noviembre de 1834 José Hernández, descendiente de Pueyrredón y autor del *Martín Fierro*.

Álzaga distaba mucho de ser un humanista. Cuenta un contemporáneo que pocos días antes de las invasiones "Álzaga cargó 300 negros en el puerto de Mozambique y los trajo abarrotados en la bodega, muertos de sed o de peste hasta que hubo que ir tirándolos al agua. Cuando llegó a Santa Catalina (Brasil) apenas le quedaban treinta negros. Y en Montevideo el gobernador Ruiz Huidobro, como medida higiénica, no lo dejó entrar al puerto. El capitán del barco, ducho en las triquiñuelas de la navegación, obedeció la orden. Se hizo a la vela pero luego volvió asegurando que lo había tomado una tormenta y encalló en la aguada. Álzaga alegó que no había ningún peligro en el desembarque ya que los negros no habían muerto de peste sino de sed. El gobernador de Montevideo ordenó el retiro del barco. El caso llegó a manos del virrey Sobremonte, quien aprobó la medida. Álzaga siguió protestando y le escribió al virrey: 'No se ocultará a la penetración de V. E. que el cirujano Molina exagera demasiado los peligros con que amenaza a la salud pública el comerico de negros que califica de inhumano y execrable. Estos odiosos atributos con que caracteriza el prevenido cirujano a la trata son menos conciliables con el objeto de tantas Reales Cédulas y Órdenes en que Su Majestad recomienda este lucrativo negocio".[21] Así se expresaba don Martín de Álzaga, que fue uno de los precursores de la revolución, según algunos historiadores pro hispánicos. Se ve que lo disimulaba muy bien.

A los monopolistas como Álzaga –dice el contemporáneo de los hechos Ignacio Núñez–, el libre comercio con Inglaterra los perjudicaba enormemente "porque estando abierta la puerta a las manufacturas británicas, no podían prometerse sino resultados muy inferiores a los que sacaban de su introducción por contrabando. La clase común de traficantes tenía la ciencia y el derecho de hacer grandes progresos lentamente, esperaba a poder vender por doscientos lo que había pagado cincuenta".[22]

El jefe del fuerte de Ensenada de Barragán, el marino francés Santiago de Liniers, se trasladó a Montevideo y organizó las tropas para reconquistar Buenos Aires.

Un curioso documento da cuenta de un supuesto plan ideado por Liniers y Pío White bajo el auspicio británico, para liberar al Río de la Plata de la dominación española. Agrega que Beresford intentó confiar sus fuerzas a Santiago de Liniers, con quien se había reunido en Montevideo. Pero Liniers, dice el documento, "viendo el corto número de tropas y que podían ser batidas por el virrey

---

21 José Luis Lanuza, *Morenada, una historia de la raza africana en el Río de la Plata*, s./d.

22 Ignacio Núñez, *op. cit.*

con cualquiera gente que reuniera, eludió la proposición del general enemigo, escapó de Montevideo y se puso al frente de la reconquista".[23]

Liniers se embarcó con un millar de hombres, entre ellos varios corsarios franceses comandados por Hipólito Bouchard, y avanzó desde Tigre. A medida que se iba acercando a la ciudad, los vecinos se unían a sus tropas. Cuando llegó a los Corrales de Miserere –actualmente, Plaza Miserere o Plaza Once– intimó al jefe inglés a que se rindiera.

Allí ocurrió el episodio de Manuela Pedraza, "La Tucumana", mujer de un cabo, que entró a la plaza con su marido, mató con sus manos al primer inglés que tuvo al alcance y, apoderándose de su fusil, siguió la lucha entre los "tiradores". Liniers la recomendó al rey, y Carlos IV la nombró subteniente de infantería con uso de uniforme y goce de sueldo.

En medio de los combates, don Simón, un hábil enlazador de los mataderos, consiguió enlazar a dos soldados ingleses. Como durante la lucha quedó imposibilitado, el gobierno le dio autorización para mendigar. Don Simón fue un pordiosero muy popular en el Buenos Aires de entonces.

También los pibes porteños participaron activamente de la reconquista, según cuenta un oficio del Cabildo: "Viéronse a niños de 8 y 10 años concurrir al auxilio de nuestra artillería y asidos a los cañones y hacerlos volar hasta presentarse con ellos en medio de los fuegos; desgarrar más de una vez la misma ropa que los cubría para prestar lo necesario al mismo fuego del cañón; correr intrépidos al alcance de los conquistadores y estimando en nada su edad preciosa desafiar las balas enemigas, sin que los turbase la pérdida de otros compañeros a quienes tocó en suerte ser víctimas tiernas del heroísmo de la Infancia".[24]

A fines de junio de 1806, una violenta bajante del Río de la Plata había dejado varado al buque inglés Justine y el jefe de la defensa, Santiago de Liniers, ordenó atacar el barco a un grupo de jinetes, que en pocos minutos lograron con su destreza la rendición de los marinos empolvados. El jefe del operativo se llamaba Martín Miguel de Güemes.

Otro futuro protagonista de nuestra historia también les puso el cuerpo a las balas, según cuenta en una carta del 15 de agosto de 1806 el gobernador de Montevideo, Pascual Ruiz Huidobro: "El Ayudante Mayor de Blandengues don José Artigas acaba de regresar de Buenos Aires en una comisión interesante del real servicio en que fue destinado por mí, y en la que estuvo por perecer en el río, por haber naufragado el bote que lo conducía, en cuyo caso perdió la maleta de su ropa de uso, apero, poncho y cuanto traía; por cuya pérdida y los gastos que le ha ocasionado la misma comisión, estimo de justicia se le abone por esta Real Tesorería del cargo de usted, trescientos pesos corrientes, y se lo aviso para su debido cumplimiento a la mayor brevedad. Dios guarde a usted muchos años".

Beresford hizo un último intento para evitar un completo fracaso, gestionando lo que puede haber sido una negociación o quizás un ofrecimiento de apoyo inglés a la emancipación. Uno de los comandantes ingleses comisionó al norteamericano Pío White para reunirse con Pueyrredón antes del ataque. El 11 de agosto, White le escribió para decirle que tenía "algo muy interesante" que comunicarle, y le pidió una cita. Pero la lucha estalló antes de lo esperado, y White no pudo encontrarse con Pueyrredón.

---

24 Oficio del Cabildo de Buenos Aires, 12 de agosto de 1806.

Algunos testimonios señalan que Liniers trató de ponerse de acuerdo con el gobierno inglés para proclamar la independencia del Virreinato del Río de la Plata.

El caso es que Beresford, después de haber perdido unos 300 hombres, entre muertos y heridos, y estando reducido al Fuerte, capituló finalmente el 12 de agosto de 1806.

El *Times*, acostumbrado a exaltar las glorias del imperio, no salía de su asombro: "El ataque sobre Buenos Aires ha fracasado y hace ya tiempo que no queda un solo soldado británico en la parte española de Sudamérica. Este desastre es quizás el más grande que ha sufrido este país desde el comienzo de la guerra revolucionaria".[25]

La capitulación se firmó el 20 de agosto y establecía que los prisioneros ingleses debían ser canjeados por los "españoles". Pero el Cabildo y la gente de la ciudad, al enterarse de los términos, y temiendo que los ingleses, una vez en sus barcos, regresaran y atacaran Buenos Aires nuevamente, obligaron a Liniers a enviar a los prisioneros al interior del país por cuestiones de seguridad, y a negar la validez de la capitulación.

El 5 de febrero de 1807, estando Beresford detenido en Luján, se le acercó Saturnino Rodríguez Peña, secretario de Álzaga, para interesarlo en la emancipación americana, convencerlo de que, por las armas, Gran Bretaña sólo ganaría enemigos en estos países, y ofrecerle la libertad si secundaba sus ideas. El general británico se mostró favorable a estas gestiones y se ofreció a hacerlas conocer al conquistador de Montevideo, general Achmuty, y al gobierno inglés. En consecuencia, con la complicidad de varios amigos y el conocimiento del alcalde Álzaga y de Liniers, Rodríguez Peña hizo fugar a Beresford y al teniente coronel Pack el 17 de febrero de 1807.

25 *The Times*, Londres, edición del 11 de setiembre de 1806.

Beresford se quedó en Montevideo hasta el 26 de marzo, fecha en que partió hacia Inglaterra. En mayo de 1811, con la ayuda de las tropas del general español Francisco Javier Castaños, derrotó al mariscal francés Nicolás Jean de Dieu Soult en La Albuera, Badajoz, participando en la mayoría de las principales acciones militares del conflicto, junto a Arthur Colley Wellesley. Este militar había querido que Goya le pintara un retrato y, al ver que el artista había realizado la obra con bastante desgano, demostró su descontento. Entonces, el genial pintor, que no escuchaba pero entendía, empuñando una de sus pistolas, casi termina con la carrera del que sería vencedor de Napoleón en Waterloo.[26] Entre las tropas españolas al mando de Wellesley, futuro duque de Wellington, se destacaba el joven oficial José de San Martín.

Cuando Miranda se enteró del desastre de Buenos Aires, le escribió a Popham: "¿Cómo quiere usted que dieciocho millones de habitantes, establecidos sobre el continente más vasto y más inexpugnable de la tierra, situado a distancia de cuatro a seis mil millas de Europa (...) sean conquistados y subyugados hoy por un puñado de gente que viene a mandarles como amos? No, mi querido amigo; la cosa no es natural ni practicable ni posible". Así el venezolano le recordaba al inglés que no era por el lado de la conquista por donde se iban a ganar el favor de los latinoamericanos.

En cumplimiento de la disposición adoptada por Liniers, un contingente de soldados y oficiales prisioneros fue trasladado a Catamarca, donde la cárcel local no reunía las condiciones de seguridad necesarias, de modo que los ingleses debieron ser alojados en casas particulares; como los

---

26 Ramón de Mesonero Romanos, *Memorias de un setentón*, 2 vols., Madrid, Oficinas de la Ilustración Española y Americana, 1881.

vecinos se negaron a recibir a los huéspedes forzosos por considerarlos peligrosos herejes, el gobierno tuvo que alquilar algunas viviendas hasta que los reos fueran devueltos a Buenos Aires.

Cuenta un inglés partícipe de la invasión: "Cuando estábamos detenidos muchas de las familias de la ciudad mostraron un deseo especial de tener soldados ingleses como domésticos, mucho más por el deseo liberal de aliviar su cautividad, que para beneficiarse con su servicio. Existía evidente preferencia por parte de las mujeres hacia los oficiales ingleses. La única barrera para vínculos más estrechos era la diferencia de credo".[27]

Interludio amoroso

Por esa época brillaba en las tertulias porteñas Anita Perichón, conocida como "La Perichona". Había llegado a Buenos Aires junto a sus padres en 1797. Vicente Fidel López dice que la amante de Liniers también lo fue de Beresford y que a sus "buenos oficios" se debió la benevolente capitulación con el jefe británico. Muchos la definieron como bonita, elegante, llena de picardía, atractiva, mundana, ocurrente y graciosa. Estaba casada con Tomás O'Gorman –hermano de Miguel O'Gorman, protomédico de la expedición de Cevallos y fundador de la Escuela de Medicina de Buenos Aires–, pero no tardó en ser abandonada por el irlandés.

Madame Perichon también sería recordada por ser la abuela de Camila O'Gorman, la joven fusilada por Rosas en 1848 por haberse fugado con el sacerdote tucumano Uladislao Gutiérrez.

---

27 Alejandro Gillespie, *Buenos Aires y el interior*, Buenos Aires, A. Zeta, 1994.

Subordinación y valor

Frente a la posibilidad de una nueva invasión, los vecinos se movilizaron para la defensa formando milicias, ante el fracaso de la tropa regular española.

Todos los habitantes de la capital del virreinato se transformaron en milicianos. Eran otros tiempos y a Liniers no le pareció mal que cada hombre se llevara las armas a su casa, aunque, por las dudas, puso las municiones de las unidades de combate a cargo de cada jefe.

Los nacidos en Buenos Aires formaron el cuerpo de Patricios, en su mayoría compuesto por trabajadores y artesanos pobres; los del interior formaron el cuerpo de Arribeños, así llamado porque sus integrantes, casi todos peones y jornaleros, provenían de las provincias "de arriba". Los esclavos y los indios formaron los cuerpos de Pardos y Morenos. Por su parte, los españoles se integraron en los cuerpos de Gallegos, Catalanes, Cántabros, Montañeses y Andaluces. En cada milicia, los jefes y oficiales fueron elegidos por sus integrantes, democráticamente.

Entre los jefes elegidos se destacaban algunos jóvenes criollos que accedían por primera vez a una posición de poder y popularidad.

Allí estaban Cornelio Saavedra, Manuel Belgrano, Martín Rodríguez, Hipólito Vieytes, Domingo French, Juan Martín de Pueyrredón y Antonio Luis Beruti.

Si bien la ciudad se militarizó, también se politizó. Las milicias eran ámbitos naturales para la discusión política, y el espíritu conspirativo iba tomando forma, lenta pero firmemente.

A las autoridades españolas no les hacían ninguna gracia estas milicias populares formadas por los criollos porque, como cuenta Saavedra, "acostumbrados éstos a mirar a los hijos del país como a sus dependientes y tratarlos con el aire de los conquistadores, les era desagradable verlos con las armas en la mano, y mucho más el que con ellas se hacían respetables por sus buenos servicios y por su decisión de conservar el orden en la sociedad".[28]

Un oficial del virreinato describía así la actitud de los miembros de la clase dirigente incorporados a la milicia: "Estos individuos más bien defendían sus propiedades que no contraídamente el Supremo Dominio de la Real Corona; más bien se batieron porque quisieron conservar sus riquezas y derechos particulares que no por cumplir con el precepto de la subordinación a que están comprometidos y habituados los soldados".[29]

En Londres, el gabinete estaba que trinaba. Los 165 muertos dejados en las callecitas de Buenos Aires, tenían ese no sé qué y llevaron a un enfurecido lord Melville a declarar: "Ni la historia de este país ni la de ningún otro pueden ofrecer el ejemplo de una expedición emprendida y conducida con menos juicio y menos habilidad".

Hay dos sin tres

Quizás por el espíritu deportivo de revancha o por aquello de tropezar dos veces con la misma piedra, lo cierto es que los ingleses insistieron,

Y, tal como se preveía, el 16 de enero de 1807, una nueva expedición inglesa, esta vez de 12.000 hombres y 100 barcos mercantes cargados de productos británicos, al mando del teniente general John Whitelocke, desembarcó en Montevideo.

---

28 Cornelio Saavedra, *Memoria autógrafa*, Buenos Aires, Biblioteca de Mayo, tomo II, 1966.

29 Testimonio de Miguel Lastarría en John Street, *op. cit.*

La situación se complicó y tanto el Cabildo como la Audiencia decidieron tomar una decisión frente al carácter "huidizo" del virrey en ejercicio, marqués de Sobremonte, al que Mitre, habitualmente moderado, acusa, perdiendo la compostura, de "haber hecho cuanto pudo sugerirle su ineptitud para entorpecer la defensa". Paul Groussac, amigo de Mitre, no le va en zaga y llama al virrey "colección de incapacidades".

Comenzaron a circular pasquines anónimos de este tenor: "Pide el Pueblo que en virtud de no haber respuesta alguna de lo que se pidió, que es quitar la Audiencia y ahorcar a cuanto traidor se conozca, e impedir que ninguno, sea pobre o rico, salga fuera de la ciudad, pedimos que a Sobremonte se le quite todo mando y que no tenga voz ninguna y que se le dé a don Santiago Liniers todo poder y mando para que nos mande y gobierne y si esto no se ejecuta de aquí al domingo pasaremos a degüello a toda la Audiencia por haberse opuesto. Así lo pide el Pueblo".

El 6 de febrero de 1807, el pueblo de Buenos Aires clamó al grito de "mueran los traidores, muera Sobremonte" la destitución y prisión del virrey, y aparecieron algunas pintadas anónimas que decían: "¡Muera el Virrey y los oidores, fuera la Audiencia, viva la libertad y vamos a fijar la bandera republicana!". La suspensión de las funciones del virrey fue decretada el día 10 del mismo mes. Este hecho significó un interesante precedente de autodeterminación popular, que no pasaría desapercibido por las reaccionarias autoridades españolas. Sobremonte, hombre de ideas absolutistas, hizo lo posible por desconocer la resolución, y la Audiencia, también absolutista, trató de justificar el hecho encuadrándolo dentro de un marco legal preexistente. Los oidores pergeñaron una artimaña para evitar admitir que se estaba destituyendo al virrey por inepto y cobarde y por voluntad del pueblo de Buenos Aires, expresando que "el señor marqués de Sobremonte estaba enfermo para gobernar y era de parecer se asegurase su persona para tratarla como corresponde, reservándose a Su Majestad el conocimiento de las operaciones de dicho señor en los asuntos de que se trata".

De esta forma se desestimaba la voluntad popular y se garantizaba cierta continuidad jurídica colonial.

El fiscal Villota, otro recalcitrante conservador que hará gala de su intolerancia durante la Semana de Mayo de 1810, juzgaba que "la Junta de guerra no tenía facultad para considerar las acciones del virrey, que no había autoridad alguna en estos dominios que pudiese hacerlo", y que antes de llegar al extremo de suspenderlo en su cargo debía conseguirse la solución legal, es decir, que el mismo virrey renunciase por su propia voluntad. Villota, como los oidores, temía "que suceda lo mismo en el resto del ejército que se conserva en la otra banda a las órdenes de Su Excelencia, y que resulte algún otro desorden promoviéndose dudas sobre la verdadera autoridad". Terminaba diciendo que lo ocurrido en Buenos Aires era un "malísimo ejemplo" y que "no debe tolerarse que el pueblo imponga su voluntad".

Cuenta Francisco Saguí, en *Los últimos cuatro años de la dominación española en el antiguo Virreinato del Río de la Plata*, que "de los oidores, algunos trabajaban por distinto rumbo a favor del virrey, y en tales términos que el pueblo llegó a concebir fundadas sospechas de que intentaban reponerle".

El propio interesado, Sobremonte, definió así al Cabildo del 14 de agosto de 1807 que puso fin a su mandato: "Dos o tres mozuelos despreciables fueron los que tomaron la voz en el tal Congreso y con una furia escandalosa intentaron probar que el pueblo tenía autoridad para elegir quién lo mandase a pretexto de asegurar su defensa. ¿Cómo había de permitirse trastornar el orden de los negocios civiles, políticos y militares, despojar a un virrey de una parte tan esencial de su empleo y prerrogativas, arrojarse a crear un gobernador militar y político y poner este medio tan horroroso de impedirle la entrada en su Capital y dar un reino este perniciosísimo ejemplo a los vasallos de los demás virreinatos".[30]

La cuestión era complicada. Una cosa era armar al pueblo para echar a los ingleses y otra muy distinta era que éste opinara y se diera el lujo de imponer su voluntad.

La suspensión del marqués de Sobremonte, iniciada en Buenos Aires el 12 de agosto de 1806 y concretada el 10 de febrero de 1807, fue, sin dudas, el primer triunfo del pueblo sobre la autoridad del rey. No tanto por la designación de otro conservador como Liniers sino por la instalación en la opinión pública de la idea revolucionaria de que los funcionarios corruptos, cobardes e ineficientes podían ser removidos por el pueblo organizado.

Un informe del enviado español brigadier Curado hablaba del estado de ebullición popular: "Aquellos que en apariencia se encuentran revestidos del poder público son fantasmas de grandeza, muchas veces insultados, y siempre sujetos al pueblo, cuya anarquía es tan excesiva y absoluta, que se atreve a objetar todas las disposiciones y órdenes de los que gobiernan cuando no son dirigidas a sus fines".

A fines de junio de 1807 los invasores trataron de apoderarse de Buenos Aires. Doblegaron sin esfuerzos la plaza y sitiaron la ciudad, a la que luego tomaron por asalto.

El plan del general inglés John Whitelocke consistía en atacar la ciudad con la artillería pesada, "casa por casa, y calle por calle, de manera que no quedara ningún lugar de

---

30 Enrique de Gandía, *op. cit.*

protección para los francotiradores y guerrilleros". Una vez demolidas las casas, concentraría el fuego sobre el fuerte, para volver a izar en él la bandera inglesa.

Whitelocke había sido nombrado por la corona británica, en caso de triunfar, "Gobernador General de la América del Sur", con un sueldo anual de 12.000 libras.

Pero para entonces la capital virreinal ya no estaba indefensa. Santiago de Liniers y Martín de Álzaga, alcalde de la ciudad, habían alistado hasta pocos meses antes 8.600 hombres y organizado a los vecinos. Los improvisados oficiales hasta pocos meses antes habían sido civiles, como el hacendado Cornelio Saavedra.

"Cuando las 110 velas de la gran armada británica se divisaron en el horizonte –dirá el agente británico y amigo de Rivadavia Manuel José García en sus *Memorias*–, este espectáculo capaz de intimidar a los más aguerridos no causó el menor recelo a los colonos".

Cuando los ingleses pensaban que volverían a desfilar por las estrechas calles, desde los balcones y terrazas fueron recibidos a tiros, pedradas, torrentes de agua y aceite hirviendo.

Cuenta el entonces futuro vocal de la Primera Junta Domingo Matheu en sus *Memorias*: "Los ingleses entraban haciendo mil destrozos, matando y forzando mujeres, saqueando; así se iban internando, pero pronto se les acabó el gusto, porque luego que llegaron donde había gente en las azoteas, se les hizo un fuego tan vivo, que en menos de dos horas se les mataron más de 1.500 hombres y entre heridos y prisioneros pasaban de 4.500".[31]

Años más tarde contará el general invasor: "La clase de fuego al cual estuvieron expuestas nuestras tropas fue en ex-

---

31 Domingo Matheu, *Memorias*, Biblioteca de Mayo, tomo II, Buenos Aires, 1966.

tremo violento. Metralla en las esquinas de todas las calles, fuego de fusil, granadas de mano, ladrillos y piedras desde los techos de las casas, cada dueño de casa defendiendo con sus esclavos su morada, cada una de éstas era una fortaleza, y tal vez no sería mucho decir que toda la población masculina de Buenos Aires estaba empleada en su defensa".[32]

Entre sorprendidos y chamuscados, los ingleses optaron por rendirse, aunque en el acta de la capitulación pretendieron incluir, infructuosamente, una cláusula que los autorizaría a vender libremente la abundante mercadería traída en los barcos.

La orden de Whitelocke fue que su lugarteniente Gower gestionara el entendimiento con los jefes enemigos y la rendición de su ejército. Adelantándose a Galtieri en 175 años, Whitelocke se negó a hablar de rendición. Como el alcohólico general, el inglés se valió de eufemismos para comunicarle a su país la rendición incondicional: "Por la tarde el fuego había cesado y al día siguiente, 7 de julio de 1807, se firmó un acuerdo nacional". Por las dudas –uno nunca sabe–, el día 11 Liniers les ofreció un banquete a los jefes derrotados, donde se brindó por los reyes de España e Inglaterra, y una banda de gaiteros tocó el "God Save the King".[33]

Entre los actos de festejo por la victoria, se destacó la liberación de 70 esclavos, sorteados entre 686 que se habían destacado por su heroísmo durante los combates.

Napoleón hizo llegar sus felicitaciones por la reconquista de Buenos Aires a un Carlos IV que, como de costumbre, no tenía la menor idea de qué se le estaba diciendo. El emperador

[32] Informe oficial de Whitelocke, 10 de junio de 1807.

[33] Alberto Salas, *Diario de Buenos Aires 1806-1807*, Buenos Aires, Sudamericana, 1981.

Bonaparte, que habitualmente hablaba para sí, prescindiendo de su interlocutor, acentuó sus elogios, por la circunstancia de que el "triunfador" era un francés.

El día 2 de agosto de 1807, el padre Grela pronunció desde el púlpito de Santo Domingo un sermón atacando la conducta de Sobremonte y elogiando con entusiasmo a Liniers. No faltaron adulones que se presentaron al ex virrey Sobremonte, a la sazón en San Isidro, a contarle el efecto que había producido el sermón. Sobremonte, indignado, tomó la pluma y el día 5 de agosto dirigió a Liniers la siguiente nota: "Señor don Santiago de Liniers: He llegado a entender que el 2 del corriente en la función de Santo Domingo al elogiar la victoria conseguida de los enemigos en esa capital se produjo el predicador en un juicio comparativo con expresiones que no pudieron tener otro objeto que el de deprimir las providencias del tiempo de mi mando en aquel acto tan serio como público que en ninguna ocasión y menos no estando juzgadas por el soberano suelen ser lícitas, y como las leyes del reino tienen prohibición especial y estrecha para impedir tales excesos en los púlpitos, no puedo prescindir de manifestar a V. S. mi justo sentimiento a fin de que con la autoridad que ejerce se sirva tomar la providencia que estime conveniente para atajarlos ahora en lo subcesivo no transmitiéndose a la prensa, como puede suceder, unos discursos totalmente ofensivos e interesantes para un elogio que puede formarse exacta y dignamente sin odiosas comparaciones. Dios guarde a V. S. muchos años. San Isidro, 5 de agosto de 1807. El marqués de Sobremonte".

El 30 de diciembre de 1807, el Cabildo de Buenos Aires elevó al rey de España una petición redactada por Mariano Moreno: "La ciudad de Buenos Aires, que ha reconquistado gloriosamente la de Montevideo y Banda Oriental de este río; que ha derrotado en una sola campaña las formidables fuerzas en que fundaba sus mayores triunfos el enemigo; que ha desconcertado las meditadas especulaciones con que la Gran Bretaña preparaba la conquista y esclavitud de estas regiones; que con la sangre de sus fieles y valerosos habitantes ha libertado las provincias interiores del pesado yugo que las amenazaba, y que por sí misma no habrían podido quizá resistir, suplica a V. M. rendidamente se sirva conceder a este Cabildo el título de Conservador de la América del Sud y Protector de los demás Cabildos del Virreinato".

Lo cierto es que si bien Whitelocke y sus tropas se habían ido derrotados, en Buenos Aires y en Montevideo habían quedado unos 2.000 comerciantes británicos desembarcados en alguna de las dos invasiones.

Así lo cuenta Matheu: "Lo que no ganaron con la ocupación, lo ganaron con el fracaso, pues más de 8.000.000 de pesos de efectos vendieron en esos dos meses por menos de un tercio del valor de plaza para no volverse con ellos a Inglaterra. Los compradores fueron los españoles acaudalados y algunos nativos de igual condición. Todos los desertores de la defensa tomando dinero hasta el 15 % de interés para introducirlos en esta plaza los contrabandeaban. En vano fueron los reclamos al Consulado y al virrey Liniers, nada, se hacía el sordo como su predecesor".[34]

Los soldados volvieron a Londres, pero las mercaderías y los mercaderes quedaron en el Río de la Plata. No habían podido conquistar las ciudades, pero habían conquistado sus mercados, porque, como decía un historiador inglés, "lo que el gobierno y el pueblo inglés buscaban realmente no era territorio, sino comercio y metálico".[35]

34 Domingo Matheu, *op. cit.*

35 C. K. Webster, *Gran Bretaña y la independencia de América Latina,* Buenos Aires, Paidós, 1971.

La justicia militar

El 28 de enero de 1808 comenzó en Londres el juicio contra Whitelocke. Por momentos el general intentó defenderse diciendo cosas como ésta: "Esperaba hallar una gran porción de habitantes preparados a secundar nuestras miras. Pero resultó ser un país completamente hostil".[36]

Whitelocke concluyó su defensa con palabras contundentes: "No hay un solo ejemplo en la historia, me atrevo a decir, que pueda igualarse a lo ocurrido en Buenos Aires, donde, sin exageración, todos los habitantes, libres o esclavos, combatieron con una resolución y una pertenencia que no podía esperarse ni del entusiasmo religioso o patriótico, ni del odio más inveterado".

La indignación imperial se expresó claramente en las palabras del fiscal: "Con este desgraciado suceso, se han desvanecido todas las esperanzas que, con razón y uniformidad, se acariciaban, de descubrir mercados para nuestras manufacturas, de abrir un horizonte nuevo a la inclinación y actividad de nuestros comerciantes, de hallar nuevas fuentes para el Tesoro y nuevos campos para los esfuerzos, de surtir las rústicas necesidades de países que salían de la barbarie o los pedidos artificiales y crecientes de lujo y refinamiento en aquellas apartadas comarcas del globo".

El fallo del tribunal expresó el mal humor de una monarquía soberbia, poco acostumbrada a derrotas tan humillantes, capaces de quitarle la eterna sonrisa a "Su Graciosa Majestad". Disponía que "dicho teniente general Whitelocke sea dado de baja y declarado totalmente inepto e indigno de servir a S. M. en ninguna clase militar". Y agregaba: "Para que sirva de eterno recuerdo de las fatales consecuencias a

36 Gillespie, *op. cit.*

que se exponen los oficiales revestidos de alto mando que, en el desempeño de los importantes deberes que se les confían, carecen del celo, tino y esfuerzo personal que su soberano y su patria tienen derecho a esperar de ellos".[37]

Mientras esto ocurría en Londres, en la Buenos Aires liberada de los ingleses, pero aún subyugada por los españoles, se abría una nueva etapa. Ya nada volvería a ser como antes.

37 Gillespie, *op. cit.*

La Revolución de Mayo

"¿Creen que los hijos del país puedan volver
a las cadenas? ¿No conocen los enemigos que,
aun cuando logren nuestro exterminio, nuestros hijos
han de vengar la muerte de sus padres?"

MARIANO MORENO

Uno podría preguntarse con todo derecho: ¿la Revolución de Mayo fue un acto económico, un acto político, un acto militar? Y responderse: no, fue un acto escolar.

Así atraviesa nuestras vidas el hecho fundador de nuestra nacionalidad, como un recuerdo agridulce de pastelitos, corcho quemado y vendedores ambulantes.

La anestesia, suministrada por el poder a un pueblo demasiado atosigado por la subsistencia –y, en casi la mitad de los casos, por la pobreza y el hambre–, como para darse tiempo de pensar en nuestras raíces históricas, causa nuestros males actuales.

A lo sumo, el sistema fomenta debates tan trascendentes como la existencia o inexistencia de paraguas en aquellos días de 1810, o sesudos contrapuntos meteorológicos basados en la contradicción marcada por la canción "El sol del 25 viene asomando" y las ilustraciones del *Billiken*, el *Simulcop*[1] y el *Manual del alumno*, que muestran una plaza

---

1 El *Simulcop* era un cuaderno con las ilustraciones necesarias para todo un año escolar (por ejemplo, *Simulcop* de 6° grado) que se transferían al cuaderno de clase presionando sobre ellas con un lápiz. Dejó de editarse a fines de los años sesenta.

indudablemente lluviosa. A esto se pretende reducir, consciente o inconscientemente, el proceso que marcaría a fuego nuestro futuro como nación. Se comprende, entonces, que los poderosos de turno y sus voceros se pongan nerviosos ante un hecho histórico que plantea las cuestiones básicas no resueltas de la Argentina, como la justicia, la equidad, el modelo económico, la dependencia y la corrupción.

Todo eso es Mayo y sus circunstancias, su contexto. Es el comienzo de un "ellos" y un "nosotros" que no ha terminado y no terminará, ni por el camino de la apología absurda ni por el de la difamación calumniosa por deporte, aun cuando se crea que en eso consiste la novedad.

Cambios en Europa y en América

Los hechos de Mayo son absolutamente inexplicables sin una comprensión necesaria de la situación europea, porque son el resultado de una compleja serie de causas entre las que la situación externa se torna determinante.

En Europa, las dos potencias hegemónicas de la época, Francia e Inglaterra, estaban en guerra. La Revolución Industrial iniciada en Inglaterra había desatado el conflicto por el control del mercado europeo. Es allí donde deben buscarse las causas y no en las ambiciones personales ni en la supuesta locura de Napoleón.

Bonaparte era el mejor representante que había sabido conseguir la burguesía francesa y sus conquistas abrían nuevas oportunidades de negocios para la clase que resultó la gran vencedora de la Revolución Francesa, clase que se las ingenió, a sangre y fuego, para que un proceso revolucionario derivara en un imperio. La preeminencia del factor económico se hace evidente con el "bloqueo continental" declarado por Napoleón, dueño de media Europa después del triunfo de Austerlitz, contra los productos británicos y a favor de las manufacturas francesas.

En enero de 1808, las tropas napoleónicas que habían invadido Portugal –tradicional aliado de Inglaterra– para garantizar el cumplimiento del bloqueo, decidieron quedarse en España y apoderarse así de toda la Península Ibérica, por aquel entonces gobernada por el rey Carlos IV, quien ostentaba como única virtud, si se la puede llamar de este modo, un raro concepto de la tolerancia, que lo llevó a entregar el reino de España, incluida su esposa la reina, a su favorito Manuel Godoy, autodenominado "príncipe de la paz". Napoleón obtuvo de los Borbones españoles el traspaso de la corona de Carlos IV a su hijo Fernando VII, y de éste a José Bonaparte, hermano de Napoleón, apodado "Pepe Botellas" por su afición al buen vino.

Fernando VII, definido por Benito Pérez Galdós como "el más despreciable de los seres",[2] felicitó a Napoleón por la designación de su hermano José y recomendó a sus vasallos la mayor sumisión y amistad con Napoleón. Pero mientras los políticos y los "grandes de España" aceptaban las sugerencias de los Borbones y se preparaban para hacer negocios con los franceses, el pueblo español no aceptó esta situación irregular y se organizó en juntas de gobierno instaladas en las principales ciudades y coordinadas por la central de Sevilla, para llevar adelante la resistencia contra el invasor.

El ex rey Carlos IV, la ex reina y su amante oficial (en ejercicio), Manuel Godoy, fueron conducidos al palacio de Fontainebleu, en Francia. El efímero rey Fernando VII (alcanzó a reinar unos pocos días antes de su deportación), llamado "El Deseado", fue trasladado por Napoleón a Francia y

---

2 Benito Pérez Galdós, "La corte de Carlos IV", en *Episodios nacionales*, Madrid, Alianza, 1971.

alojado junto a su esposa y parte de la corte en el castillo de Valençay, en el valle del Loire, rodeado de sirvientes y con todas las comodidades. Napoleón tuvo, además, la delicadeza de invitarlo a su boda con la archiduquesa María Luisa de Habsburgo. Cuentan algunos testigos que don Fernando se quedó ronco gritando "Viva el emperador", al tiempo que lo felicitaba por los triunfos que sus tropas lograban en España, o sea, por las masacres perpetradas contra su propio pueblo.

Los partidarios de Fernando, que ingenuamente lo creían una especie de patriota, prepararon planes para lograr la evasión del rey "cautivo" y su regreso a Madrid, pero el propio Fernando los denunció ante Napoleón y no pocos terminaron frente a pelotones de fusilamiento.

Ante la invasión de Napoleón a Portugal, el rey Juan II, con toda su familia y su corte, se trasladó a Brasil. La princesa portuguesa Carlota Joaquina, hermana de Fernando VII, decía representar a los Borbones de España. Así, reclamó los derechos sobre los territorios del Río de la Plata hasta que volviese don Fernando al trono español. La Junta Central de Sevilla mandó una nota "agradeciendo" su preocupación, pero afirmando que los derechos de Fernando estaban bien asegurados por ese órgano.

La presencia de la corte portuguesa en Brasil aumentará aún más la influencia inglesa en la región.

Cambios en Buenos Aires

En Buenos Aires, el virrey interino, Santiago de Liniers, devino de caudillo popular y "héroe de la reconquista" en uno de los virreyes más corruptos e inescrupulosos de estos subreinos.

El gobernador de Montevideo, Javier de Elío, trató de aprovechar la condición de súbdito francés de Liniers y, por lo tanto, potencial aliado de Napoleón, para solicitar su renuncia. Liniers le pidió que presentara pruebas de los cargos que le hacía, pero Elío se negó a reconocer su autoridad y formó una junta de gobierno independiente de Buenos Aires.

Los opositores a Liniers, encabezados por su viejo rival Martín de Álzaga, quisieron aprovechar las elecciones del Cabildo del 1 de enero de 1809 para desplazarlo. Pero Liniers fue defendido por las milicias criollas, que lograron frenar la protesta. Las milicias españolas fueron desarmadas y disueltas. Los dirigentes de esta "asonada", como se la llamó y como pasó a la historia, entre ellos el propio Álzaga, fueron detenidos y enviados a la zona de lo que hoy es Carmen de Patagones. Poco después fueron rescatados por Elío y llevados a Montevideo.

¿Cómo era Buenos Aires en 1810?

"En las calles de Buenos Aires no se ven, en las horas de la siesta, más que médicos y perros." Así describía a la Gran Aldea un viajero francés. Y es que el pasatiempo preferido de los porteños era dormir la siesta. Tampoco había mucho que hacer. Las actividades principales eran la ganadería y el comercio, que se manejaban con poca mano de obra y una visita cada tanto a los lugares de producción y servicio.

"Ir de *shopping*" llevaba muy poco tiempo. Bastaba atravesar la Plaza de la Victoria y recorrer la Recova, donde estaban los puestos de los "bandoleros", como se llamaba entonces a los merceros, frente a una doble fila de negocios de ropa y novedades. Esto daba cierto margen para la vida nocturna, que tenía en las tertulias su expresión más elegante. Las casas de las familias más "acomodadas" recibían a viajeros, vecinos y amigos para divertirse y hacer negocios. Las tertulias se prolongaban hasta después de la medianoche, entre empanadas, recitales de poesía y música, comentarios políticos y de moda. Una de las más famosas tertulias era la que ofrecían frecuentemente los O'Gorman. Don Tomás O'Gorman y su esposa, Anita Perichón, recibían a lo más granado de la sociedad, entre otros, al virrey Cisneros. Un asiduo concurrente a las tertulias, el inglés John Parish Robertson, se asombraba de la buena conversación de las porteñas y de la precocidad de las niñas que, a los 7 años, ya bailaban el minué a la perfección. Las tertulias eran, además, la ocasión indicada, y casi la única, para que las adolescentes consiguieran novio.

Una vez a la semana "la parte más sana del vecindario", como definía el Cabildo a sus miembros, es decir, los propietarios porteños, concurría al teatro para asistir a paquetas veladas de ópera y disfrutar de las obras de teatro de Lavardén. Desde que la inaugurara el virrey Vértiz en 1783, la Casa de Comedias, conocida como el Teatro de la Ranchería, se transformó en el centro de la actividad lírica y teatral de Buenos Aires, hasta su incendio en 1792. En 1810 pudo reabrirse el Coliseo Provisional de Comedias, que dio un nuevo impulso al arte dramático.

Las corridas de toros convocaban por igual a ricos y a pobres. En 1791, el virrey Arredondo inauguró la pequeña plaza de toros de Monserrat (ubicada en la actual manzana de 9 de Julio y Belgrano), que tenía capacidad para unas 2.000 personas. Como fue quedando chica, fue demolida y se construyó en el Retiro una nueva plaza para 10.000 personas, en la que alguna vez supo torear don Juan Lavalle.

En su breve paso por Buenos Aires, los ingleses habían impuesto el críquet, un juego muy parecido a la "chueca", deporte preferido de los pampas, que se asombraban al ver que los *huincas* lo practicaban.

El pato, las riñas de gallo, las cinchadas y las carreras de caballos eran las diversiones de los suburbios orilleros a las que de tanto en tanto concurrían los habitantes del centro. Allí podían escucharse los "cielitos", que eran verdaderos alegatos cantados sobre la situación política y social de la época.

La ruleta y los juegos de azar tenían su sede en la casa de Martín Echarte, una especie de casino colonial donde también se jugaba al ajedrez y, por supuesto, se hablaba de política.

Los cafés eran los ámbitos naturales de reunión y la sede de las distintas facciones que discutían acaloradamente en mayo de 1810. Los más famosos eran el Café de Marco, el de la Victoria, el de los Catalanes y el de Martín. Todos tenían mesas de billar y amplios patios.

A la hora de comer afuera, no había mucha variedad. Se podía tomar algo en la Confitería Francesa, pero La Fonda de los Tres Reyes era el único restaurante de Buenos Aires. Su única competencia era la casa de *monsieur* Ramón, un auténtico *chef* francés que preparaba comidas para llevar a domicilio. Muchas señoras mandaban a sus esclavos a aprender a cocinar con *monsieur* Ramón.

Con la revolución irán cambiando las costumbres y se producirá una lenta pero firme deshispanización, que se verá reflejada en las costumbres, la forma de hablar y la vestimenta. Las mujeres mantendrán la mantilla, el peinetón y el abanico pero vestirán cada vez más a la francesa. Los hombres, en cambio, se visten a la inglesa, con galera y todo.

Sordos ruidos

A aquel Buenos Aires colonial llegó, a fines de 1809, designado por la Junta Central de Sevilla como virrey titular y en reemplazo del provisional Liniers, don Baltasar Hidalgo de Cisneros, al que llamaban "El Sordo", por haber perdido gran parte de su capacidad auditiva al estallarle demasiado cerca un tiro de cañón durante la batalla de Trafalgar.

En la Banda Oriental, Elío disolvió la Junta de Montevideo y aceptó la autoridad del nuevo virrey, que volvió a armar a las milicias españolas y decretó una amnistía que dejó en libertad a los que habían conspirado contra Liniers.

El mayor problema que tuvo que enfrentar Cisneros fue la falta de recursos económicos. El comercio con España estaba prácticamente paralizado, aumentaba el contrabando y crecía la demanda de los exportadores de cueros de comerciar directamente con Inglaterra. Un joven abogado, Mariano Moreno, le presentó al virrey un texto llamado *La representación de los hacendados,* en el que explicaba los problemas económicos de la región y sugería que Cisneros permitiera el libre comercio.

El virrey, basándose en el tratado firmado por el ministro de Asuntos Exteriores británico, George Canning, y el representante de la Junta Central de Sevilla, Juan Ruiz de Apodaca, el 14 de enero de 1809, que abría los mercados españoles de la península y las colonias a las mercaderías inglesas, firmó el Reglamento de Libre Comercio, del 6 de noviembre de aquel año, que beneficiaba casi exclusivamente a las naves y comerciantes británicos.

Los subversivos de Chuquisaca y La Paz

Los problemas del virrey no terminaron con la firma del Reglamento. El teniente general Cisneros,[3] a pesar de su sor-

3 Don Baltasar Hidalgo de Cisneros y la Torre Ceijas y Jofré, caballero de la Orden de Carlos III, era un marino destacado nacido en Cartagena en 1755. Su comportamiento en el combate de Trafalgar como vicealmirante de la armada española le valió el reconocimiento de los propios ingleses y el ascenso a teniente general de la Real Armada Española.

dera, tuvo que arreglárselas para escuchar los reclamos que llegaban de dos ciudades del Alto Perú, hoy Bolivia. El 23 de setiembre de 1808 llegaron a Chuquisaca las noticias sobre la prisión de los reyes españoles y la formación de la Junta Central y Suprema de Sevilla. En la universidad y los ambientes intelectuales comenzó la agitación promovida, entre otros, por nuestro compatriota el joven tucumano Bernardo de Monteagudo, que planteó una duda que se convertiría en chispa de rebelión: "¿Debe seguirse la suerte de España o resistir en América? Las Indias son un dominio personal del rey de España; el rey está impedido de reinar; luego las Indias deben gobernarse a sí mismas". El pensamiento, conocido como el "silogismo de Chuquisaca", será uno de los argumentos de los revolucionarios que se lanzarán a las calles de la ciudad universitaria, el 25 de mayo de 1809, y de La Paz, el 16 de junio. El pueblo se rebeló contra los abusos de las autoridades locales y formó juntas como las de España. La Junta de La Paz quedó formada exclusivamente por americanos. Esto preocupó sobremanera a las autoridades españolas, que quisieron evitar que el ejemplo del Alto Perú se propagara por América.

Una proclama de los rebeldes, entre los que se destaca Monteagudo, decía: "Hemos guardado un silencio bastante parecido a la estupidez. Ya es tiempo de levantar el estandarte de la libertad en estas desgraciadas colonias, adquiridas sin el menor título y conservadas con la mayor injusticia y tiranía".

Cisneros ordenó una violenta represión causando centenares de muertos, con episodios de crueles torturas y descuartizamientos, que no respetaron ni edad ni sexo.

El genial Monteagudo había escrito por entonces su *Diálogo entre Atahualpa y Fernando VII*, que circuló sin firma y clandestinamente por todo el Alto Perú. En un fragmento del *Diálogo*, Fernando le dice al Inca Atahualpa: "El más infame de todos los hombres vivientes, es decir, el ambicioso Napoleón, el usurpador Bonaparte, con engaños, me arrancó del dulce regazo de la patria y de mi reino, e imputándome delitos falsos y ficticios, prisionero me condujo al centro de Francia". Atahualpa le responde: "Tus desdichas me lastiman, tanto más cuanto por propia experiencia, sé que es inmenso el dolor de quien se ve injustamente privado de su cetro y su corona".

La sentencia dictada contra los rebeldes capturados decía en uno de sus párrafos: "Por subversivos del orden público los condeno a la pena ordinaria de horca, a la que serán conducidos arrastrados a la cola de una bestia de albarda[4] y suspendidos por manos del verdugo, hasta que naturalmente hayan perdido la vida. Después de las seis horas de su ejecución se les cortará la cabeza a Murillo y Sáenz, y se colocarán en sus respectivas escarpias,[5] conducidos a ese fin, la primera a la entrada del Alto Potosí y la segunda en el pueblo de Croico, para que sirvan de satisfacción a la majestad ofendida, a la vindicta del reino y de escarmiento".[6]

Al difundirse la noticia de los horrores de Chuquisaca, dirigidos por los españoles Nieto, José Manuel de Goyeneche, Córdoba y Francisco de Paula Sanz, creció la indignación de los criollos de todo el virreinato, que advertían claramente la conducta del nuevo virrey que premiaba a los sublevados

---

4 Pieza principal del aparejo de las caballerías de carga, que se compone de dos a manera de almohadas rellenas, generalmente de paja y unidas por la parte que cae sobre el lomo del animal.

5 Especie de clavo con cabeza acodillada, que sirve para sujetar bien lo que se cuelga.

6 En Bartolomé Mitre, *Historia de San Martín*, Buenos Aires, Eudeba, 1971.

cuando eran españoles, como Álzaga y los implicados en su "asonada" contra Liniers, y los masacraba cuando eran insurrectos americanos, como los de Chuquisaca y La Paz.

Ante la posibilidad de que estos sucesos se repitieran, y "en mérito a haber llegado la noticia de que en estos dominios se iba propagando cierta clase de hombres malignos y perjudiciales, afectos a ideas subversivas que propenden a trastornar y alterar el orden público y gobierno establecido", el virrey decidió crear un Juzgado de Vigilancia Política, destinado a perseguir "a los que promuevan o sostengan las detestables máximas del partido francés y cualquier otro sistema contrario a la conservación de estos dominios en unión y dependencia de esta metrópoli".[7]

En Buenos Aires, los grupos económicos se fueron dividiendo en dos facciones: los comerciantes monopolistas y los ganaderos exportadores. Los comerciantes españoles querían mantener el privilegio de ser los únicos autorizados para introducir y vender los productos extranjeros que llegaban desde España. Estos productos eran sumamente caros porque España, a su vez, se los compraba a otros países, como Francia e Inglaterra, para después revenderlos en América. En cambio, los ganaderos americanos querían comerciar directa y libremente con Inglaterra y otros países, que eran los más importantes clientes y proveedores de los productos de esta región. España se había transformado en un caro, ineficiente y, por lo tanto, innecesario intermediario.

Son rumores

Estaba claro que la suerte de estas colonias dependía de las vicisitudes de la guerra europea y de la política de Napoleón y los ingleses. Los porteños estaban en vilo esperando las

---

7 Ricardo Levene, *Historia argentina*, Buenos Aires, Lojouane, 1937.

noticias sobre la situación española, que llegaban por barco con dos o tres meses de retraso, y muchas veces la imaginación popular reemplazaba la falta de información con rumores y fantasías, animando el clima tranquilo y aburrido del virreinato. "Fernando fue asesinado", "Napoleón se rindió", "Volvió Fernando", "Cayó la Junta de Sevilla". Todo era posible hasta que llegaran los barcos con las confirmaciones o las desmentidas del caso.

Un barco cargado de noticias

El 13 de mayo de 1810 llegó al puerto de Montevideo la fragata inglesa John Paris trayendo al Río de la Plata una noticia grave: el 13 de enero Sevilla había caído en manos de Napoleón. La Junta Central, el último bastión del poder español reconocido por los americanos, había sido disuelta y se había formado un fantasmagórico Consejo de Regencia, integrado por el obispo de Orense, don Pedro de Quevedo; el consejero de Estado don Francisco de Saavedra; el general Francisco Javier Castaños; el jefe de la Marina, don Antonio Escaño, y el representante del virreinato de Nueva España (México), Miguel de Lardizábal y Uribe.

En un principio el virrey trató de ocultar las novedades incautándose de todos los periódicos que traía el barco. Pero, según cuenta Mario Belgrano,[8] uno de ellos llegó a manos de Belgrano y Castelli, que se encargaron de difundir la noticia. Desde entonces, Cisneros no tuvo más remedio que dar a conocer la información, que cuestionaba hasta el tuétano su legitimidad, en una proclama emitida el día 18 de mayo, para tratar de calmar los ánimos.

8 Mario Belgrano, *Belgrano*, Buenos Aires, Instituto Nacional Belgraniano, 1999.

El bando, una verdadera expresión de deseos, decía: "En América española subsistirá el trono de los Reyes Católicos, en el caso de que sucumbiera en la península. (...) No tomará la superioridad determinación alguna que no sea previamente acordada en unión de todas las representaciones de la capital, a que posteriormente se reúnan las de sus provincias dependientes, entretanto que de acuerdo con los demás virreinatos se establece una representación de la soberanía del señor Fernando VII".[9]

El último virrey no dejará de lamentarse de no haber prestado el poco oído que le quedaba a los consejos de José María Romero, alcahuete y funcionario de la Real Hacienda, que había percibido con claridad que los días del virreinato estaban contados: "La mañana del 12 de mayo de 1810 le mostré a Cisneros la necesidad de deportar inmediatamente a Saavedra, Chiclana, los Paso, Castelli, los Vieytes, los Balcarce, los Castelli, los Larrea, Guido, Viamonte, Rodríguez Peña, el doctor Moreno, el presbítero Sáenz, el canónigo Belgrano, el mercedario fray Manuel Aparicio y el betlemita fray Juan Salcedo".[10]

Siempre Inglaterra

El 21 de febrero de 1810 el administrador de la Aduana informaba al virrey que desde que se habían abierto los puertos, hacía cuatro meses, habían ingresado a ese ente recaudador unos 400 mil pesos, "cantidad que jamás ha producido esta Aduana en tan corto tiempo". Al virrey se le planteaba un serio dilema. Por un lado, gracias a la apertura, se estaban recomponiendo las rentas virreinales dejadas en estado

9 Bando de Cisneros del 18 de mayo de 1810.
10 Biblioteca de Mayo, tomo V.

calamitoso por Liniers y muy afectadas por la situación europea y la consecuente desaparición de Francia, uno de los principales clientes. Pero, por el otro, era evidente que la libertad de comercio perjudicaba a los españoles más influyentes, como Martín de Álzaga y José Martínez de Hoz, que vivían de las restricciones impuestas por el comercio monopolista, que les permitía desarrollar su actividad más rentable: el contrabando. Cisneros evaluó que la prioridad era preservar el apoyo político de los sectores más conservadores y, seguramente "estimulado" por los monopolistas contrabandistas, anuló el decreto de libertad de comercio.

Pero los ingleses formaron un comité a cuyo frente designaron al influyente comerciante Mac Kinnon y le pidieron al capitán Doyle, jefe de la escuadra británica en el Río de la Plata, que negociara con el virrey e hiciera valer el carácter de Inglaterra como aliada de España en la lucha contra Napoleón. Finalmente, Cisneros cedió y les dio a los ingleses cuatro meses para terminar con sus negocios. El plazo vencía el 19 de mayo de 1810.

Yo sé que ahora vendrán caras extrañas

La famosa Semana de Mayo estuvo muy lejos de ser un apacible tránsito de vendedores ambulantes –los cuentapropistas y subocupados de la época– y damas antiguas, como se nos enseñó prolijamente en nuestras tiernas infancias. Estaban en juego muchos intereses, nacionales y extranjeros, y las pasiones, en algunos casos legítimas y en otros unidas directamente a los bolsillos, se desataron.

Pese a las ilusiones del virrey de que todo transcurriera según su voluntad, la misma noche del 18 de mayo los partidarios del cambio se reunieron en la casa de Rodríguez

Peña y decidieron exigirle a Cisneros la convocatoria a un Cabildo Abierto para el día 18 de mayo, con el fin de tratar la situación en que quedaba el virreinato después de los acontecimientos de España. El grupo comisionó a Juan José Castelli y a Martín Rodríguez para entrevistarse con Cisneros y exigirle la convocatoria a un Cabildo Abierto. Así lo hicieron el día 20. El virrey intentó ensayar un discurso hablando de insolencia y atrevimiento, pero Rodríguez le advirtió que no era momento de demostrar sus capacidades histriónicas y que tenía cinco minutos para decidir. Cisneros le contestó: "Ya que el pueblo no me quiere y el ejército me abandona, hagan ustedes lo que quieran", lo que en buen criollo significaba que se le había arrancado la convocatoria a un Cabildo Abierto para el día 22 de mayo.

La misma noche del 20 la mayoría de los confabulados concurrió al teatro a presenciar la representación de *Roma salvada*, una tragedia cuyo tema era la tiranía. El regidor de policía Domínguez trató de obligar al actor Morante a declararse enfermo y cambió el programa original por el drama *Misantropía y arrepentimiento*, del poeta alemán Kotzebue. El teatro estaba lleno y el rumor de la censura policial corrió rápidamente. El público de pie exigió la presencia de Morante, que, ante el griterío, apareció en el escenario representando el papel de Cicerón de la obra programada.

Morante, como si hubiese elegido el párrafo, comenzó diciendo: "Entre regir al mundo y ser esclavos, elegid ser vencedores de la tierra". Los criollos aplaudían a rabiar y silbaban al fiscal Caspe, de la Audiencia, porque con su gesto de no quitarse el sombrero demostraba su desprecio por el parlamento de Morante, que concluyó diciendo: "Glorias de Roma, majestad herida, de tu sepulcro la patria despierta". El aplauso cerrado echó a los pocos españoles que quedaban en la sala y tuvieron que darse por aludidos.

El día 21 de mayo a las nueve de la mañana se reunió el Cabildo,[11] como todos los días, para tratar las cuestiones de la ciudad. Pero a los pocos minutos, los cabildantes tuvieron que interrumpir sus labores. La Plaza de la Victoria estaba ocupada por unos 600 hombres armados con pistolas y puñales. Este grupo de revolucionarios, encabezados por Domingo French y Antonio Luis Beruti, se agrupaban bajo el nombre de "Legión Infernal" y, desconfiando de la palabra empeñada por el virrey, pedía a los gritos que se concretara la convocatoria al Cabildo Abierto. Los cabildantes accedieron al pedido de la multitud. El síndico Leiva salió al balcón y anunció formalmente el Cabildo Abierto para el día siguiente. Pero los "infernales" no se calmaron y pidieron que el virrey fuera suspendido. El clima se fue caldeando y tuvo que intervenir el jefe del regimiento de Patricios, Cornelio Saavedra, que logró calmarlos garantizándoles el apoyo militar a sus reclamos.

El gran debate

Ya desde temprano fueron llegando los cabildantes. De los 450 invitados sólo pudieron llegar 251. Los muchachos de la Legión Infernal usaron para la tarea, más que las míticas cintitas de color incierto, convincentes cuchillos, trabucos y fusiles.

Cuenta un testigo de los hechos cómo los muchachos de la Legión Infernal, parapetados estratégicamente en las

11 El edificio actual del Cabildo es producto de una reconstrucción llevada a cabo en 1940 por el arquitecto Mario Buschiazzo, que respetó los planos originales pero lo redujo: eliminó seis de sus arcos laterales. Del Cabildo original sólo se conserva la sala capitular. Allí se produjeron las fuertes discusiones del Cabildo Abierto del 22 de mayo de 1810 y fue electa la Primera Junta de Gobierno patrio.

esquinas del Cabildo, bajo la cercana supervisión de sus jefes French y Beruti, ejercieron el "derecho de admisión": "Apenas comenzada la sesión, un grupo compacto y organizado de seiscientas personas, en su mayoría jóvenes que se habían concentrado desde muy temprano en el sector de la Plaza lindero al Cabildo, acaudillados y dirigidos por French y Beruti, comienzan a proferir incendios contra el virrey y reclaman la inmediata reunión de un Cabildo Abierto. Van todos bien armados de puñales y pistolas, porque es gente decidida y dispuesta a todo riesgo. Actúan bajo el lema de Legión Infernal que se propala a los cuatro vientos y no hay quien se atreva con ellos".

Además de las presiones directas, los chisperos usaron otros recursos para neutralizar la acción de los realistas. La imprenta de los Niños Expósitos, donde se imprimieron las tarjetas que acreditaban a los cabildantes, estaba a cargo de Agustín Donado, uno de los muchachos de French y Beruti. Parece que don Agustín imprimió unas cuantas tarjetas de más y las repartió entre sus compañeros, que reemplazaron a varios realistas, que no pudieron ingresar.

Los invitados al Cabildo pueden agruparse así:
- 94 comerciantes, vecinos y hacendados;
- 93 empleados y funcionarios;
- 60 jefes y oficiales de mar y tierra;
- 27 profesionales liberales;
- 25 clérigos y frailes.

Los fiscales de la Audiencia se quejaban en una carta de las maniobras de los criollos: "Se celebró la Junta del 22 notándose en ella la falta de muchos vecinos europeos de distinción, y cabezas de familia, al paso que era mucho mayor la concurrencia de los Patricios, y entre ellos un considerable número de oficiales de este cuerpo e hijos de familia que aún no tenían calidad de vecinos. Multitud de conferencias y especies subversivas precedieron la votación".[12]

La cosa se fue calentando, hasta que empezaron los discursos sobre si el virrey debía seguir en su cargo o no. Rompió el silencio el representante más reaccionario de los españoles, el obispo Lué y Riega. Cuenta Héctor Ramos Mejía que el obispo estaba "vestido con un lujo eclesiástico excepcional. Llevaba todas las cadenas y las cruces de su rango, riquísimos escapularios de oro y cuatro familiares de pie detrás de él tenían la mitra el uno, un magnífico misal el otro, las leyes de Indias y otros volúmenes con que se había preparado para hundir a sus adversarios". Con todo ese circo dándole ánimos, el jefe de la Iglesia local comenzó diciendo que mientras hubiera un español en América, los americanos le deberían obediencia.

"No solamente no hay por qué hacer novedad con el virrey, sino que aun cuando no quedase parte alguna de la España que no estuviese sojuzgada, los españoles que se encontrasen en la América deben tomar y reasumir el mando de ellas y que éste sólo podría venir a manos de los hijos del país cuando ya no hubiese un español en él.

"Aunque hubiese quedado un solo vocal de la Junta Central de Sevilla y arribase a nuestras playas, lo deberíamos recibir como al Soberano."

Francisco Saguí describe así al obispo Lué: "Muy particularmente se hizo notable el prelado, ultramontano acérrimo, que creyera vivir en siglos de Gregorio VII o Bonifacio VIII y tener hasta la jurisdicción temporal, olvidado de su santo ministerio de paz; mezclado siempre en todas las ocurrencias políticas (...) Véase pues cómo sería el carácter del

---

12 Carlos Alberto Pueyrredón, *1810, La Revolución de Mayo*, Buenos Aires, Peuser, 1953.

obispo de Buenos Aires don Benito Lué y Riega que más si creía que ni escribir sabíamos. Al ver unas circulares a los curas que mandó extender a la notaría para la visita de la diócesis, dijo el obispo al notario don Gervasio Antonio de Posadas: 'Buena letra, bien escrito. ¿Ha sido aprendido esto aquí o es de algún español?'. Mírale Posadas, nos señala al mismo tiempo y le contesta: 'Sí, señor, es de un hijo del país y aquí se enseña'".[13]

Pero faltaba el plato fuerte del día: la voz de la revolución no había hablado todavía. Allí estaba Juan José Castelli, el orador que iba a horadar hasta las piedras con su palabra vibrante, denunciante. Un informe de la Audiencia lo definía como "destinado para alucinar a los concurrentes"[14].

Castelli, hombre educado en la Universidad de Chuquisaca, como su amigo Mariano Moreno, se había empapado de la teoría de la soberanía popular, un tema recurrente de los juristas españoles de los siglos XVI y XVII. Estas ideas fueron desarrolladas por autores como Domingo de Soto, Juan de Mariana, Francisco Suárez y Francisco de Vitoria, que demostró que el derecho del pueblo a elegir su propio gobierno no estaba condicionado por ningún otro derecho, ni siquiera el divino. Los revolucionarios americanos, como Castelli, potenciaron estos conceptos con las ideas de "pacto" y "contrato social" difundidas por los teóricos de las revoluciones inglesa y francesa, Thomas Hobbes, John Locke y Jean Jacques Rousseau. El pensamiento de este último filósofo

---

13 Francisco Saguí, *Los últimos cuatro años de la dominación española en el antiguo Virreynato del Río de la Plata, desde 26 de junio de 1806 hasta 25 de mayo de 1810. Memoria histórica familiar*, Buenos Aires, Imprenta Americana, 1874, Senado de la Nación, Biblioteca de Mayo, Buenos Aires, 1960, págs. 35 y 176.

14 Pueyrredón, *op. cit.*

será determinante en los primeros momentos de la revolución, interpretado por la pluma y la voz de Mariano Moreno.

Decía Castelli aquel memorable 22 de mayo de 1810: "A mí me toca contestar al señor Obispo y si se me impide hacerlo acudiré al pueblo para que se respeten mis derechos".

Castelli fue interrumpido por el obispo: "Asombra que hombres nacidos en una colonia se crean con derecho a tratar asuntos privativos de los que han nacido en España, por razón de la conquista y de las Bulas con que los Papas han declarado que las Indias son propiedad exclusiva de los españoles".

Castelli, un poco más nervioso, continuó: "Nadie ha podido reputar por delincuente a la nación entera, ni a los individuos que han abierto sus opiniones políticas". Haciendo uso de una maravillosa ironía, señaló: "Si el derecho de conquista pertenece, por origen, al país conquistador, justo sería que la España comenzase por darle la razón al reverendo Obispo abandonando la resistencia que hace a los franceses y sometiéndose, por los mismos principios con que se pretende que los americanos se sometan a las aldeas de Pontevedra. La razón y la regla tienen que ser iguales para todos. Aquí no hay conquistados ni conquistadores, aquí no hay sino españoles. Los españoles de España han perdido su tierra. Los españoles de América tratan de salvar la suya. Los de España que se entiendan allá como puedan y que no se preocupen, los americanos sabemos lo que queremos y adónde vamos. Por lo tanto propongo que se vote: que se subrogue otra autoridad a la del virrey que dependerá de la metrópoli si ésta se salva de los franceses, que será independiente si España queda subyugada".

Un tanto molesto, el representante de los españoles más conservadores, el fiscal Manuel Genaro Villota, dijo que "el pueblo de Buenos Aires no tiene por sí solo derecho alguno a decidir sobre la legitimidad del Gobierno de Regencia sino en unión de toda la representación nacional, y mucho menos a elegirse un gobierno soberano, que sería lo mismo que romper la unidad de la Nación y establecer en ella tantas soberanías como pueblos".

Le salió al cruce Juan José Paso, argumentando: "Dice muy bien el señor fiscal, que debe ser consultada la voluntad general de los demás pueblos del virreinato; pero piénsese bien en el actual estado de peligros a que por su situación local se ve envuelta esta capital. Buenos Aires necesita con mucha urgencia ponerse a cubierto de los peligros que la amenazan, por el poder de la Francia y el triste estado de la Península. Para ello una de las primeras medidas debe ser la formación de una Junta provisoria de gobierno a nombre del señor don Fernando VII y que ella proceda a invitar a los demás pueblos del virreinato a que concurran por sus representantes a la formación del gobierno permanente".

El debate del 22 fue muy acalorado y despertó las pasiones de ambos bandos. El coronel Francisco Orduña, partidario del virrey, contará horrorizado que mientras hablaba fue tratado de loco por no participar de las ideas revolucionarias "mientras que a los que no votaban contra el jefe (Cisneros) se les escupía, se les mofaba, se les insultaba y se les chiflaba".

Mientras tanto, Manuel Belgrano, apostado en una de las ventanas del Cabildo, había montado con los chisperos instalados en la plaza un sistema de señales. Si la cosa se ponía muy complicada, debía agitar un pañuelo blanco y los muchachos irrumpirían en la sala capitular.

No hizo falta, porque aquel 22 de mayo casi todos los asistentes aprobaron la destitución del virrey, aunque no se ponían de acuerdo sobre quién debía asumir el poder y por qué medios. Castelli propuso que fuera el pueblo a través del voto el que eligiese una junta de gobierno. El jefe de los

Patricios, Cornelio Saavedra, prefirió que el nuevo gobierno fuera organizado directamente por el Cabildo y su postura triunfó: el virrey sería depuesto, pero el reducto conservador instalado en el Cabildo designaría una Junta de Gobierno.

El día 23 por la mañana se reunió el Cabildo para contar los votos emitidos el día anterior y emitió el siguiente documento: "Hecha la regulación con el más prolijo examen resulta de ella que el Excmo. Señor Virrey debe cesar en el mando y recae éste provisoriamente en el Excmo. Cabildo hasta la erección de una Junta que ha de formar el mismo Excmo. Cabildo, en la manera que estime conveniente".

Como era de esperar, el síndico Leiva y los miembros recalcitrantes del Cabildo, adictos al virrey, prepararon una maniobra: nombraron una Junta presidida por Cisneros, burlando la voluntad popular. Esto provocó la inmediata reacción de las milicias.

El coronel Martín Rodríguez señaló que la maniobra del Cabildo era "una traición contra el pueblo, y se lo reducía al papel de idiota". Rodríguez advirtió que él no podía ni quería frenar a su tropa. Leiva trató de calmarlo, aduciendo que Saavedra tendría un papel importante en el nuevo gobierno. Pero Rodríguez insistió: "Si nosotros nos comprometemos a sostener esa combinación que mantiene en el gobierno a Cisneros, en muy pocas horas tendríamos que abrir fuego contra nuestro pueblo, nuestros mismos soldados nos abandonarían; todos sin excepción reclaman la separación de Cisneros".

Quedaba muy claro que los revolucionarios sostenían la idea de utilizar la violencia armada y de presionar a Saavedra hasta que actuara.

Sordos ruidos

Cuenta Tomás Guido en sus memorias que "en estas circunstancias el señor Don Manuel Belgrano, mayor del regimiento de Patricios, que vestido de uniforme escuchaba la discusión en la sala contigua, reclinado en un sofá, casi postrado por largas vigilias observando la indecisión de sus amigos, púsose de pie súbitamente y a paso acelerado y con el rostro encendido por el fuego de sangre generosa entró al comedor de la casa del señor Rodríguez Peña y lanzando una mirada en derredor de sí, y poniendo la mano derecha sobre la cruz de su espada dijo: 'Juro a la patria y a mis compañeros, que si a las tres de la tarde del día inmediato el virrey no hubiese renunciado, a fe de caballero, yo le derribaré con mis armas'".[15]

Así recuerda Cisneros sus últimas horas en el poder: "En aquella misma noche, al celebrarse la primera sesión o acta del Gobierno, se me informó por alguno de los vocales que alguna parte del pueblo no estaba satisfecho con que yo obtuviese el mando de las armas, que pedía mi absoluta separación y que todavía permanecía en el peligro de conmoción, como que en el cuartel de Patricios gritaban descaradamente algunos oficiales y paisanos, y esto era lo que llamaban pueblo, cuando es absoluta y notoria verdad que la masa general del pueblo, incluso todos los empleados y tribunales de esta capital, rebosan de alegría, como si hubiesen salido del más apurado conflicto, al verme otra vez frente al gobierno, manifestándose este contento en la iluminación de la ciudad y en los cumplidos que recibí de todas las corporaciones, magistrados y vecinos. Yo no consentí que el gobierno de

---

15 Tomás Guido, "Reseña histórica de los sucesos de Mayo", en *Los sucesos de Mayo contados por sus autores*, prólogo de Ricardo Levene, Buenos Aires, El Ateneo, 1928.

las armas se entregase como se solicitaba al teniente coronel de Milicias Urbanas Don Cornelio de Saavedra, arrebatándose de las manos de un general que en todo tiempo las habría conservado y defendido con honor y a quien V. M. las había confiado como a su virrey y capitán general de estas provincias, y antes de condescender con semejante pretensión, convine con todos los vocales en renunciar a los empleos y que el cabildo proveyese de gobierno".[16]

En la noche del 24, una delegación encabezada por Castelli y Saavedra, acompañada por una importante escolta, se presentó en la residencia de Cisneros con cara de pocos amigos y logró su renuncia. La Junta quedó disuelta y se convocó nuevamente al Cabildo para la mañana siguiente.

La mañana del 25, grupos de vecinos –algunos con paraguas y otros sin paraguas, porque si bien los había, eran un artículo de lujo[17]–, se congregaron en la plaza frente al Cabildo, con el apoyo activo de los milicianos encabezados por French y Beruti. Expresaron su rechazo a la maniobra y exigieron el derrocamiento definitivo del virrey y la formación de una nueva Junta.

Cuando las sesiones parecían demorarse demasiado, irrumpió en la sala el jefe de los chisperos Antonio Luis Beruti, que dijo en tono amenazante: "Señores del Cabildo:

16 Baltasar Hidalgo de Cisneros, "Informe dando cuenta al rey de España de las ocurrencias de su gobierno, Buenos Aires, 1810", en *Memorias de los virreyes del Río de la Plata*, Buenos Aires, Bajel, 1945.

17 Se conserva en el Archivo General de la Nación el inventario de mercaderías de una tienda porteña de 1795. Entre los artículos inventariados se destacan 27 paraguas de hule que se vendían a 4 reales cada uno.

esto ya pasa de juguete; no estamos en circunstancias de que ustedes se burlen de nosotros con sandeces. Si hasta ahora hemos procedido con prudencia, ha sido para evitar desastres y efusión de sangre. El pueblo, en cuyo nombre hablamos, está armado en los cuarteles y una gran parte del vecindario espera en otras partes la voz para venir aquí. ¿Quieren ustedes verlo? Toque la campana y si no nosotros tocaremos generala y verán ustedes la cara de ese pueblo, cuya presencia echan de menos. ¡Sí o no! Pronto, señores, decirlo ahora mismo, porque no estamos dispuestos a sufrir demoras y engaños; pero, si volvemos con las armas en la mano, no responderemos de nada".[18]

Los cabildantes tomaron muy en serio las amenazas y anunciaron la formación de la Primera Junta de Gobierno, presidida por Cornelio Saavedra, con los abogados Mariano Moreno y Juan José Paso como secretarios. Seis vocales completaban la nómina: los doctores Manuel Belgrano y su primo Juan José Castelli; el militar Miguel de Azcuénaga; el sacerdote Manuel Alberti y los comerciantes españoles Juan Larrea y Domingo Matheu.

Ignacio Núñez, contemporáneo de los hechos, comenta que la designación de Saavedra no se debió "a la importancia de su persona como por lo que importaba el regimiento en el cual, sin duda alguna, ejercía una influencia superior a las de los demás jefes y oficiales".

Cuenta Saavedra en sus *Memorias*: "El mismo Cisneros fue uno de los que me persuadieron aceptase el nombramiento por dar gusto al pueblo. Tuve al fin que rendir mi obediencia y fui recibido de presidente y vocal de la

18 Palabras de Antonio Beruti ante el Cabildo el 25 de mayo de 1810, en Neptalí Carranza, *Oratoria argentina*, Buenos Aires, Sesé y Larrañaga Editores, 1905.

excelentísima Junta. (...) Por política fue preciso cubrir a la junta con el manto del señor Fernando VII a cuyo nombre se estableció y bajo de él expedía sus providencias y mandatos".[19]

Fernando, alegre mascarita

La Junta se apresuró a declarar que gobernaba en nombre de Fernando VII. El acta firmada ese día dice: "Se depuso al virrey en nombre del rey".

El texto del juramento fue el siguiente: "¿Juráis desempeñar lealmente el cargo y conservar íntegra esta parte de América a nuestro soberano Don Fernando Séptimo y sus legítimos sucesores y guardar puntualmente las leyes del Reino?". Se ponía en evidencia una maniobra: que la Junta se negaba a quedar subordinada a la juntas españolas que se atribuían la representación de Fernando.

Así describe el vocal Matheu en sus *Memorias* a los miembros de la Junta Central y el Consejo de Regencia: "Como vimos que en España todo eran intrigas en los hombres que debían salvar la patria, empezamos a desconfiar de todos: y más cuando los que componían la Junta Central fueron echados la mayor parte por picardías e intrigas, y que los pocos que se pudieron unir nombraron un Consejo de Regencia, sin intervención de las demás provincias, y empezaron a dar empleos a troche y moche por las Américas, no los quisimos reconocer. Puesto que declaradas las Américas parte integral de la Monarquía, ¿qué derecho tenían tres hombres, desconocidos de la gran parte libre, para gobernarla desde un peñasco?".

19 Cornelio Saavedra, *Memoria autógrafa*, en Biblioteca de Mayo, tomo II, págs. 1050-1051, 1966.

La llamada "máscara de Fernando" era, contrariamente a lo que muchos creen, un acto de clara independencia. Por aquellos días nadie en su sano juicio podía suponer que Napoleón sería derrotado ni que Fernando volvería al trono español y recuperaría sus colonias americanas. Por lo tanto, prometer fidelidad a un rey fantasma –y no a un Consejo de Regencia existente– era toda una declaración de principios que abría el camino hacia una voluntad independentista que no podía explicitarse por las presiones de Gran Bretaña.

"Sin duda había razones –señala Tulio Halperín Donghi– para que un ideario independentista maduro prefiriese ocultarse a exhibirse: junto al vigor de la tradición de lealismo monárquico entre las masas populares pesaba la coyuntura internacional que obligaba a contar con la benevolencia inglesa."[20]

Los ingleses priorizaban la situación europea y su guerra a muerte contra Napoleón y necesitaban sostener lo que quedaba del poder español en la península para combatir a los franceses en todos los frentes. En este sentido, la alianza con España los inhibía de apoyar abiertamente a los revolucionarios americanos y, aunque mantenían excelentes relaciones comerciales y políticas con la Junta, desaconsejaban las declaraciones formales de independencia que se avecinaban por toda la América española.

La burguesía criolla apoyó el movimiento para apoderarse del aparato del Estado y garantizar e incrementar su tasa de ganancia. Así lo confiesa Domingo Matheu, uno de los vocales de la Primera Junta: "Diremos *a posteriori* que no hubo revolución sino un movimiento popular; lo que hubo fue una necesidad social y doméstica para asegurar la

---

20 Tulio Halperín Donghi, *Historia contemporánea de América Latina*, Madrid, Alianza, 1974.

personalidad pública, y en cuanto al exterior por el comercio o subsistencia comercial, porque entonces toda transformación o reforma serían revoluciones, la suspicacia y egoísmo de los mandones sin título ni base a que referirse fueron la causa del trastorno, de la lucha y de los movimientos".

Se van y nunca volverán

Ni el Consejo de Regencia ni los españoles residentes en el ex virreinato se creyeron lo de la "fidelidad al amado rey cautivo" y se resistieron a aceptar la nueva situación.

El jefe español del Apostadero Naval de Montevideo, capitán de navío José María Salazar, que permanecía rebelde a la Junta de Buenos Aires, escribía por entonces: "La Revolución de Buenos Aires está meditada hace ocho años, según pública confesión del doctor Castelli al señor virrey, intentada varias veces y siempre frustrada, ha sido más una conspiración militar que un movimiento del pueblo. Los principales agitadores han sido una docena de oficiales subalternos. Saavedra es un zorro astuto, que con la apariencia más hipócrita encubre la ambición más desenfrenada, y lo mismo todos los de la Junta que son los más pobres y menos caracterizados del pueblo. Siguen fieles al Rey el excelentísimo Cabildo, la Real Audiencia y el reverendo Obispo (Lué)".[21]

La misma noche del 25 de mayo de 1810, el ex virrey Cisneros despachó hacia Córdoba a José Melchor Lavín con correspondencia para Santiago de Liniers, donde le pedía que estuviera alerta para una posible y necesaria intervención militar contra la Junta.

21 *Mayo documental*, tomo XII, Buenos Aires, Facultad de Filosofía y Letras, 1961.

Los miembros de la Audiencia –algo así como la Corte Suprema de Justicia de la colonia, compuesta por un número variable de miembros– se negaron a prestar juramento de fidelidad a las nuevas autoridades.

Cuenta un documento de la época que el fiscal de la Audiencia, don Antonio Caspe y Rodríguez, se presentó a la jura "escarbándose los dientes con un palillo, demostrando en aquella grosería el desprecio con que miraba a la Junta. Previa protesta, juró en medio del enojo del público arrebatado por tal actitud". Parece que los oidores se habían puesto de acuerdo en sus groserías porque, continúa el documento, "al otro día el oidor José Manuel Reyes repitió la operación de Caspe, pero a falta de palillo utilizó las uñas".[22]

Pocos días después del episodio dental, una noche el oidor fue avisado en su casa de que lo llamaba urgente el presidente de la Junta. Cuando se presentó, Saavedra le dijo que él no lo había mandado llamar. Un poco asustado y ya sin ánimo de mondarse los dientes ante el jefe, se retiró del Fuerte y al pasar por un punto llamado "Cuatro Esquinas", fue atacado por cinco hombres enmascarados que lo dejaron malherido. Los oidores acusaron como instigadores del hecho a "un club de facciosos que se ha formado en Buenos Aires", con sede en la casa de Rodríguez Peña, donde habitaba Castelli, compuesto, además, por Vieytes, Chiclana, Moreno y Belgrano, y señalaron a Chiclana como provocador del hecho. Las investigaciones no dieron ningún resultado concreto, pero la Junta llamó a la población, mediante una ordenanza con fecha del 11 de junio, a evitar episodios similares.

---

22 Julio Lafont, *Historia de la Constitución Argentina*, Buenos Aires, El Ateneo, 1935.

Sin embargo, parece que los miembros de la Audiencia desconfiaron de la bondad de la Junta y juraron, el 15 de junio, en secreto, fidelidad al Consejo de Regencia y enviaron circulares a todas las ciudades del interior, invitando a desobedecer al nuevo gobierno. Ese mismo día, el obispo Lué le comunicó a la Junta que se disponía a realizar una visita pastoral por su diócesis. La actitud del agente realista resultó sospechosa y se le prohibió visitar la Catedral y salir de su casa.

Como los espías estaban a la orden del día, Moreno se enteró de la maniobra y decidió cortar por lo sano. Convocó a todos los implicados a una reunión urgente en el Fuerte (actual Casa Rosada). Cuando llegaron los conspiradores fueron recibidos con cara de pocos amigos por Juan José Castelli y Domingo Matheu, que les comunicaron que sus vidas corrían peligro y que debían embarcarse de inmediato en el buque Dart, de Su Majestad británica, que los estaba esperando para zarpar. El capitán del Dart, Marcos Brigut, contratado y pagado por Larrea, recibió la orden de no detenerse en ningún puerto americano y desembarcar a todos los miembros de la Audiencia y al propio virrey Cisneros en las islas Canarias.

Brigut cumplió acabadamente la orden. A pesar de las súplicas e intentos de soborno de su "selecto" pasaje, para que los dejase bajar en Brasil, la carga humana fue depositada en Las Palmas de Gran Canaria el 4 de setiembre de 1810, tras 65 extenuantes días de navegación, en los que las peleas entre los deportados fueron, según el relato del capitán, "lo peor del viaje".

Tras la expulsión de las autoridades españolas, la Junta nombró una nueva Audiencia compuesta íntegramente por criollos leales a la revolución.

Estos hechos parecieron ser la señal que estaban esperando Liniers y los ex funcionarios españoles desocupados para sublevarse en Córdoba, pero el movimiento fue rápidamente derrotado por las fuerzas patriotas al mando de Francisco Ortiz de Ocampo. Liniers y sus compañeros fueron detenidos. La Junta de Buenos Aires ordenó que fueran fusilados, pero Ocampo se negó, por haber sido compañero de Liniers durante las invasiones inglesas. La tarea fue asumida por Castelli, que cumplió con la sentencia fusilando a Liniers y sus cómplices el 26 de agosto de 1810.

La Primera Junta pronto comprendió que se hacía indispensable llevar los objetivos revolucionarios a otros pueblos, así como también asegurar su propia supervivencia, ante la certeza de que la corona española no se quedaría de brazos cruzados. Así que organizó diferentes expediciones militares y una suscripción destinada a reunir fondos para financiar las campañas. Moreno da el ejemplo donando seis onzas de oro. Belgrano, Matheu y Larrea renuncian a sus sueldos de vocales. En *La Gaceta* van apareciendo las listas de donantes. Son gente pobre del pueblo, "porque los que nada tienen, todo lo dan por la revolución", como dirá Castelli.

"La esclava María Eusebia Segovia, con licencia de su amo, ha donado un peso fuerte y se ofrece como cocinera de las tropas. El pardo Santos González, de 10 años de edad, dona 4 reales. Juan Reynoso se compromete con todos sus bienes y su persona para lo que estime la Junta. El niño Pedro Agüero, de 9 años, obló 2 pesos y, con permiso, ofertó su persona para el servicio que le permitan sus tiernos años. El pardo Julián José Agüero, de 5 años de edad, ha oblado 1 peso fuerte. Anastasio Ramírez ha donado 4 reales con expresiones dignas de elogio, y mucho más por ser referidas a su corta edad de 8 años, a los que ya manifiesta el amor y tributo que se le debe a la patria. Juan José Gómez obló 1 peso y su par de zapatos para que sirvan a algún soldado, también se compromete a dar 4 reales mensuales por espacio de 4 meses."

Decía Moreno en la misma *Gaceta*, comentando estos avisos: "Causa ternura el celo con que se esfuerza el Pueblo para socorrer al Erario en los gastos precisos para la expedición. Las clases más pobres de la Sociedad son las primeras que se apresuraron a porfía a consagrar a la Patria una parte de su escasa fortuna: empezarán los ricos las erogaciones propias a su caudal y de su celo, pero aunque un comerciante rico excite la admiración por la gruesa cantidad de donativo, no podrá disputar ya al pobre el mérito recomendable de la prontitud de sus ofertas".[23]

Al iniciarse las campañas de independencia muchos esclavos fueron incorporados a las filas patriotas. Muchas familias de las llamadas "patricias" prefirieron enviar a pelear a los esclavos de la casa antes que a sus hijos, y así fue que en la mayoría de los ejércitos de la revolución se destacaban los soldados negros. Claro que no sólo por su color sino por su coraje y valentía en defensa de la libertad. Ésta es una de las razones de la casi desaparición de los negros de Buenos Aires.

Días después del 25 de mayo, el cura párroco de Soriano, en la Banda Oriental, que seguía en manos españolas, presbítero Tomás Javier Gomensoro, asentaba en el libro de defunciones la siguiente partida: "El día 25 de este mes de mayo, expiró en esta provincia del Río de la Plata la tiránica jurisdicción de los virreyes, la dominación déspota de la península española y el escandaloso influjo de todos los españoles. De este modo se sacudió el insoportable yugo de la más injusta y arbitraria dominación y se echaron los cimientos de una gloriosa independencia que colocará a las brillantes Provincias de la América del Sud en el rango de

---

23 Álvaro Yunque, *Breve historia de los argentinos*, Buenos Aires, Futuro, 1957.

las naciones libres y les dará una representación nacional a la par de los grandes y gloriosos imperios del Globo".[24] A los pocos días el cura Gomensoro fue separado de su parroquia.

Comenzaban a romperse, según una Mariquita Sánchez de Thompson que se iba preparando para tocar el Himno, los eslabones de "las tres cadenas que sujetaron este gran continente a su Metrópoli: el terror, la ignorancia y la religión católica. La ignorancia era perfectamente sostenida. No había maestros para nada, no había libros sino de devoción e insignificantes, había una comisión del Santo Oficio para revisar todos los libros que venían, a pesar de que venían de España, donde había las mismas persecuciones".[25]

La revolución estaba en marcha. Quedaba por ver qué caminos tomaría.

Vientos que anuncian tempestades

Durante la etapa colonial, el Virreinato del Río de la Plata tuvo un desarrollo económico desigual: las regiones del centro y noroeste estuvieron densamente pobladas y su circuito económico se vinculó al desarrollo minero de Potosí, en el Alto Perú. En tanto, el litoral contó con una población escasa y la actividad económica se relacionó con el comercio y el contrabando.

A su vez, cada región tendió a especializar su producción para el intercambio con otras. Cuyo producía vino y aguardiente; Paraguay, yerba mate; Tucumán, mulas y carretas. De modo que se organizó un verdadero circuito

24 A. J. Pérez Amuchástegui (director), *Crónica histórica argentina*, Buenos Aires, Codex, 1968.

25 Mariquita Sánchez, *Recuerdos del Buenos Aires virreinal*, Buenos Aires, 1953.

comercial interregional. Al mismo tiempo, cada una de esas zonas cultivó maíz, hortalizas, cereales y verduras para el autoabastecimiento.

La política económica de la revolución, basada en una apertura comercial que fue pensada como temporal y gradual, pero que en los hechos fue brutal y permanente, fue provocando en el interior del país daños irreparables. Era imposible, por ejemplo, revivir el lucrativo tráfico de mulas que se realizaba entre el litoral y el Perú o restablecer el comercio con el Alto Perú, que resultaban fundamentales para las provincias del centro y del norte.

Decía un comerciante inglés de la época: "Por la mayoría de los cueros que compramos pagamos unos tres y medio peniques por libra. Tres meses después eran vendidos en Buenos Aires a unos cinco peniques y medio por libra; y quizás seis meses después se vendían en Liverpool y Londres de nueve a diez peniques por libra a los curtidores. Suponiendo que un cuero con otro diera veinte chelines, producía una ganancia de diez veces el importe que el estanciero recibía por el animal en su establecimiento. Sin duda muchos de los cueros de novillo, de ternero y de yeguarizo así vendidos, y transportados a Inglaterra, volvían por el mismo camino convertidos en botas y zapatos".[26]

La administración de la Aduana permitía a Buenos Aires manejar recursos en una cantidad que ninguna otra zona del país podía igualar. La Aduana era la principal fuente de ingresos de todo el país y un arma política muy importante. Los gobernantes de la capital decidían qué productos entraban o salían del país. Podían así impedir a cualquier provincia desarrollar su industria, su ganadería o su agricultura,

---

26 Guillermo Parish Robertson, *Cartas de Sudamérica*, Buenos Aires, Hyspamérica, 1985.

con el simple trámite de bloquear la entrada de alguna maquinaria o producto que consideraran que podría poner en peligro la economía porteña. Por otra parte, todas las provincias contribuían a aumentar la riqueza y el poder de la ciudad puerto mediante el pago de derechos aduaneros.

Al producirse la Revolución de Mayo, el Virreinato del Río de la Plata estaba muy lejos de ser una unidad política y, mucho menos, una unidad económica. El proceso que culminó con la independencia acentuó estas diferencias y se fue creando un concepto de nacionalidad limitado a sentirse perteneciente a una ciudad y sus alrededores y no a un país. Se era tucumano, jujeño o correntino, pero la "argentinidad", salvo en la zona rioplatense, no existió hasta varias décadas después.

En un primer momento, en las ciudades, la elite criolla fue la principal beneficiaria de la emancipación política: consiguió el desplazamiento de los españoles de los cargos burocráticos y del comercio, la creación de gobiernos republicanos independientes y, para los nativos del virreinato, el incremento de oportunidades de ocupar puestos gubernamentales y políticos.

Sin embargo, la elite urbana, comparada con la del período prerrevolucionario, ahora era más débil, a causa de diversos factores: la eliminación del patrimonio y del prestigio de los mismos españoles que habían sido una parte muy importante de ella y, fundamentalmente, la entrada de los comerciantes extranjeros –sobre todo, ingleses–, que fueron sustituyendo en importancia a los españoles.

La caída de un sistema colonial basado en una metrópoli que lo ejercía a través de ciudades que constituían sus centros políticos y administrativos permitió, a partir de 1810, el surgimiento de otro sistema de poder, con bases en el campo, y trasladó gran parte del poder de los grupos urbanos a los hacendados y los caudillos. La revolución produjo un cambio importante al terminar con un sistema en el que el origen de nacimiento había reglado la diferenciación social y los sectores urbanos dejaron de monopolizar la riqueza. De este modo, las elites urbanas perdieron parte de las bases materiales que les otorgaban poder, en favor de un incremento del poder de los sectores rurales.

Las diferencias regionales se presentaban principalmente en el campo económico. Buenos Aires y el litoral competían por la exportación de productos ganaderos, como carne salada y cueros, y por la importación de todo tipo de productos. A ambos, el libre cambio les era necesario y funcional. Las diferencias entre las dos regiones surgirán por las disputas en torno al monopolio del puerto y de la Aduana, que ejercía Buenos Aires.

Las llamadas "provincias interiores", por el contrario, carecían de productos exportables pero tenían una precaria industria abastecedora del mercado interno (textil, azucarera, vitivinícola), que se veía muy perjudicada por la importación de los mismos productos. Por lo tanto, reclamaban medidas proteccionistas; pero, lamentablemente, no estaban unidas en estos reclamos, porque también habían heredado de la colonización española el localismo y el predominio de los intereses particulares.

Pese a estas diferencias, que se irán agudizando y provocando en un futuro no muy lejano una interminable guerra civil, cuando se desató la guerra contra España los ejércitos patriotas contaron con el apoyo invalorable de la gente del interior, en hombres y provisiones, para las sucesivas campañas libertadoras.

El fusilamiento de Santiago de Liniers, el "héroe" de la reconquista

> "Conceder demasiado a un pueblo es lo mismo que en la vida privada condescender a las voluntades desarregladas de un niño, quien no teniendo más que pedir, se enfurece porque no se le da la luna cuyo reflejo descubre en una tina de agua."
>
> SANTIAGO DE LINIERS

Entre los calificativos más frecuentes que caen sobre los responsables del ajusticiamiento de Liniers está el de "jacobinos[1] terroristas", sin aclarar las circunstancias: las amenazas y los peligros reales que corría esa revolución, tan venerada por los mismos que impugnan la decisión de la Junta de frenar la contrarrevolución que hubiera asesinado en la cuna la independencia nacional.

Los que se apuran en calificar de terroristas a Moreno, Castelli y French se olvidan de la existencia de ese calificativo para hablar de los asesinos de Túpac Amaru y toda su familia, de los asesinos y torturadores de los revolucionarios de Chuquisaca y La Paz, y de todos los asesinos que sembrarían de sangre la historia argentina. Aún hoy a muchos les cuesta calificar como terrorista al Estado montado por la dictadura, a la que llaman eufemísticamente "último

---

1 Jacobinos era el nombre que recibían los miembros del partido más radical de la Revolución Francesa. Fundado en 1789 como una Sociedad de Amigos de la Asamblea Constituyente; su denominación proviene del nombre con que se conocía la sede del club, un antiguo monasterio dominico de París, que recibió el apelativo popular de jacobina.

gobierno militar". Es evidente que todo depende de la "calidad" de las víctimas y los victimarios.

Quemá esas cartas

El 19 de mayo de 1810, el virrey Cisneros recibió una carta de Santiago de Liniers, residente en Córdoba, en la que el francés le informaba de un plan independentista que se pondría en marcha en Buenos Aires. Liniers estaba traicionando la confianza depositada en él por algunos conjurados que no se convencían de que el ex virrey estaba jugado por el partido español: "Me han llegado multiplicados avisos y cartas en los que se me confiesa que hay un plan formado y organizado de insurrección que no espera más que las primeras noticias desgraciadas de la península. Si en otra crítica circunstancia decía a V. E. que nada había que temer de ese pueblo, en el día le digo que positivamente reinan las ideas de independencia fomentadas por los rebeldes que han quedado impunes. Mi amado Cisneros, esto está endiablado, yo daría un dedo de la mano por tener una hora de conversación contigo. Estás rodeado de pícaros, varios más de los que más te confías te están engañando. Dime, si tenemos noticias desgraciadas de la península y se verifica una conmoción popular, ¿de dónde puedes esperar auxilios? Sin duda del Perú ¿y en ese caso qué jefes tienes en aptitud de poderlo conducir? Nieto por sus achaques no es capaz de soportar las fatigas de la guerra. Sólo veo a Goyeneche, pero cuya influencia no sería tal vez igual a la mía para reunir defensores del derecho de nuestro amado Fernando contra el partido de la independencia y de la anarquía".

El que así hablaba era Santiago de Liniers, aquel que el 28 de mayo de 1802 se confesaba pobre de toda pobreza en una solicitud que elevó al virrey don Joaquín del Pino:

"Habiendo fenecido el destino que tenía de las lanchas cañoneras y no permitiéndome mi dilatada familia emprender mi regreso a España, particularmente con los quebrantos y atrasos que he padecido por mi sumisión a las órdenes del Soberano en el malogrado establecimiento que mi hermano, el Conde de Liniers, vino a planificar en esta capital. En esta triste situación me veré precisado a solicitar mi retiro en una edad en la que podrían aún ser mis servicios de alguna utilidad. No quedándome más esperanzas de que se digne V. E. darme en su Provincia algún destino que fuese de su Superior agrado, seguro que por mi celo, actividad y amor a la Patria procuraría desempeñarlo en términos de corresponder a la confianza que hubiera V. E. puesto en mí".[2]

Esta situación irá cambiando con el tiempo, sobre todo durante su breve virreinato. Domingo Matheu se queja en sus *Memorias* de las arbitrariedades del virrey: "No sé quién es mi monarca. Liniers es legislador, pone derechos, da empleos de todas clases, ascensos a las tropas veteranas, artillería, marina. Veo que soy vasallo de Liniers. Aquí está de administrador de la Aduana un pícaro francés ahijado de Liniers, que obliga a pagar dobles derechos y alcabalas para el Potosí que ya los han pagado. Los contrabandos se hacen con tal escándalo, que hasta los niños de cinco años pueden dar testimonio. Se toleran con un despotismo que es preciso verlo para creer. A la luz del mediodía descargan y acarrean con escolta. Si Dios no pone remedio a esto no sé qué será de nosotros".[3]

2 Archivo General de la Nación Argentina, División Colonia, Sección Gobierno, Marina de Guerra y Mercante, 1794-1803, sala IX, cajón I, anaquel 4, número 1.

3 Domingo Matheu, *Memorias*, tomo II, Buenos Aires, Biblioteca de Mayo, 1966.

Manuel Moreno, por su parte, no ahorra calificativos para describir la gestión de Liniers: "Sus vicios, su corrupción y su prodigalidad no podrán nunca libertar su memoria de la execración que le han merecido los asuntos públicos. No sólo la disipación, el juego y la bajeza degradaban el carácter privado de este hombre. Empezó a permitirse todos los desórdenes de que su inmoralidad ha dado hasta ahora el primer ejemplo en aquellas provincias".[4]

El fondo patriótico, modelo 1808-1809

El 23 de agosto de 1808 llegó a Buenos Aires el enviado de la Junta Central de Sevilla, José Manuel de Goyeneche, reclamando obediencia y dineros para la resistencia contra Napoleón. Inmediatamente se iniciaron colectas para enviar fondos a la "madre patria" y pronto comenzaron a llegar las donaciones desde todos los puntos del virreinato.

El síndico procurador de Buenos Aires, don Matías de Cires, escribió al rey de España el 20 de abril de 1809: "Apenas llegaron a esta ciudad las primeras noticias de la crítica situación de la Península, se manifestó en todas las gentes un general deseo de distinguirse y excederse recíprocamente en donativos".

Los habitantes de Buenos Aires competían por ver quién donaba más dinero para echar a los franceses de la península. El Cabildo abrió una suscripción y muy pronto "se recogió una suma considerable formada de partidas superiores a lo que prometía la fortuna de los contribuyentes".

Pero el "fondo patriótico" se fue acumulando en Buenos Aires sin que el virrey Liniers agilizara su envío a España.

4 Manuel Moreno, *Vida y memorias del Dr. Mariano Moreno*, Buenos Aires, Eudeba, 1972.

Liniers había aumentado notablemente el cuerpo de empleados del virreinato, nombrando en los principales cargos a amigos y parientes. Con la excusa de una probable tercera invasión inglesa, mantenía una tropa muy grande y había incrementado de manera notoria los sueldos de la oficialidad.

Eran muchos los que a su alrededor vivían de los fondos públicos y los que, a su vez, se transformaban en sus más apasionados defensores frente a los ataques del Cabildo comandado por su eterno enemigo, Martín de Álzaga.

Una carta de la Real Hacienda dirigida al virrey le recuerda el monto de la deuda contraída con el organismo como producto de los préstamos –adelantos de Tesorería, diríamos hoy– otorgados a Liniers a título personal: "En este concepto y en el de que según informe de los Señores Ministros generales de Real Hacienda de 6 de este mes ascienden los suplementos hechos por V. E. desde 23 de mayo de 1807 hasta 16 del mismo del presente, a 1.109.497 pesos dos reales y los reintegros hechos por la Tesorería a 600.777 según la razón de que acompaño a V. E. copia, resultan deberse a la Real Hacienda 508.720 pesos y dos reales".

Para hacer frente a la deuda reclamada y dictando cátedra para los futuros funcionarios argentinos, Liniers, sin muchas vueltas, echó mano de los fondos donados por la población que debían remitirse a España.

El síndico Matías de Cires denuncia al virrey en estos términos: "Luego que se vio reunido un fondo regular empezaron las criaturas y cómplices del virrey a extender sus miras de ocupación; el total aniquilamiento de la Real Hacienda, que ellos mismos habían causado; el descrédito en que había caído el Virrey con el comercio por las trampas y mala fe que había observado en anteriores empréstitos obtenidos a nombre de Vuestra Majestad, el general sentimiento de los hombres de bien por la dilapidación del Erario que se obraba escandalosamente; todo esto había conducido al Virrey a un estado de atropellar por plata las consideraciones más sagradas y no se detuvo en apoderarse de los caudales de la subscripción, pidiéndolos al Cabildo según se ve de los documentos números uno, dos y tres, que acompaño, y repartirlos en los sueldos y gastos que sin objeto necesario se conservan para total aniquilación de la Real Hacienda".

Al conocerse los procedimientos del virrey, la actitud de la gente frente a la colecta cambió radicalmente. "Es imponderable el sentimiento y escándalo –continúa Cires– que ejecutó semejante resolución y el más funesto efecto que produjo fue que entrando la gente en una justa desconfianza, han suspendido los donativos por la evidencia con que conocen que no se han de dirigir a la Metrópoli, sino que han de convertirse en unos gastos que todos lamentan y lloran. ¿Quién ha de franquear su dinero para que con desprecio de la sagrada causa se reparta entre presidiarios y hombres vagos a quienes el Virrey ha distribuido las dotaciones y honores de los primeros empleos militares?"

Ya por aquel entonces las redes de corrupción impedían la acción de la justicia: "Éste no es vano temor que puede atribuirse a la ineficacia de sus deseos: ha pasado cerca de un año desde que el Virrey hizo uso de estos caudales, han venido diferentes situados, se han aumentado los apuros de la Península, han regresado a ella innumerables buques y no se ha restituido al caudal de los donativos, confirmándose con esta conducta el temor de que corran igual suerte cualquier otro que se ofrezca nuevamente; por cuyo motivo un número o pueblo, el comercio y este Cabildo hallaron por conveniente retener sus ofertas para cuando pudiesen ser eficaces sus deseos dirigidos únicamente a socorrer la Metrópoli, por quienes estaban resueltos a hacer los mayores sacrificios. Existen en esta ciudad crecidas cantidades reunidas por algunas corporaciones por vía de donativo para los gastos de la presente guerra; pero los contribuyentes se ven precisados a ocultarlas, hallando insuperables embarazos para una secreta remisión en un país en que el Gobierno no respeta fondos públicos y en que el sagrado de las correspondencias de los correos se ha hecho un vil juguete, pues se interceptan y abren por las más ligeras sospechas y por los más débiles motivos".[5]

Pero el 12 de diciembre de 1808 el virrey volvió a las andadas en un escrito que lleva su firma. Dice Santiago de Liniers: "Necesitando en el día fondos en la Tesorería General para el pago de tropas, hará V. E. se pasen inmediatamente a ella los productos de las contribuciones patrióticas en el mes próximo pasado. Dios guarde a V. Excelencia muchos años".[6]

Siete días más tarde, el 23 de diciembre de 1808, el virrey Liniers creyó prudente devolver al Cabildo algunos de los fondos que le había pedido en otras oportunidades. Esos fondos, además, no eran del Cabildo, sino prestados por personas de la ciudad, bien dispuestas a favorecer al Cabildo y al gobierno con su ayuda. Pero de dos meses a esa parte los prestamistas temblaban y exigían la devolución de sus dineros. El virrey trató de calmarlos en estos términos incluidos en una carta dirigida al Cabildo: "Desde que V. E. me ha insinuado principalmente por su oficio de 24 de octubre último, los clamores con que me dicen instan por el reintegro de las cantidades que por garantía de V. E. han

5 Facultad de Filosofía y Letras, UBA, Sección de Historia, *Documentos relativos a los antecedentes de la independencia de la República Argentina*, Buenos Aires, 1912.

6 Archivo General de la Nación Argentina, División Colonia, Sección Gobierno, sala VI, cuerpo XIX, anaquel 11, número 4.

suplido a la Real Hacienda varios individuos de esta ciudad, inclusos en la relación que me acompañó con la propia fecha, he solicitado los medios más eficaces para reunir fondos en la tesorería general con que verificar el reintegro; pero como son diarias y ejecutivas las atenciones, como a V. E. mismo consta, no es posible ocurrir a ellas y desembarazarse al propio tiempo del reintegro que V. E. justamente solicita".

Como al héroe de la reconquista no le alcanzaba con los préstamos entregados por el Cabildo, dispuso de las limosnas destinadas a los Santos Lugares y pidió prestados otros dineros al obispo. De un modo directo o indirecto, todos los habitantes de Buenos Aires habían contribuido a los gastos excesivos de Liniers.

Como una manera de disminuir sus deudas, Liniers autorizó al Cabildo a cobrar ciertas sumas a vecinos que las debían a la Aduana. "En medio de esto y de las inmensas sumas de plaza cumplido que el comercio y vecindario de esta Capital debe a S. M. en la Real Aduana y que excede de quinientos mil pesos, cuya cobranza no se ha verificado en su totalidad por no llevarla a los vigorosos términos de las Leyes, como deudas privilegiadas, resolví que por el Señor Administrador de la Real Aduana se extendiesen libranzas contra varios de aquéllos y a favor de V. E. que sin los rigores del derecho podrá cobrar sus importes de aquéllos y cubrir a los prestamistas bajo su garantía."

Ñoquis a la Liniers

Un informe del Cabildo de Buenos Aires fechado el 16 de enero de 1809 da cuenta de no poder seguir sosteniendo el régimen "dual de empleados públicos: unos, en ejercicio; otros, suspensos, emigrados o alejados de sus destinos, o que sencillamente incumplen su asistencia o nunca se los ha visto en sus destinos desde su nombramiento" porque "sus sueldos se absorben en crecido caudal. La Real Hacienda no puede soportarlos sin desatender el principal objeto de nuestra defensa, que vincula la seguridad de todos y cuyas consecuencias estamos viendo. Son acreedores ciertamente, pero no hay fondos para pagarles. Redúzcanse todos por ahora a una moderada asignación para sus alimentos y de este modo evitaremos los apuros a que nos sujeta la suerte del día".

El inventor de los bonos

Según consta en un documento existente en el Archivo General de la Nación, fechado el 7 de diciembre de 1808, Santiago de Liniers fue el inventor de las submonedas en el Río de la Plata. Se trataba de "vales reales", moneda sin respaldo, adelantos de tesorería.

"Don Justo José Núñez, abogado de esta Real Audiencia Pretorial, escribano público y del Excelentísimo Ayuntamiento. Certifico en cuanto puedo y haya lugar, que habiendo el día cinco del corriente, por disposición del Excelentísimo Ayuntamiento pasado con el Señor Alcalde de primer voto, don Martín de Álzaga, a la tienda de platería de Juan de Dios Rivera, a inquirir si efectivamente trabajaba de orden del superior Gobierno una lámina para formar con ella Vales Reales o Papel moneda, le encontramos grabando en una de bronce del tamaño o dimensión de poco más de cuartillo de papel las Armas Reales después de otros dibujos que tenía ya grabados por sus extremos, y el mismo Juan de Dios expresó al Señor Alcalde que aquel trabajo lo hacía por mandato de la Superioridad, que se le había encargado la mayor brevedad, significándosele que aquella lámina era para imprimir Vales Reales, que por lo tanto trabajaba sin cesar y que dentro de pocos días la daría concluida. Y en virtud de mandato del Excelentísimo Cabildo, signo y firmo la presente en Buenos Aires, a siete de diciembre de mil ochocientos ocho."[7]

Las leyes españolas prohibían la emisión de "vales reales" –de uso frecuente en España– en las colonias, porque de esta forma la península perdía el control sobre las rentas de sus dominios a manos de los administradores locales, por quienes sintieron siempre una profunda desconfianza.

El síndico aconsejaba al Cabildo que no ahorrase esfuerzos para impedir la emisión y circulación de los vales patrióticos.

"Excelentísimo Cabildo: El Síndico Procurador de esta Capital hace presente a V. S. haber llegado a su noticia que por el Superior Gobierno se han mandado grabar ciertas láminas o moldes con la inscripción de Vales Patrióticos y que de ellos se ha impreso ya en estos próximos días un número considerable.

"Lo expuesto convence de que la creación de vales es perniciosa al bien general de estas Provincias; que no es necesaria si se adoptan las medidas de reformas propuestas por el Síndico en su referida Representación, y en fin, que es abusiva por falta de autoridad en el Gobierno para establecerla. ¿Y qué más circunstancias pueden concurrir para excitar el celo de V. E. contra un establecimiento que sin producir utilidad, quizás acarreará convulsiones fatales a la tranquilidad pública? Los sacrificios de este Excelentísimo Cuerpo en la conservación del Continente a pesar de tantos esfuerzos públicos y secretos para separarlo del amable dominio de nuestros augustos Soberanos afianzan el concepto de su continuación en las críticas circunstancias en que nos vemos.

7 Archivo General de la Nación Argentina, División Colonia, Sección Gobierno, sala VI, cuerpo XIX, anaquel 11, número 4.

Así espera el Síndico que V. E. le dicte su prudencia sin perjuicio de dar cuenta instruida de todo lo ocurrido sobre el particular a la autoridad Suprema que en la Península representa la Real persona del Señor don Fernando Séptimo, Nuestro Amado Monarca, y a los Ilustrísimos Ayuntamientos del Virreinato para su inteligencia. Buenos Aires y diciembre 27 de 1808. Esteban Villanueva."[8]

Pocos días después de enviada la denuncia, la casa de don Esteban Villanueva fue saqueada por gente cercana al virrey, que, como en una película de piratas, desenterraron un tesoro oculto en un "excusado" desde los tiempos de Beresford y se lo llevaron en su casi totalidad. Villanueva perdió así doscientos cuarenta y tantos mil pesos.

Un residente británico de Montevideo le escribía en estos términos al ministro George Canning: "Liniers, siempre un jugador furioso e incorregible, sin talento, ni honor, se le conocía en España antes que yo partiera de allí, como un francés, tanto por sus principios como por su nacimiento. Pero con todo, demuestra la más marcada atención la entrada de buques, porque en ese caso los derechos de aduana entraron al tesoro público, los que son ahora pagados, en forma de coimas, por el privilegio de contrabandear, a una dama francesa, la que vive con él y dispone la entrada de los cargamentos que ya han pagado sus derechos reales en Montevideo, por no entorpecer sus entradas particulares, conseguidas por intermedio de su querida".[9]

En una carta fechada el 6 de mayo de 1809 y dirigida a la Junta Central de Sevilla, Liniers intentó defenderse de las

8 Archivo General de la Nación Argentina, División Colonia, Sección Gobierno, sala VI, cuerpo XIX, anaquel 11, número 4.

9 En Vicente Sierra, *Historia de la Argentina*, Buenos Aires, UDEL, 1957.

acusaciones, de una manera que hace recordar la genial frase de Atahualpa Yupanqui: "No aclare, que oscurece":

"Declarada la paz con la Gran Bretaña, los ingleses que se hallaban en el Río de Janeiro con sus almacenes abarrotados de géneros desearon desde luego dar salida a ellos (...) el hallarme aquí sin fuerzas para contenerlos por mar, considerando sobre todo que aunque las tuviese, las relaciones tan fuertes de alianza entre las dos naciones y los grandes sacrificios que la Nación Británica está haciendo por nuestra causa, me obligaría a la más circunspecta conducta con estos aliados en unas circunstancias tan críticas; todas estas razones me han movido a sacar en cierto modo el más útil partido, con la concesión de algunos permisos para la introducción de géneros para vestir estas tropas, y de efectos para los Arsenales de Marina y Parque de Artillería, renglones en los que estábamos exhaustos, estos permisos sólo los he concedido a sujetos que han hecho señalados servicios a la defensa de esta capital, pagando sin embargo los derechos; logrando de este modo el erario este beneficio hallándome obligado a este proceder por la imperiosa ley de la necesidad y por las razones políticas arriba dichas para no desplegar contra los ingleses todos los recursos de la violencia de que podría usar".

En realidad, el tráfico inglés en gran escala se había iniciado en 1808. John Street[10] señala que Luis Liniers, hijo del virrey, patrullaba a bordo de un velero la entrada al Río de la Plata de los navíos de Su Majestad, para que evitaran el puerto de Montevideo controlado por el celoso gobernador Elío, que hacía sus negocios y le escribía en términos edípicos al capitán Sidney Smith sobre "el gusto con

10 John Street, *Gran Bretaña y la independencia del Río de la Plata*, Buenos Aires, Paidós, 1967.

que recibe en esta Plaza a todo individuo de esta gran Nación, que tanto favorece a nuestra heroica Madre".

Para no dejar ninguna duda, Elío ofreció un banquete a todos los oficiales y comerciantes británicos, en ocasión del cumpleaños de Su Graciosa Majestad británica, el 5 de junio de 1809.

El comerciante norteamericano Guillermo Pío White había sido el hombre de confianza de Beresford durante la primera invasión. Confinado a las guardias de la frontera, logró huir y volvió a Buenos Aires incorporado como oficial al ejército de Whitelocke. El gobierno de Montevideo acusó a White de contrabando y lo puso preso. Liniers lo mandó pedir, junto con su causa, para que no quedara testimonio de ella, y cuando llegó al muelle le mandó el lujoso carruaje de la "primera dama", Anita Perichón.

La reconquista

Como contábamos en el capítulo relativo a la Revolución de Mayo, la misma noche del 25 de mayo de 1810, el ex virrey Cisneros envió a Córdoba a un joven de 17 años, José Melchor Lavín, portando cartas dirigidas a Liniers con la orden de resistir a la Junta. El mensajero llegó a destino el 30 de junio y se alojó en la casa del deán Funes, su antiguo maestro en el Colegio de Monserrat. De este modo, Funes fue el primero en enterarse de los sucesos de Buenos Aires y de los planes de resistencia de los dos ex virreyes.

Funes llevó a Lavín a la casa del obispo Orellana y, desde entonces, fingió participar en los preparativos de la resistencia, para enterarse de todos los detalles y comunicarlos a la Junta de Buenos Aires. En casa del obispo, se sumaron a la reunión Santiago de Liniers y el gobernador de Córdoba, Gutiérrez de la Concha.

Hubo varias propuestas militares. El gobernador propuso juntar tropas en Córdoba y marchar sobre Buenos Aires. Liniers, por su parte, opinó que sería mejor marchar hacia el norte, a la espera de los refuerzos de las tropas del Virreinato del Perú, para hacerse fuertes y, entonces sí, atacar la capital. El deán hizo todo lo posible por que los conspiradores permanecieran en Córdoba, más al alcance de Buenos Aires.

Liniers se dejó convencer y la contrarrevolución se puso en marcha. Los confabulados recibieron el apoyo de las tropas españolas del Alto Perú y remesas de dinero provenientes de Lima.

Belgrano y Saavedra enviaron sendas cartas a Liniers invitándolo amablemente a deponer su actitud, pero el ex virrey les contestó con insultos y amenazas.

Al conocer la noticia de la deportación del virrey Cisneros y los oidores, Liniers decidió comenzar las operaciones y así se lo anuncia a Francisco de Paula Sanz en una carta escrita en parte con "tinta invisible": "Yo me hallo en el día con setecientos hombres armados, trescientos con fusiles, otros tantos de lanzas y ciento de artillería, y aunque tendré hasta 13 cañones. Si se verifica la salida de la expedición de Buenos Aires, que no lo creo, pienso salir en su dirección avanzando partidas de guerrillas y gente de lazo y bolas cargadas de granadas de nueva invención mía que se descargan como balas perdidas y diferentes fuegos artificiales, con el objeto de quemar si pueden las carretas, dispersar las boyadas y caballadas, al momento que se aproximen pienso ponerme en retirada siguiendo siempre la dirección del camino de Potosí hasta Jujuy, esperando que ya se me habrán incorporado las fuerzas que pueda V. E. remitirme, para poder ponerme de nuevo a la ofensiva. Para no multiplicar los riesgos, la primera parte de la carta viene con tinta pero lo más reservado venía escrito con tinta invisible, de la cual sólo el amigo y yo tenemos el secreto".

Los "nobles" Liniers y Gutiérrez de la Concha intentaron sobornar al desertor José Santos González para que incendiara los campos por donde debería pasar el ejército patriota y le ofrecieron 50.000 pesos si lograba hacer volar a las tropas por el aire, según narra un documento de la época: "Y hecho cargo dichos señores de la ventaja del proyecto unánimes convinieron en que se le franqueasen los ocho mil pesos oro, y se le prometiesen y entregasen los cincuenta mil siempre que se verificase la total destrucción o imposibilitación de operar ofensivamente las citadas tropas por cualquiera medio que lo lograse".[11]

Por las dudas, el gobernador contrarrevolucionario de Córdoba, Gutiérrez de la Concha, retiró de las arcas reales todo el dinero disponible, que ascendía a 76.761 pesos, tal como quedó asentado en los documentos de la tesorería local, donde puede leerse la obra de uno de los pioneros en estas lides del manejo discrecional de los fondos públicos: "Retiro por gastos reservados de guerra".[12]

La comunicación de Liniers con los reaccionarios de los territorios norteños fue cortada –según cuenta Chiclana– gracias al teniente Martín Güemes, que interceptaba a toda persona que intentara bajar desde allí. Así pudo apresar a un tal Silvestre Calanacha y hacerse de la correspondencia que llevaba.

El comandante del apostadero de Montevideo, José María Salazar, atestigua que "el señor Liniers había mandado

11 Carranza, "La ejecución de Liniers", *Revista Nacional*, tomo 24, capítulo XLI.

12 Archivo General de la Nación, *Archivo de Gobierno de Buenos Aires*, tomo 23, capítulos LXXIX y XC.

proclamas y cartas a los de la Junta diciéndoles las mayores infamias y que vendría a castigar su maldad, pues que además de otros inmensos males que iban a causar le eran muy ingratos, pues que la Nación, la Europa y el Mundo dirían que les había fomentado para despedazar la patria".

El deán Funes pudo enterarse de que Luis Liniers, hijo del jefe de la conspiración, había partido hacia Montevideo para lograr el apoyo del gobernador Elío. Pasó la información a la Junta a través de su hermano Ambrosio y Luis pudo ser capturado con valiosa información en sus alforjas.

La gravedad de la situación forzó a la Junta a enviar una fuerza militar al mando de Ortiz de Ocampo e Hipólito Vieytes, con la orden de terminar con la contrarrevolución y fusilar sumariamente a los cabecillas. A poco de llegar a Córdoba y capturar a los sublevados, Vieytes, influido por la súplica de los Funes para que se les perdonara la vida a los sublevados, el 1 de agosto de 1810 se dirigió a la Junta en estos términos: "V. E. conoce mejor que nadie la necesidad en que todos nos hallamos de ganar el afecto de estos oprimidos compatriotas haciéndoles ver que, contrarios a todos los sanguinarios déspotas que se complacían anteriormente en derramar su sangre, se ponen en ejecución todos los medios de dulzura para hacer conocer las ventajas del suave y sabio gobierno que unánimemente confiesan en V. E.".

Ocampo y Vieytes demoraron todo lo posible la ejecución de los sublevados y se proponían remitirlos a Buenos Aires. Moreno, indignado, rechazó estas dilaciones y así lo cuenta en una carta a Feliciano Chiclana, gobernador intendente interino de Salta, fechada el 17 de agosto de 1810: "Pillaron nuestros a los malvados, pero respetaron sus galones y cagándose en las estrechísimas órdenes de la Junta, nos los remiten presos a esta ciudad. No puede usted figurarse el compromiso en que nos han puesto. ¿Con qué confianza encargaremos grandes obras a hombres que se asustan de una ejecución? (...) No se descuide en elevar al criollaje y hacerlo tomar interés en esta obra. Que nadie mande sino los hijos del país, que conozcan éstos sus ventajas".[13]

Moreno tomó la drástica medida de separar a los dubitativos del mando de la expedición y puso al frente a Castelli, Balcarce y French para cumplir la orden de terminar de cuajo con la sublevación.

La orden de la Junta, firmada por el presidente, los secretarios y todos los vocales menos Alberti, quien se excusó por su condición de sacerdote, decía: "La Junta manda que sean arcabuceados don Santiago de Liniers, don Juan Gutiérrez de la Concha, el obispo de Córdoba, el Dr. Victorino Rodríguez, el Coronel Allende y el oficial real Joaquín Moreno. En el momento en que todos o cada uno de ellos sean pillados, sean cuales fuesen las circunstancias, se ejecutará esta resolución sin dar lugar a minutos que proporcionen ruegos. Este escarmiento debe ser la base de la estabilidad del nuevo sistema".

"Vaya usted –le dijo Moreno a Castelli– y espero que no incurrirá en la misma debilidad que vuestro general. Y si todavía no se cumpliese la determinación tomada, irá el vocal Larrea, a quien pienso no faltará resolución; y por último iré yo mismo si fuese necesario."

No fue necesario. Castelli, a quien el virrey Cisneros llamaba despectivamente "el principal interesado en la novedad", cumplió al pie de la letra la orden de la Junta, y Liniers y sus cómplices, con la sola excepción del obispo Orellana, al que se le perdonó la vida, fueron fusilados en el paraje de

---

13 Biblioteca de Mayo, tomo XVIII, Buenos Aires, Senado de la Nación, 1966.

Cabeza de Tigre el 26 de agosto de 1810. Domingo French fue el encargado de pegarle a Liniers[14] el tiro de gracia.

Nicolás Rodríguez Peña le dice a Vicente López en una carta: "Castelli no era feroz ni cruel. Castelli obraba así porque estábamos comprometidos a obrar así todos, lo habíamos jurado todos y hombres de nuestro temple no podían echarse atrás. ¿Que fuimos crueles? ¡Vaya el cargo! Salvamos a la patria como creímos que debíamos salvarla. ¿Había otros medios? Así sería: nosotros no los vimos ni creímos que con otros medios fuéramos capaces de hacer lo que hicimos". Y adelantándose a los críticos, los desafía: "Arrójennos la culpa al rostro y gocen los resultados, nosotros seremos los verdugos, sean ustedes los hombres libres".[15]

Dice Matheu en sus *Memorias*: "El compromiso o sentencia que entre los miembros de la Junta se prestaron fue de eliminar a todas las cabezas que se les opusieran y si no lo hubieran hecho así, ya estarían debajo tierra".

Un decreto de la Junta redactado por Moreno establecía que los libros de los conspiradores pasarían a incrementar la Biblioteca Pública: "Sin perjuicio del riguroso embargo que deberá trabarse en los bienes de los conspiradores de Córdoba y sus principales secuaces hasta cubrir enteramente las cantidades que tomaron de la Real Hacienda para sostener su rebelión, ordenará V. S. que se encajone toda la biblioteca del obispo Orellana, y todos los libros que tuviesen los demás reos, remitiéndose en primera oportunidad, por ser así conveniente al servicio del público".[16]

14 Alberti, por su condición de sacerdote, fue el único miembro de la Junta que no firmó el decreto de fusilamiento de Liniers y los demás sublevados.

15 Carta de Nicolás Rodríguez Peña a Vicente Fidel López.

16 Mariano Moreno, *Escritos políticos*, Buenos Aires, La Cultura Argentina, 1915.

El 9 de setiembre Moreno dio a conocer la noticia en *La Gaceta*. Comenzaba afirmando que los conspiradores eran delincuentes cuya "existencia no nos ha sido posible conservar". Como en cada escrito, aprovechaba la situación para opinar sobre la situación política, mostrando su condición de propagandista de la revolución.

Se expresó marcando la diferencia de criterio con que los absolutistas observaban los hechos de España y de América : "Tan libres éstos como los pueblos de la Península debe creerse con iguales facultades que aquéllos; y si pudieron formar juntas, y separar a sus magistrados las capitales de España, no puede negarse igual autoridad a las de América".

Moreno continuaba señalando los verdaderos objetivos políticos de los conspiradores: "Es necesario observar, que los jefes de Córdoba no nos reprochaban excesos, cuya reforma pudiera producir una conciliación; ellos miraban con horror todo desvío del antiguo sistema. Querían el exterminio de la Junta, por más justos que fuesen los fines de su instalación; y juraban la ruina de los pueblos, siempre que persistiesen en el empeño de sostener sus derechos, y buscar guías distintas que el ciego impulso de sus corrompidos mandones. Semejante empeño (que se manifiesta expresamente en sus correspondencias) condena la América a una perpetua esclavitud, y apelamos al juicio de almas nobles; para que gradúen el crimen de seis hombres, que han querido sofocar con fuerza armada los derechos más sagrados, y la felicidad más segura de los innumerables habitantes de este vasto continente.

"A la presencia de estas poderosas consideraciones, exaltando el furor de la justicia, hemos decretado el sacrificio de estas víctimas a la salud de tantos millones de inocentes. Sólo el temor del suplicio puede servir de escarmiento a sus cómplices. Las recomendables cualidades, empleos y servicios, que no han debido autorizar sus malignos proyectos, tampoco han podido darles un título de impunidad, que haría a los otros más insolentes. El terror seguirá a los que se obstinen en sostener el plan acordado con éstos, y acompañados siempre del horror de sus crímenes, y del pavor de que se poseen los criminales, abandonarán el temerario designio en que se complotaron".

Quizás, al proponer la sentencia, Moreno haya recordado las palabras de Liniers en su carta a Cisneros: "Nuestros más sabios legisladores, contra el crimen de traición, dispensan a los magistrados las formalidades para aplicar al traidor la pena capital".

Castelli y Monteagudo:
los vengadores de Túpac Amaru

"Dejemos ya de predicar máximas y prediquemos
ejemplos: formemos un solo corazón por la unidad
de sentimientos, entonces veremos a los tiranos
llorar como unos niños y temblar como los reos
a quienes un juez terrible acaba de intimar
la sentencia de su muerte."

BERNARDO DE MONTEAGUDO,
La Gaceta de Buenos Aires, 28 de febrero de 1812

La Revolución de Mayo tenía que abrirse caminos. Nadie se creía lo de la máscara de Fernando VII y los realistas la amenazaban militarmente por todos lados. Desde el norte, Lima y las capitales del Alto Perú eran los centros político-militares más firmes que se preparaban para vengar el ajusticiamiento de Liniers y sus cómplices y exterminar el último foco de resistencia antiespañola en esta parte del continente.

El secretario de Guerra y Gobierno de la Revolución, Mariano Moreno, debió tomar una decisión en la que, sabía, le iba el triunfo o la derrota final y la vida: para consolidar la revolución por la vía de las armas, debía desprenderse de sus dos principales aliados políticos: Juan José Castelli y Manuel Belgrano.

Manuel Belgrano, el cuadro más lúcido y preparado para gobernar, fue enviado a una misión imposible al Paraguay. Éste fue, sin duda, uno de los errores tácticos más graves cometidos por Moreno, pero aplaudido por el saavedrismo, que así se sacaba de encima a un enemigo peligroso. El Alto Perú tenía una doble connotación para hombres como Moreno y Castelli. Era sin duda la amenaza más temible a la subsistencia de la revolución y era la tierra que los había visto hacerse intelectuales. Fue en las aulas y en las bibliotecas de Chuquisaca donde Mariano y Juan José conocieron la obra de Rousseau y fue en las calles y en las minas del Potosí donde tomaron contacto con los grados más altos y perversos de la explotación humana, admitida en estos términos por el virrey conde de Lemus, uno de los principales responsables de la masacre: "Las piedras de Potosí y sus minerales están bañados en sangre de indios y si se exprimiera el dinero que de ellos se saca había de brotar más sangre que plata".[1] Allí también se habían enterado de una epopeya sepultada por la historia oficial del virreinato: la gran rebelión tupamarista. Fueron los indios los que les hicieron saber que hubo un breve tiempo de dignidad y justicia y que guardaban aquellos recuerdos como un tesoro, como una herencia que debían transmitir de padres a hijos para que nadie olvidara lo que los "mandones" soñaban que nunca hubiera ocurrido.

La represión de la sublevación de Córdoba le había dejado muy en claro a Moreno que Castelli compartía sus sentimientos y no titubeaba a la hora de defender los ideales libertarios, de modo que volvió a confiar en él a la hora de hacer justicia en el Alto Perú.

La partida de sus compañeros dejará a Moreno en una peligrosa soledad que será rápidamente aprovechada

---

1 El conde de Lemus a Su Majestad, "Contrarréplica a Victorián de Villava", en Ricardo Levene, *Ensayo histórico sobre la Revolución de Mayo y Mariano Moreno*, Apéndice, Buenos Aires, El Ateneo, 1961.

por sus enemigos. Terminarán por derrocarlo y harán lo imposible para desestabilizar a Castelli y a Belgrano, poniendo en serio riesgo la continuidad de la revolución.

El ejército de Castelli parte hacia el Alto Perú con lo poco que hay, con el pobrerío que lo sigue y con una revolución por hacer. Va hacia las tierras que no pudieron liberar Túpac Amaru y Micaela Bastidas, va a hacerles justicia, a testimoniar que cada parte de los cuerpos de los tupamaros germinó en flores rojas en todos los poblados usurpados.

Uno de los pocos cañones del ejército de Castelli se llama Túpac Amaru y el delegado de la Junta sueña con apuntarlo al centro del poder español de estos territorios.

Allí va la revolución andando

Días después de fusilar a Liniers, Juan José Castelli regresó a Buenos Aires para participar en una reunión secreta con Mariano Moreno. Moreno, tras felicitarlo por la decisión y el patriotismo demostrados en la represión de la contrarrevolución de Córdoba, en su carácter de secretario de Guerra y Gobierno lo designó, el 6 de setiembre de 1810, representante de la Junta, con plenos poderes para terminar con los "mandones" del Alto Perú.

Los puntos más salientes de las instrucciones que recibió el representante eran los siguientes:

• Confirmará a los pueblos de las provincias en su confianza hacia el gobierno.

• Establecerá una rigurosa disciplina entre las tropas.

• Agregará a la expedición los soldados patriotas que se encuentre en Chuquisaca, que fueron conducidos [en 1809] por Nieto desde Buenos Aires.

• Mantendrá sus resoluciones en el más profundo secreto, de suerte que sus medidas sean siempre un arcano que no se descubra sino por los efectos, pues éste es el medio más seguro de que un general se haga respetable a sus tropas y temible a sus enemigos.

• El presidente Nieto y el gobernador Sanz, el obispo de La Paz y Goyeneche deben ser arcabuceados en cualquier lugar donde sean habidos.

• Cañete, Terrazas, Orihuela, los Zudáñez, Ibarguren y Areta deben venir a Buenos Aires; los que dieran la cara [contra la Junta] vendrán presos, y los otros, so pretexto de necesitar la Junta de sus luces.

• Conquistará la voluntad de los indios, mandándoles emisarios que les hagan entender que la expedición marcha en su alivio, tratando siempre de tener a la indiada de su parte. Tendrá especial cuidado de renovar todos los cabildos en gente de confianza.

Moreno dejaba muy en claro sus propósitos: "Siendo uno de los principales fines de la expedición sorprender a los pueblos del Perú antes de que los refuerzos de Lima pudieran ponerles en un estado de defensa vigorosa, será quizá conveniente que una división de 400 hombres, al mando del mayor Balcarce, con cuatro piezas de tren y 100 hombres de caballería, se adelantase hasta Tupiza, donde se mantuviese hasta la llegada del grueso del ejército. La distancia que hay de Potosí a Tupiza impedirá que esa fuerza fuese atacada, tomando las precauciones y fortificación que enseña el arte".

Las cuatro provincias del Alto Perú –Potosí, Charcas, Cochabamba y La Paz– estaban convulsionadas por las noticias de cambios radicales que llegaban desde la capital del virreinato. Los líderes reaccionarios ajustaron las clavijas e incrementaron las medidas represivas para evitar que la chispa encendiera la pradera.

El presidente de Chuquisaca, don Vicente Nieto,[2] ante la gravedad de la situación, convocó a una reunión cumbre a la que concurrieron los "altos dignatarios" de La Paz y Potosí. Allí se decidió que se sentenciara a muerte a todos los hombres de la expedición enviada por la Junta de Buenos Aires y que estas provincias quedarían bajo la protección del virrey del Perú, Abascal, que accedió gustoso a que las minas del Potosí volvieran a llenar sus arcas y lanzó un manifiesto donde decía: "Los americanos han nacido para ser esclavos destinados por la naturaleza para vegetar en la oscuridad y el abatimiento".

Al día siguiente en la plaza principal de Lima tuvo lugar un ingenioso episodio de protesta: alguien colocó tres sacos, el primero con SAL, el segundo con HABAS y el tercero con CAL. Parece que algún chupamedia entendió el jeroglífico y ordenó retirar las bolsas que reclamaban el retiro del vetusto virrey. Un poco más explícito, Mariano Moreno decidió responder a las palabras de Abascal: "Sin que sea vanagloria podemos asegurar que de hombres a hombres les llevamos mucha ventaja. Podemos afirmar que el gobierno antiguo nos había condenado a vegetar en la oscuridad y abatimiento pero como la naturaleza nos había hecho

---

2 El mariscal Vicente Nieto –presidente de la Audiencia de Chuquisaca– había sido gobernador interino de Buenos Aires, nombrado el 21 de julio de 1809 por el virrey Cisneros. Nieto permaneció sólo diez días en el cargo. Había nacido en España en 1769, se incorporó a la milicia en 1791 durante la guerra contra Francia y obtuvo el grado de capitán. Tras la firma de la paz de Basilea, en 1795, fue enviado a América. Regresó a España en 1808 y volvió a pelear contra los franceses. En ese mismo año fue designado presidente de la Audiencia de Chuquisaca, y en ese carácter reprimió salvajemente en 1809 el levantamiento de la ciudad. En 1810 fue ascendido a mariscal de campo por sus "méritos".

para grandes cosas, hemos empezado a obrarlas limpiando el terreno de la broza de tanto mandón inerte e ignorante, que no brillaban sino por sus galones, con que el ángel tutelar había cubierto sus vicios y miserias".

Nieto desconfiaba de las tropas que estaban a su servicio y que habían subido desde Buenos Aires en 1809 para sofocar las rebeliones de Chuquisaca y La Paz. Sin más trámite, desarmó a todos los Patricios y Arribeños y los mandó maniatados a Potosí donde los recibió el intendente y explotador minero Francisco de Paula Sanz, que los arrojó a los socavones del cerro de plata como trabajadores esclavos. Al cabo de un mes, más de un tercio de ellos habían muerto.

Así las cosas, a las espaldas de Abascal estalló como una bomba la sublevación de Quito, y el Norte argentino se vio sacudido por la derrota de la contrarrevolución de Liniers. La subida de las tropas que perseguían al ejército enviado para plegarse a Liniers, que encabezaba José de Córdova y que fue alcanzado y derrotado por las fuerzas patriotas al mando de Balcarce el 7 de noviembre de 1810 en Suipacha, complicó la situación.

Al día siguiente de la primera victoria de las fuerzas revolucionarias y en un clima de enorme expectativa, se incorporó a las tropas Juan José Castelli y fue recibiendo comunicados de los rebeldes de las distintas zonas del Alto Perú que se sumaban a la causa americana.

La proclama de Castelli a su tropa dejaba en claro los objetivos político-militares de la expedición: "Ciudadanos, militares, amigos, hermanos y compañeros: La virtud y el heroísmo no pueden quedar sin premio, así como no pueden quedar impunes los crímenes. Mi gloria es partida con vosotros, por vida de la Patria y exterminio de nuestros rivales, impenitentes, endurecidos y envidiosos".

En una breve reunión, Castelli y Balcarce resolvieron formar un grupo operativo especial con una misión específica: capturar a Nieto, que, como correspondía a un sujeto de su calaña, se había fugado tras la derrota de Suipacha. Castelli propuso que el grupo estuviera integrado fundamentalmente por los patricios que habían sobrevivido a los rigores del cerro de Potosí impuestos por Nieto y Paula Sanz, y que habían sido reincorporados con todos los honores al ejército patriota. Castelli les explicó que les encomendaba la misión porque "resultaba interesante proporcionar a los rescatados la ocasión de reparar los agravios pendientes con el culpable de aquellas miserias". El grupo sería acompañado por un pelotón de indios conocedores del lugar que cortarían camino circulando por los terrenos intransitables para las cabalgaduras "para garantizar la rápida captura del asesino Nieto".

Los nativos fueron los primeros en llegar a la aldea de San Antonio de Lipes, cerca de Oruro. Allí se toparon con un grupo de españoles fugitivos que estaban descansando. Les quitaron los caballos y esperaron la llegada de los Patricios ante quienes los godos se rindieron encabezados por Nieto, preciado botín de guerra, que había dicho unos días antes en un comunicado: "Tengo en mi poder varios oficios relativos a órdenes y aprobaciones de la revolucionaria Junta de Buenos Aires que no he dado el uso que correspondía, porque espero tener la satisfacción de hacérselos comer en iguales porciones a los sucios y viles insurgentes, que me los han remitido bajo el título de Representantes del Poder Soberano". Nieto planeaba arrasar Salta, Santa Fe y Buenos Aires, según soñaba en su comunicado, que ahora podía comerse: "Las tropas que deben marchar a su tiempo castigarán a Salta, mantendrán en subordinación al Tucumán y Santiago del Estero, y darán a la provincia de Córdoba del digno mando de V. S. los auxilios de toda clase que necesitase. Tomada

Santa Fe, que ha de ser una de mis principales miras, queda Buenos Aires con sólo su recinto y sus inmensas e inútiles Pampas, y se le estrechará más o menos para que entre en sus deberes, sin olvidar el castigo de los autores de tantos males. Para todo cuento con el Señor Comandante de Marina (de Montevideo), quien supongo que con un estrecho bloqueo impedirá la entrada de barcos mayores de ultramar en las balizas de Buenos Aires, y los hostilizará quitándoles la leña, carbón y grasa que viene de los Paranaes, sin lo que no pueden subsistir y cuya falta ocasionaría disgustos, que han de ser trascendentales al Gobierno Revolucionario".

"Los principales interesados en la novedad"

Mientras esto ocurría, Bernardo de Monteagudo purgaba en la Real Cárcel de la Corte de Chuquisaca el "abominable delito de deslealtad a la causa del rey" por haber sido uno de los líderes de la revolución del 25 de mayo de 1809 contra los abusos de la administración virreinal y a favor de un gobierno propio.

El mariscal Nieto había enviado a todos los efectivos disponibles para combatir a los patriotas, en apoyo del capitán de fragata José de Córdova. La ciudad universitaria había quedado virtualmente desamparada. Monteagudo, ansioso por plegarse a las filas patriotas que se acercaban, decidió preparar un plan para fugarse. Alegando "tener una merienda con unas mandamás" en el jardín contiguo de la prisión, obtuvo la codiciada llave que le permitía la salida.[3]

---

3 Documentación original en poder de G. René Moreno. Cfr. Mariano A. Pelliza, *Monteagudo, su vida y sus escritos*. Buenos Aires, Lojouane, 1880.

Así, acompañado como siempre por bellas damiselas, el 4 de noviembre de 1810, Bernardo de Montegaudo recuperó su libertad. Partió hacia Potosí y se puso a disposición del ejército expedicionario, que al mando de Castelli había tomado la estratégica ciudad el 25 de noviembre. El delegado de la Junta, que conocía los antecedentes revolucionarios del joven tucumano, no dudó en nombrarlo su secretario. La dupla empezó a poner nerviosos por igual a realistas y saavedristas, que veían en ellos a los "esbirros del sistema robespierriano de la Revolución Francesa".

Monteagudo confirmó que estaba en el lugar correcto cuando fue testigo de la dureza de las medidas aplicadas por el representante y del aplicado cumplimiento de las órdenes de Moreno, que insistía: "Las circunstancias de ser europeos los que únicamente se han distinguido contra nuestro ejército en el último ataque, produce la circunstancia de sacarlos de Potosí, llegando al extremo de que no quede uno solo en aquella villa".

Así salieron, el 13 de diciembre de 1810, los primeros cincuenta y tres españoles desterrados para la ciudad de Salta. La lista fue armada personalmente por Castelli, que fundamentaba la medida en estos términos: "La tranquilidad, sosiego y seguridad pública de este gran pueblo en que se interesa y desvela el Gobierno Superior de la Provincia exigen algunos sacrificios y mortificaciones de que no debemos prescindir sin aventurar la suerte de la más interesante obra. Por este principio me propuse calificar los sujetos que de este vecindario eran sospechados por su anterior conducta, para que no se mantuviesen en su seno, donde podrían hacer renacer las ideas de inquietud a riesgo de mayores infortunios, que los ocasionados por su imprudente y obstinada conducta".

Y a continuación le detallaba brevemente el "currículum" de alguno de los indeseables huéspedes que le enviaba a

Chiclana, por entonces gobernador de Salta: "El Dr. Otondo, presbítero, es un hipócrita, altivo y atrevido, prevalido de la consideración que le concilia su carácter; se atrevió a reclamarme los privilegios de sus fueros y cánones para frustrar mi orden de eliminación, y aunque mi decreto le debe haber abatido su orgullo, conminándole con una escolta en caso de faltar a la puntual observancia de lo mandado, previniéndole que a la ley política se sujetan todos los privilegios, fueros y cánones, y que si su carácter le ha debido consideración de mi parte, no le prestaron título a la impunidad; le advierto que lo destino al Convento Bethlemítico, por alojamiento, con prohibición de confesar, porque de estos medios y el de proclamar públicamente se ha valido para fomentar directamente el partido de la revolucion despótica. De los demás, ninguno es bueno, y V. S. debe no perder la ocasión de destinarlos sin demora como se haya prevenido por el Superior Gobierno".[4]

La medida fue sometida por Castelli a la aprobación de la Junta, desconociendo que ahora se llamada Grande y que Mariano Moreno, su jefe político, había sido obligado a renunciar por aquellos días. Las cosas comenzaban a cambiar y para mal. El vocal de la Junta y mercader español Domingo Matheu se interesó por dos de los deportados por Castelli, con quienes mantenía relaciones comerciales, e interpuso su influencia gestionando la revisión del acto, aduciendo que Castelli había obrado mal aconsejado, guiándose por calumnias y acusaciones sin fundamento.

Por amparar a sus agentes comerciales, Salvador Tulla y Pedro Casas, Matheu consiguió que la expatriación se dejara sin efecto para todos, y el 28 de enero de 1811 le comunicaba

---

4 Archivo General de la Nación, *op. cit.*, tomo II.

a Chiclana sobre la suspensión de la medida: "(...) nos consta de cierto que en cosa alguna fueron contra nuestra causa, y por lo mismo este correo escribimos al Gobernador de Salta para que inmediatamente los mande regresar del destierro de Orán, quedando en aquella ciudad hasta que Castelli los llame a Potosí, a las órdenes de usted, a fin de indagar si tienen delito, y en este caso el que lo tenga se le castigará como mereciese, o a la prudencia de usted. No tengo empeño por nadie, y por consiguiente nada pido a favor ni contra sujeto alguno".

Respondiendo a otra carta de Chiclana, el mismo Matheu se mostraba exultante a causa de su éxito: "(...) he visto el júbilo que causó la revocación de los confinados para Orán, igualmente siento que por cuatro borrachones se tratase de descomponer una obra tan grande como la que tenemos para coronar (...)".[5]

Pero los deportados indultados por la Junta saavedrista a pedido de Matheu no eran cuatro borrachones sino contrarrevolucionarios peligrosos, como lo contaba el doctor Juan Madera, integrante del ejército de Castelli: "Habiendo pedido el Cabildo de Potosí a don Juan José Castelli, se expatriasen los europeos enemigos, y verificando su extrañamiento, sucedió que fueron perdonados y mandados volver a Potosí por orden del gobierno de Buenos Aires contra el sentimiento de todos los buenos patriotas y con notable perjuicio de la causa pública; pues en el mes de mayo de 1811 formaron éstos una horrorosa conspiración, en que fueron sorprendidos en el lugar que llaman el Beaterio de Copacabana, habiendo hecho fuego y resistencia y estos individuos no se castigaron y lo mismo sucedió en Charcas con los expatriados europeos enemigos y lo mismo hubiera

---

5 Domingo Matheu, *Memorias*, tomo II, Buenos Aires, Biblioteca de Mayo, 1966.

sucedido con los insurgentes Nieto, Córdova y Paula Sanz si don Juan José Xastelli no los hubiera ejecutado, según las órdenes que traía. Pues inmediatamente que salió el doctor Moreno y se incorporaron los diputados, se metió un expreso en que se perdonaba a dichos reos y se mandaba a Castelli que no ejecutase más a nadie".[6]

Este hecho inconsulto, el primero de una larga lista, tenía como objetivo disminuir el prestigio y el poder del representante Castelli, que no gozaba de las simpatías de los conservadores que dominaban ahora la Junta de Buenos Aires.

Como muestra incalificable de la larga serie de acciones aplicadas a este fin, bastaría mencionar el nombramiento del español Matías Bernal, sospechoso de colaborar con el enemigo Goyeneche, como gobernador de Potosí. El deán Funes, cerebro del saavedrismo, justificó la designación diciendo: "Es chapetón[7] y esto acredita más al gobierno por su integridad". El Cabildo porteño le contestó que era de una enorme gravedad poner "la llave del Perú en un jefe que trae en su nacimiento la sospecha y desconfianza".[8]

En una carta a Chiclana, el propio presidente de la Junta daba cuenta con satisfacción de los cambios políticos producidos tras el alejamiento de Moreno: "Las cosas han variado de circunstancias, por la reunión de las Provincias del Virreinato, también es consiguiente se varíen las resoluciones, esto es se moderen y mitiguen los rigores que hasta ahora se habían adoptado. El sistema robespierriano que se quería adoptar en ésta, la imitación de la revolución francesa

---

6 Declaración del Dr. Juan Madera en el juicio de residencia iniciado a Saavedra por la Asamblea de 1813, Biblioteca de Mayo, "Sumarios y Expedientes", Buenos Aires, Honorable Senado de la Nación, 1960.

7 Español.

8 Acuerdos del Cabildo de Buenos Aires, tomo IV, pág. 439.

que intentaba tener por modelo, gracias a Dios que ha desaparecido, y sólo gobiernan las mismas máximas en que has hecho consistir el nervio de tus instrucciones comunicadas a tu sucesor en Salta, que han tenido el aplauso y aprobación de esta Junta".

Castelli y Monteagudo eran los sobrevivientes del morenismo y contra ellos irían dirigidas todas las operaciones políticas de la Junta comandada por el deán Funes y Saavedra.

Justicia revolucionaria

El mariscal Nieto pronto tuvo grata compañía en su prisión potosina. El gobernador intendente de Potosí, Francisco de Paula Sanz, pretendía huir con 300 mil pesos en pasta de oro y plata, pertenecientes a los caudales públicos, pero fue capturado, al igual que su correligionario, el mayor general Córdova.

Las instrucciones de la Junta que decían: "El presidente Nieto, el gobernador Sanz, el obispo de La Paz y Goyeneche deben ser arcabuceados en cualquier lugar donde sean habidos, y a todo hombre que haya sido principal director de la Expedición" no incluían al capitán de marina José de Córdova[9] porque, hasta el momento en que fueron emitidas, el capitán no había tenido una actuación tan destacada como los mencionados. Pero su conducta soberbia en la batalla de

9 Córdova había nacido en 1774 en la isla de León (España). De muy joven se incorporó a la marina y participó en numerosas batallas en el Mediterráneo y el Atlántico. Formó parte de la campaña de Cerdeña, en el golfo de Parma, y colaboró en la toma de las islas San Pedro y San Antíoco. En 1801 fue destinado al apostadero naval de Montevideo. En 1806 participó en la defensa de Buenos Aires, a las órdenes de Liniers, y fue ascendido a capitán de fragata. En 1808 fue afectado al ejército del mariscal Nieto, con el cargo de mayor general.

Suipacha, en la que llegó a enarbolar una bandera negra cruzada por dos tibias y una calavera, en señal de guerra a muerte a los rebeldes, lo perdió.

Tras la derrota se le bajaron los humos, sintió la necesidad de guardarse la bandera pirata en algún lado y se mostró dispuesto a cualquier transacción que le salvara la vida. Le ofreció a Balcarce pasarse con todos los efectivos que le quedaban a las tropas patriotas. Sin el menor cuidado por disfrazar su traición, le decía: "(...) ayer era enemigo de la Junta, que ha establecido para su gobierno, y hoy no sólo me someto a ella reconociéndola (...) amigo Balcarce: Éramos amigos, fuimos enemigos y volvemos a la amistad. Venció Ud. en la lid, y ahora estoy dando las órdenes más activas para que se rejunte lo que ha esparcido el indigno Presidente. Reconozco la Junta, me someto a ella; lo mismo hace esta marina y lo mismo harán las tropas que yo he mandado".

Al conocer la carta, Castelli envió el siguiente oficio a la Junta: "(Córdova) ofrece unirse a nosotros para atacar el ponderado ejército que prepara el virrey Abascal y que mandará Goyeneche;[10] asegura el triunfo del Perú y pide indulto de la vida para las tropas. ¿Quiere V. E. más? ¿Puede

---

10 Manuel José de Goyeneche había nacido en Arequipa, Perú, en 1775. De muy joven se trasladó a España para completar su carrera militar y participó en la defensa de Cádiz contra los ingleses. Goyeneche le cayó en gracia a Manuel Godoy, el "Príncipe de la Paz", que lo envió a recorrer Europa e interiorizarse de las características del arte de la guerra. Estudió en Berlín y Potsdam, bajo la supervisión de Guillermo de Prusia, y en Viena, tutelado por el archiduque Carlos. Finalmente, en Bruselas y París, bajo las órdenes del propio Napoleón Bonaparte. Pudo conocer Inglaterra, Suiza, Italia, Holanda y Sajonia. En 1808, tras la invasión napoleónica, Goyeneche recibió el grado de brigadier y la orden de partir hacia el Río de la Plata. El 23 de agosto llegó a Buenos Aires, donde recibió la designación de presidente

dudarlo? Véalo ahí en el oficio del general Córdova del 8 del corriente y se asombrará de ver un contraste tan extraordinario entre ese papel y los precedentes que acompaño para inteligencia de V. E. y mejor conocimiento en la justa comparación de entrambos. Todo lo que el último tiene de atento y rendido, hasta en el sobre, y en la calidad de ser portado por oficial, tenían los anteriores de descomedidos".

Beruti nos deja en sus memorias una semblanza sobre los contrarrevolucionarios detenidos: "(...) fueron sentenciados a muerte por no haber obedecido a esta capital, por haber disipado la hacienda real en levantar ejércitos para oponerse a nuestras armas y justa causa, y por haberse segregado de la obediencia de aquí, y agregándose al virreynato de Lima, obligando a las provincias de su mando a reconocer al virrey de Lima por su capitán general y virrey, cerrando toda comunicación activa y pasiva con esta capital, advirtiéndose que aunque Córdova no tenía mando superior en dichas provincias, se le quitó la vida por ser cabeza de los opositores a nuestras ideas, ser el general que salió a oponerse al nuestro y haber en él llevado una bandera negra y en ella pintadas calaveras, signo de no haber dado cuartel a nuestras tropas en caso de haber sido vencidas".[11]

El 14 de diciembre de 1810, Castelli firmó la sentencia que condenaba a muerte a los enemigos de la revolución. A las nueve de la noche fueron puestos en capilla, y se les

interino de la Audiencia de Cuzco. El 25 de octubre de 1809, tras derrotar a los revolucionarios de La Paz, dirigidos por Pedro Domingo Murillo, desató una verdadera cacería coronada con torturas y ejecuciones. En mayo de 1810 recibió el mando del ejército y la orden de reconquistar las provincias rioplatenses.

11 Juan Manuel Beruti, *Memorias curiosas*, Buenos Aires, Emecé, 2000.

adjudicaron habitaciones separadas para que "pudiesen prepararse a morir cristianamente".

El día 15, en la Plaza Mayor de la imperial villa, entre las 10 y 11 horas de la mañana, se ejecutó la sentencia, previa lectura en alta voz que de ella se hizo a los reos, hincados delante de las banderas de los regimientos.

Entre los espectadores que rodeaban el patíbulo, hubo uno que siguió ansioso el desarrollo de la escena. Bernardo de Monteagudo, que había visto las masacres perpetradas por Paula Sanz y Nieto apenas un año antes en Chuquisaca, no olvidará nunca el episodio que sus ojos contemplaron: "¡Oh sombras ilustres de los dignos ciudadanos Victorio y Gregorio Lanza![12] ¡Oh, vosotros, todos los que descansáis en esos sepulcros solitarios! Levantad la cabeza: Yo lo he visto expiar sus crímenes y me he acercado con placer a los patíbulos de Sanz, Nieto y Córdova, para observar los efectos de la ira de la patria y bendecirla con su triunfo".[13]

Castelli envió a la Junta una carta en la que decía: "La ejecución ha sido imponente por el aparato militar, puntualidad y observancia".

Así cayeron sin pena ni gloria a manos de la "canalla" de Buenos Aires, por la cual habían sentido tanto odio y desprecio, dos de los tres militares que habían llegado al Perú a servir a su rey.

El tercero, José Manuel de Goyeneche, pudo escapar y sobrevivir para hostigar a las fuerzas patriotas durante varios años.

---

12 Revolucionarios asesinados por Nieto y Paula Sanz.

13 Bernardo de Monteagudo, "Ensayo sobre la Revolución del Río de la Plata desde el 25 de mayo de 1809", *Mártir o libre*, Buenos Aires, 1812.

De vuelta en Chuquisaca

Castelli abandonó Potosí el 25 de diciembre para marchar hacia Chuquisaca. Hacía veintidós años que había partido de allí con su título de abogado. La ciudad universitaria estaba muy cambiada. Él seguía siendo el mismo. Ahora era el delegado de la Junta para quien el Cabildo tenía preparados grandes agasajos y a quien le había dispensado un lujoso hospedaje, pero prefirió alojarse por su cuenta en un humilde hostal que conocía desde sus años de estudiante.

En su honor se ofreció un tedéum en la catedral y, aunque Castelli había acordado que estaría sentado en el centro de la Iglesia acompañado por su lugarteniente Balcarce, la silla de Balcarce no apareció. Castelli mandó averiguar qué había ocurrido y se enteró de que un miembro de la Audiencia había ordenado no rendirle a su lugarteniente el mismo homenaje que al representante de la Junta. La ira del orador de la revolución no se hizo esperar. Ordenó que la Audiencia en pleno le presentase sus excusas a Balcarce y lo nombrara presidente honorario de la corporación "para que aquellos que no quisieron verlo en la Catedral tengan que verlo ahora presidiendo la Audiencia".

Terminada la fiesta, Castelli se dispuso a gobernar. Había mucho por hacer, muchas heridas por curar y mucha injusticia por ajusticiar. Una de sus primeras ocupaciones fue la puesta en marcha de una legislación de avanzada que le devolvía las libertades y las propiedades usurpadas a los habitantes originarios. Las disposiciones decretadas contemplaban:

- la emancipación de los pueblos;
- el libre avecinamiento;
- la libertad de comercio;
- el reparto de las tierras expropiadas a los enemigos de la revolución entre los trabajadores de los obrajes;
- la anulación total del tributo indígena;

- la suspensión de las prestaciones personales.

Además:

- equiparó legalmente a los indígenas con los criollos y los declaró aptos para ocupar todos los cargos del Estado;
- tradujo al quechua y al aimara los principales decretos de la Junta;
- abrió escuelas bilingües: quechua-español, aimara-español;
- removió a todos los funcionarios españoles de sus puestos, fusilando a algunos, deportando a otros y encarcelando al resto.

Las medidas eran claramente revolucionarias y no tardarían en desatar la furia de los ricos –criollos y españoles– beneficiarios del sistema de explotación de los indígenas. Así lo advertía un contemporáneo de los hechos: "Bajo el poder de la jerarquía política y sacerdotal, los intereses del pueblo debían ser un cero, como lo eran en efecto, en los cálculos de la administración colonial, y era consiguiente esperar que encontrasen una resistencia desaforada las cosas y las personas que tendiesen a alterar un sistema combinado para satisfacer a la vez la codicia innata de los españoles y el temperamento vanidoso de los limeños".[14]

Mi Buenos Aires querido

En Buenos Aires las cosas habían cambiado y mucho. Gracias a la maniobra de la incorporación de los diputados a la Junta, Saavedra y Funes habían logrado dos objetivos largamente acariciados: que el morenismo quedara en absoluta minoría y que Mariano Moreno renunciara, el 18 de diciembre de 1810.

14 Ignacio Núñez, *Noticias históricas*, Buenos Aires, Jackson, 1957.

La noticia fue divulgada por la correspondencia que se distribuyó el 5 de enero de 1811 en Chuquisaca. Todos comprendieron que el hecho implicaba la interrupción de la política seguida hasta ese momento y que las severas instrucciones de Castelli perderían validez.

Ya no llegarían comunicados como el último firmado por Moreno antes de su renuncia: "La Junta aprueba el sistema de sangre y rigor que V. E. propone contra los enemigos; y ordena que no quede en el Perú un solo europeo militar o paisano que haya tomado las armas contra la capital".[15]

El cambio se advertía claramente en la carta dirigida por Saavedra a Castelli el 11 de enero de 1811: "En inteligencia de todo ha aprobado la conducta de V. E., pero atendiendo a la variación de circunstancias que previene a V. E. suspenda toda ejecución capital, conmutándolas en penas pecuniarias u otras arbitrarias, dando cuenta con remisión de las causas y razón exacta de los bienes confiscados o embargados".

A pesar de las amenazas de los saavedristas, Castelli, por propia convicción y en homenaje a su jefe depuesto, siguió adelante con su obra revolucionaria. El 5 de febrero de 1811 lanzaba el siguiente manifiesto dirigido a los indios del Alto Perú: "La proclama que con fecha 26 de octubre del año anterior os ha dirigido vuestro actual virrey, me pone en la necesidad de combatir sus principios, antes que vuestra sencillez sea víctima de engaño, y venga a decidir el error la suerte de vosotros y vuestros hijos. Yo me intereso en vuestra felicidad no sólo por carácter, sino también por sistema, por nacimiento y por reflexión; y faltaría a mis principales obligaciones, si consintiese que os oculten la verdad u os disfracen la mentira. (...) es tiempo que penséis

15 La Junta de Buenos Aires a Castelli, 3 de diciembre de 1810, Archivo General de la Nación, tomo II, pág. 74.

en vosotros mismos, desconfiando de las falsas y seductivas esperanzas, con que creen asegurar vuestra servidumbre.

"No es otro el espíritu del virrey del Perú, cuando ofrece abriros el camino de la instrucción, de los honores y empleos, a que jamás os ha creído acreedores. ¿Pero de cuándo acá le podíais preguntar, os considera dignos de tanta elevación? ¿No es verdad que siempre habéis sido mirados como esclavos, y tratados con el mayor ultraje, sin más derecho que la fuerza, ni más crimen que habitar vuestra propia Patria? ¿Habéis gozado alguna vez esos empleos y honores que os ofrecen, y lo que es más, aquellos bienes que vuestro propio suelo os concede y la naturaleza os dispensa con absoluto dominio? (...) La historia de vuestros mayores y vuestra propia experiencia descubren el veneno y la hipocresía de este reciente Plan que os anuncian con aparato vuestros mismos tiranos: bien sabéis que su lenguaje jamás ha sido el de la verdad, y que sus labios nunca van de acuerdo con su corazón. Hoy os lisonjean con promesas ventajosas, y mañana desolarán vuestros hogares, consternarán vuestras familias y aumentarán los eslabones de la cadena que arrastráis.

"Observad sobre este particular el manejo de vuestros jefes: decidme si alguna vez han cumplido las promesas, que por una política artificiosa os hacen con tanta frecuencia, y nunca con efecto; comparad esta conducción con la que observa la Excelentísima Junta de donde emana mi comisión, con la que yo mismo observo y todos los demás jefes que dependen de mí: nosotros jamás dilatamos cumplir lo que alguna vez ofrecemos (...). La Junta de la capital os mira siempre como a hermanos y os considerará como a iguales: éste es todo su plan, jamás discrepará de él mi conducta, a pesar de cuanto para seduciros publica la maldad de vuestros jefes".

Mientras Castelli trataba de avivar el fuego revolucionario, la Junta saavedrista de Buenos Aires designaba a Lorenzo

Córdova y José Calvimonte, ambos enemigos declarados del movimiento revolucionario, como conjueces de la Real Audiencia de Chuquisaca.

El presidente de la Audiencia de Charcas escribió indignado a la Junta de Buenos Aires: "Esos dos hombres escandalosamente criminales contra nuestra causa tienen sobre sí el odio y la execración general". Sólo obtuvo como respuesta el silencio cómplice que confirmó en sus cargos a los dos contrarrevolucionarios.

La facción saavedrista quiso apoderarse del mando del Ejército del Norte y eliminar a Balcarce y a Castelli, notoriamente adeptos del morenismo.

En reuniones y conciliábulos secretos, comenzaron a tejerse los hilos de la conspiración. El 7 de marzo de 1811, en Oruro, se dieron cita varios oficiales en la casa de Luciano Montes de Oca. Allí estaban, entre otros, José María Echaurri, el ayudante de Dragones Casco, José León Domínguez, Matías Balbastro, el padre capellán Manuel Antonio Azcurra y el sargento mayor Toribio de Luzuriaga.

Los conjurados convinieron unánimemente en secuestrar a Balcarce y a Castelli, remitirlos a Buenos Aires para su juzgamiento, y entregar el mando al oficial más saavedrista del ejército, el coronel Juan José Viamonte.

Una delegación del grupo compuesta por Montes de Oca y Luzuriaga buscó a Viamonte para interiorizarlo del plan urdido, pero éste lo consideró inoportuno y con escasas probabilidades de éxito, aunque no denunció a ninguno de los partícipes, que siguieron conspirando contra Castelli y Balcarce hasta que lograron desestabilizarlos.[16]

16 Archivo General de la República Argentina, *Sumarios y expedientes*, tomo XII, Buenos Aires, Senado de la Nación, 1962.

El capellán fray Manuel Azcurra sobresalía entre ellos por su exaltado fervor saavedrista. Así lo señala el doctor Diego Paroissien, recordando el episodio: "(...) que le impuso el capitán Juan Antonio Argerich de que en Oruro había habido una junta de oficiales de la que fue principal agente y orador el padre fray Manuel Azcurra, en la que se trató de prender a J. J. Castelli y al General Balcarce".[17]

El ya mencionado doctor Juan Madera nos aporta una curiosa versión relacionada con la animosidad que el fraile profesaba a Moreno, en la declaración realizada en oportunidad de la causa de residencia formada por la Asamblea del año XIII. El 9 de julio de 1813 dejó asentado que "(...) estando el declarado en Oruro, por el mes de marzo de ochocientos once, le oyó exclamar al padre Azcurra dando gracias a Dios por la separación del Dr. Moreno, y como asegurando su muerte en los términos siguientes: Ya está embarcado y va a morir".[18]

¿Cómo podía haber tenido noticia del asesinato de Moreno, perpetrado el 4 del mismo mes y que recién se supo en Buenos Aires en octubre de aquel año 1811? Además de cura, ¿era adivino?

Durante la segunda semana de mayo llegaron al campamento de Castelli las noticias del movimiento del 5 y 6 de abril, que había eliminado a los morenistas de la Junta, los había confinado al interior y había decretado la censura de la prensa y la persecución de todos los opositores al saavedrismo. La situación del morenismo no podía ser peor: Moreno, asesinado; Rodríguez Peña, Vieytes, Larrea, Donado y French, confinados; Belgrano, procesado. Sólo quedaba

---

17 Archivo General de la República Argentina, *op.cit.*
18 Ídem.

en pie la voz de la revolución, Juan José Castelli, y contra él se dirigirían todas las energías de los reaccionarios de Buenos Aires, que se habían apoderado de los sueños de revolución para convertirlos en negocios sucios, ofertas inconfesables a monarquías extranjeras y tratos secretos con el enemigo.

Las graves noticias causaron irritación entre la oficialidad: "Los oficiales, llenos de energía y amantes de su libertad, traslucieron la noticia y se agolparon en la puerta de la casa que ocupaba Castelli y dijeron cómo se trataba así a los hombres que habían dado los primeros pasos sobre nuestra felicidad, que ya no se podían tolerar tantos crímenes, que estaban prontos a sacrificarse en su venganza, que prontamente se atacase el Desaguadero y después ir contra Buenos Aires: todos juraron por lo más sagrado morir antes mil veces que admitir testa coronada alguna en América. Todos unánimes gritaban que habían abandonado sus casas, padres, madres, esposas e hijos por la libertad de ellos y la de su patria. Que una sola vida tenían y que ésta la daban con gusto por sostener su independencia".[19]

El temor de los saavedristas era que los sobrevivientes del morenismo, siguiendo la invitación de Monteagudo, marcharan hacia el Alto Perú, consolidaran su poder político-militar y desde allí bajaran a Buenos Aires para reinstalarse en el poder. Así lo confesaba Funes: "No sabemos qué sucederá si los desterrados toman el Perú en ocasión que sabemos a Castelli descontento con esta novedad". Y comenzaba una campaña de difamación y traición que rendiría su cometido: la persecución y prisión de Castelli y Monteagudo. En una carta decía el deán, sabiendo que el falso testimonio es un pecado capital: "No pudo ser más detestable el plan

19 Ignacio Núñez, *op. cit.*

que se habían formado los conjurados: en él entraba el aniquilamiento de la religión. Castelli se maneja como un libertino. Desearía que cuanto antes concluyese cuentas con él, porque me temo alguna novedad".[20]

Saavedra le enrostraba a Castelli que hubiera incitado a Vieytes, Peña, Larrea y Azcuénaga a evadirse de los sitios que tenían fijados para residir: "(...) que no tuvo reparo en escribir a los confinados bajo cubierta de Don José de Paz, Administrador de Correos de Córdoba, diciéndoles que se fuesen por caminos extraviados a su Ejército, que estaba pronto a sostenerlos. Es notorio que aquel amigo de los agraviados prefirió los derechos de su amistad, a los intereses de su patria, asegurando que después de vencido el Desaguadero, declararía la guerra a la capital, y con veinte mil hombres vendría a sujetarla y reponer a sus amigos en sus antiguos empleos".[21]

La guerra interna estaba desatada y la otra seguía sin prisa pero sin pausa y los realistas tramaron un plan para apoderarse de Potosí. El golpe debía darse el 21 de abril. Esa madrugada, los conspiradores se prepararon para mezclarse con los fieles de una procesión, llevando las armas debajo de los ponchos. Los puntos de reunión eran los templos de Copacabana y San Bernardo. Pero un patriota pudo enterarse a tiempo de la conspiración y dio la alarma. Agentes de Castelli cayeron sobre los conjurados antes de que pudieran actuar. No quedó ninguno para contar la hazaña que habían tramado.

---

20 El deán Funes a su hermano Ambrosio, Buenos Aires, 8 de abril de 1811.

21 Instrucciones que dio don Cornelio Saavedra a su apoderado Juan de la Rosa Alba en el juicio de residencia. Fechado en San Juan de la Frontera, 3 de agosto de 1814.

La fragilidad de la paz

Cumpliendo con las órdenes de la Junta, Castelli había iniciado conversaciones secretas con el jefe enemigo Goyeneche para tratar de lograr una tregua. Domingo Tristán, gobernador de La Paz y primo de Goyeneche, fue una pieza clave en las negociaciones y finalmente se firmó el armisticio, el 16 de mayo de 1811. En él se establecía:

• *statu quo* de las posiciones de ambos ejércitos;
• buena fe y paz permanente y seguridad recíproca durante 40 días;
• las hostilidades no podrían reiniciarse sino 48 horas después de que ambas partes fueran notificadas de la disolución de la negociación;
• el plazo vencía el 25 de junio.

Las divisiones en el ejército patriota, ahora inactivo, se ahondaron. La campaña de desprestigio impulsada por Funes y Saavedra iba rindiendo sus frutos y el poder militar y político de Castelli iba desapareciendo como el agua entre los dedos.

A pesar de todo, no dejaba de proyectar, de soñar una utopía que su amigo y compañero Monteagudo le hará saber años más tarde a su jefe José de San Martín: América del Sur como una sola nación.

"Toda la América del Sur no formará en adelante sino una numerosa familia que por medio de la fraternidad pueda igualar a las respetadas naciones del mundo antiguo." Y seguía soñando: "Preveo que allanado el camino de Lima, no hay motivo para que todo el Santa Fe de Bogotá no se una y pretenda que con los tres y Chile, formen una asociación y cortes generales para fijar las normas de su gobierno".

Apoteosis en Tiahuanaco

La Junta saavedrista enviaba a su representante órdenes tan absurdas como la siguiente, que no tiene precedentes en la historia militar, cuyo único objetivo era la desmovilización y la derrota de un ejército considerado peligroso para los intereses de Buenos Aires: "Se le prohíbe empeñar combate alguno al ejército auxiliador del Perú sin tener la seguridad del éxito". Mientras tanto, se acercaba el primer aniversario de la revolución y Castelli decidió celebrarlo como él consideraba que correspondía: con un hecho revolucionario. Convocó a todas las comunidades indígenas de la provincia de La Paz a reunirse ante las ruinas de Tiahuanaco, a metros del Titicaca, el lago sagrado de los incas desde donde habían emergido los fundadores del imperio del Sol, Manco Cápac y Mama Oclo. Allí están todos, centenares de indios y soldados del Ejército del Norte esperando la palabra del orador. Castelli comienza rindiendo un homenaje a la memoria de los incas e invita a vengar sus muertes a manos del opresor español. "Los esfuerzos del gobierno –dice en español, dándoles tiempo a los traductores quechuas y aimaras– se han dirigido a buscar la felicidad de todas las clases, entre las que se encuentra la de los naturales de este distrito, por tantos años mirados con abandono, oprimidos y defraudados en sus derechos y hasta excluidos de la condición de hombres." Castelli concluyó su arenga diciendo: "Yo por lo menos no reconozco en el virrey ni en sus secuaces representación alguna para negociar la suerte de unos pueblos cuyo destino no depende sino de su libre consentimiento, y por esto me creo obligado a conjurar a esas provincias para que en uso de sus naturales derechos expongan su voluntad y decidan libremente el partido que toman en este asunto que tanto interesa a todo americano".

En cuanto a Bernardo de Monteagudo, dice el notable historiador paraguayo Julio César Chaves: "Tal vez el joven Monteagudo estuviera pensando en la fecha cabalística de su existencia: el 25 de mayo. Cuatro años atrás, el 25 de mayo de 1808 leía su disertación ante la Academia Carolina. El 25 de mayo de 1809, proclamaba la revolución en las calles y plazas de Chuquisaca. El 25 de mayo de 1810, esperaba sentencia en la cárcel, mientras allá lejos, se decidía su destino. El 25 de mayo de 1811, asistía en Tiahuanaco a la redención del indio".[22]

El escritor nazi-fascista argentino Gustavo Martínez Zuviría (1883-1962), más conocido por el nada nacionalista alias de "Hugo Wast", da una cabal muestra de la molestia y el fastidio que le seguía causando el acto de Castelli en Tihahuanaco a la clase dirigente argentina a más de ciento treinta años de producidos los hechos. Martínez se mofaba de la reivindicación del indígena en estos términos: "Un día realiza una asamblea de indios en la región del lago Tiahuanaco (*sic*). ¿A quién se le ocurriría en ese marco, y ante ese auditorio, perorar sobre la soberanía popular y los derechos del hombre en el estilo incomprensible y pedantesco de los jacobinos? Castelli habría hecho una arenga en ese estilo y la habría finalizado con esta interrogación: 'Aquel es el gobierno de los déspotas. Éste es el gobierno del pueblo. Decidme vosotros qué queréis.' Y la indiada habría respondido: '¡Aguardiente señor!'".[23]

No está de más recordar que la Biblioteca Nacional de la República Argentina "honró" a este publicista del racismo bautizando con su nombre a una de sus salas.

---

22 Julio César Chaves, *Castelli, el adalid de Mayo,* Buenos Aires, Leviatán, 1957.

23 Hugo Wast, *El año X,* Buenos Aires, Peuser, 1947.

Se queda corto *mister* Wast al llamar jacobinos a los morenistas. Moreno, Belgrano y Castelli dejaban bastante atrás a los jacobinos seguidores de un Voltaire que decía: "Creo que no nos entendemos acerca del concepto pueblo que vos creéis digno de ser instruido. Yo entiendo por pueblo al que no tiene más que sus brazos para vivir. Dudo que esta clase de individuos tenga nunca ni tiempo ni capacidad para instruirse. Me parece esencial que haya indigentes ignorantes. Si vos explotáis un campo; si poseyérais arados, estaríais perfectamente de acuerdo conmigo. No es al jornalero al que hay que instruir sino al burgués, al habitante de la ciudad".[24]

Tanto Belgrano como Moreno y Castelli hicieron lo imposible por dignificar a todos los habitantes de estas provincias con el arma más poderosa y temida por los tiranos: la educación para todos.

Mientras tanto en Buenos Aires el aniversario de la revolución se celebraba de acuerdo con los gustos e ideas de Funes y Saavedra, según lo cuenta un testigo de los hechos: "A las cuatro de la tarde se presentaron en la Plaza, marchando de dos en dos, un americano y un español. En esa situación rompieron su marcha por los dos costados para colocarse en el centro del salón del Cabildo y empezar el baile de contradanza. En esta gran fiesta no se habían permitido los vivas a la libertad y los mueras a la tiranía pero sí los vivas al rey cautivo Fernando VII. Cuando el presidente Saavedra tuvo noticias de que una comparsa del Regimiento 3 preparaba una escena cuyo desenlace se anunciaría al público al grito de '¡Viva la Libertad!', ordenó al alcalde del cuartel que se omitiese esta exclamación para excluir toda idea de independencia".[25]

24 Carta de Voltaire a su amigo Daminaville, 1 de abril de 1766.
25 Ignacio Núñez, *op. cit.*

La madre de todas las batallas

Los saavedristas sabían que lo único que podía terminar con Castelli era una derrota total frente a Goyeneche y comenzaron a maniobrar para lograrlo. Saavedra, que había firmado las instrucciones en las que se le ordenaba a Castelli entrar en tratativas con Goyeneche, ahora lo desautorizaba, en una carta a su aliado y confidente en el Ejército del Norte, el coronel Juan José Viamonte. El deán Funes se carteaba con Domingo Tristán, que esperaba el desarrollo de los acontecimientos para pasarse al bando de su primo Goyeneche. Éste había aprovechado muy inteligentemente la tregua para tomar posición en el río Desaguadero, lo que le permitía recibir cotidianamente el parte de sus espías sobre las posiciones exactas del ejército enemigo.

Goyeneche sólo esperaba la oportunidad para atacar por sorpresa. El gobierno porteño, haciendo gala de su creatividad para inventar nuevas fórmulas para destruir al Ejército del Norte, le ordenó a Balcarce que cuando considerase conveniente atacar al ejército enemigo lo dispusiese sin necesidad de esperar órdenes del señor representante y lo autorizó a disponer ascensos directamente, sin intervención del doctor Castelli.

Como era de esperar, la noche del 6 de junio de 1811, las tropas de Goyeneche rompieron la tregua y una fuerza de 500 hombres atacó sorpresivamente a la avanzada patriota. Goyeneche afirmaba que habían sido las tropas patriotas las que habían violado la tregua.

Los dos ejércitos velaban sus armas a cada lado del río Desaguadero, cerca del poblado de Huaqui. Las tropas de Castelli, Balcarce, Viamonte y Díaz Vélez, en la margen izquierda, sumaban 6.000 hombres. Del otro lado, Goyeneche había reunido 8.000. A las 7 de la mañana del 20 de junio de 1811 el ejército español lanzó un ataque fulminante.

Respondieron rápidamente las divisiones al mando de Díaz Vélez y Balcarce, mientras el saavedrista Viamonte, al mando de 1.500 efectivos, ordenó a sus hombres, en medio del desastre, hacer evoluciones y ejercicios militares a menos de 1.000 metros del campo de batalla. Su falta de cooperación se tornó evidente. Díaz Vélez solicitó reiteradamente refuerzos a Viamonte, que se negó a desprenderse de uno solo de sus hombres. Dice el historiador militar general Bassi: "Tampoco en esa oportunidad interviene la división de Viamonte, que se encontraba a escasa distancia efectuando movimientos de desfile que no respondían a objeto alguno".[26] Díaz Vélez, con su tropa diezmada y agotada por cuatro horas de intensos combates y ya casi sin munición, al advertir que ni siquiera en esas circunstancias Viamonte respondía a sus reclamos, decidió ordenar la retirada. La pericia de Goyeneche y el desbande general hicieron el resto. El desastre fue total.

La derrota

Tras la derrota de Huaqui, el 18 de julio de 1811, Castelli no se dio por vencido y emitió el siguiente comunicado: "Si el Pueblo es el origen de toda autoridad, y si el magistrado no es sino un precario ecónomo de sus intereses, es un deber suyo manifestar los motivos que determinan sus operaciones. Por esta consideración quiero anunciar anticipadamente al Ejército de la Patria, y a todas las Provincias del Río de la Plata, las justas y urgentes razones que tengo para resolver en una acción de guerra que sin duda será fatal

---

26 Juan Carlos Bassi, "La expedición libertadora al Alto Perú", en *Historia de la Nación Argentina*, tomo V**, Academia Nacional de la Historia, Buenos Aires, El Ateneo, 1961.

para nuestros enemigos y feliz para nuestras armas. (...) Un corazón formado en la intriga y habituado al crimen no puede ocultar por mucho tiempo el veneno que lo alimenta, y aunque la explosión de su malicia se dilata algunas veces, al fin se descubren sus progresos. Así sucedió en la noche del 6 del presente, en que desapareció ese fantasma de disimulación cuya sombra ocultaba al mayor monstruo que ha abortado la América.[27] Nuestro Ejército se hallaba en un equilibrio de serenidad y descansaba bajo la garantía de la buena fe que había ofrecido guardar ese general que tanto alarde hace de la dignidad de su palabra, cuando entre diez y once de aquella noche se dirigieron a atacar nuestra avanzada de Juraicoragua mil hombres (...). Ya son inevitables los males de la guerra, y ninguna consideración podría justificar mi conducta, si dejase violado el decoro de nuestras armas, y expuesta la seguridad de nuestro territorio a las incursiones de este tropel de esclavos. Es justo, es necesario, exterminar a los liberticidas de la Patria, humillar a nuestros rivales, enseñarles a respetar nuestras armas y destruir, en fin, la causa inmediata de las zozobras que agitan nuestro territorio. En consecuencia, declaro disuelto el armisticio, y anuncio que nuestras legiones de ciudadanos armados se hallan a punto de cumplir sus deberes salvando a la Patria del último conflicto en que se ve. (...) La muerte será la mayor recompensa de mis fatigas, cuando haya visto ya expirar a todos los enemigos de la Patria, porque entonces nada tendrá que desear mi corazón, y mi esperanza quedará en una eterna apatía, al ver asegurada para siempre la libertad del pueblo Americano".

Castelli se juntó con Balcarce y su secretario Monteagudo y se dispusieron a apechugar la derrota. Quería olvidarse

27 En obvia alusión a Goyeneche.

por un rato de tanta miseria, de los quejidos de los soldados heridos, del hambre de comida y de justicia que lo rodeaba y que él mismo padecía. El Alto Perú era un infierno y en Buenos Aires conspiraban contra él. Se imaginaba a los saavedristas opinando sobre la guerra y decidiendo destinos sin siquiera saber dónde quedaba Huaqui ni poder ubicarlo en el mapa, como expresaba irónicamente en una carta a la Junta: "V. E., con mejores conocimientos a la distancia que tengo yo a la presencia".

Estaba claro que sus enemigos de adentro no dejarían pasar la ocasión para sacarlos del medio, humillarlos y hasta encarcelarlos. Quizás en aquellas noches de charlas interminables en los valles andinos haya nacido el plan político que los morenistas sobrevivientes a la represión expondrían en la Sociedad Patriótica, y es muy probable que Bernardo de Monteagudo haya esbozado las primeras líneas del proyecto constitucional más moderno y justo de la época, que publicaría en *La Gaceta de Buenos Aires* meses después. Allí decía el tucumano: "Los tribunos no tendrán algún poder ejecutivo, ni mucho menos legislativo. Su obligación será únicamente proteger la libertad, seguridad y sagrados derechos de los pueblos contra la usurpación del gobierno por alguna corporación o individuo particular, pero dando y haciéndoselos ver en sus comicios y juntas para cuyo efecto –con la previa licencia del gobierno– podrán convocar al pueblo. Pero como el gobierno puede negar esa licencia, porque ninguno quiere que sus usurpaciones sean conocidas y contradichas por los pueblos, se establece que de tres en tres meses se junte el pueblo en el primer día del mes que corresponda, para deliberar por sufragios lo que a él pertenezca según la constitución y entonces podrán exponer los tribunos lo que juzgaren necesario y conveniente en razón de su oficio a no ser que la cosa sea tan urgente que precise antes de dicho tiempo la convocación del pueblo, y no conseguida, podrá hacerlo.

"El Estado es una persona moral compuesta por muchos pueblos cuya vida consiste en la unión de sus miembros. Su más importante cuidado es el de su propia conservación y para ello necesita de una fuerza compulsiva que disponga cada parte del mejor modo que convenga al todo (...) El poder soberano, legislativo, reside en los pueblos. Éste por naturaleza es incomunicable, y así no puede ser representado por otro sino por los mismos pueblos. Es del mismo modo inalienable e imprescindible por lo que no puede ser cedido ni usurpado por nadie.

"Queda pues extinguido el moderno e impropio nombre de Representantes de los Pueblos con el que, por ambiciosas miras, se condecoran vanamente los diputados y sólo se llamarán Comisarios, que dependen forzosa y enteramente de la voluntad de sus pueblos y están sujetos como los demás ciudadanos al Superior Gobierno.

"Los vocales del Gobierno superior Ejecutivo y Secretarios se mudarán de tres en tres años y lo mismo se hará con los vocales de las juntas provinciales; para efectuarse esto, cada provincia a pluralidad de votos, elegirá uno o dos sujetos que tengan todas las sublimes cualidades que se requieren para Vocal del Superior Gobierno, y Buenos Aires nombrará dos o cuatro del mismo modo. Éstos, al fin de tres años, o cuando hubiera de mudarse el gobierno, se echarán en cántaro y suerte se hará la elección pública a la vista de todo el pueblo (...) Con este sabido arbitrio de la suerte se evitará en gran parte la compra de votos y se pondrá algún freno a la ambición y codicia que suelen intervenir en la elección e inmediatos sufragios".

La revolución en el banquillo de los acusados

Se sabe. Las derrotas no vienen solas. Hay que buscar culpables. La Junta porteña se lavaba las manos y demoró todo lo que pudo la difusión de la noticia de la derrota de Huaqui. En el ínterin mandó detener a Castelli y Monteagudo y los condujo a Buenos Aires.

Al llegar a Tucumán se le informa al ex delegado de la Junta que por orden del superior gobierno debía partir hacia Catamarca. Castelli declara que no puede costearse el viaje porque no tiene un centavo, que, lejos de haber adquirido dinero en la comisión que ha desempeñado, "sacrificó en ella su moderada fortuna y no le quedan cincuenta pesos para dirigirse a Catamarca". Ni siquiera tiene nada para vender, porque todo su equipaje le fue robado en el camino. El 30 de octubre de 1811, la Junta le entrega 500 pesos para que se traslade a Buenos Aires en carácter de procesado.

Castelli se presentó detenido en el Regimiento de Patricios, dirigido en aquel momento por su primo Manuel Belgrano. Se formó un tribunal demasiado parcial, que fue recusado por el propio Castelli. Uno de los fiscales, Vicente Anastasio Echeverría, había estado entre los principales colaboradores de Liniers.

Pasaban los días y no quedaba muy en claro de qué se lo acusaba. Finalmente el tribunal quedó constituido el 5 de diciembre de 1811, bajo la presidencia del doctor Tomás A. Valle.

El desprecio del poder por el procesado quedaba de manifiesto en las innecesarias demoras, dilaciones y chicanas judiciales que fueron denunciadas por Castelli en una presentación con fecha 6 de febrero de 1812: "Las detenciones, confinaciones, arrestos y privaciones de mi persona en que me trae desde el 17 de agosto sin tratar el objeto único interesante, siquiera para ver el mérito previo en que se justifica la interrupción del goce de los derechos del hombre en sociedad".

El 14 de febrero de 1814 comenzaron las declaraciones de los testigos. La redacción del interrogatorio no deja lugar a dudas acerca de la parcialidad del juicio. Aquí van algunos ejemplos:

> Pregunta 11: *Si entre los jefes y oficiales del ejército había discordias; si se despreciaba a las tropas del Alto Perú, especialmente a las de Cochabamba; si se había afirmado que triunfarían aun contra la voluntad de Dios. Si tenía parte en estas cosas el Dr. Castelli.*
>
> Capitán Suárez: No hubo otras discordias que las mantenidas con Viamonte, de resultas del arribo del [oficio] extraordinario que anunció el destierro de Rodríguez Peña y los demás. Respecto a las tropas de Cochabamba sólo sé que algunos oficiales le hacían pifias y burlas, expidiéndose entonces una orden por el comando para cortarlas. (...)
>
> Capitán Antonio Argerich: Que en la Villa de Oruro se formó una junta con el objeto de deponer al doctor Castelli y al general Balcarce. Que concluida la Junta se formó una diputación para dar parte al coronel Viamonte pero este jefe no dijo nada de lo sucedido al Dr. Castelli y general Balcarce; los cuales supieron del hecho después de mucho tiempo y tuvieron datos nada inequívocos de que todos los partidos se fomentaban por un agente de don Juan José Viamonte que lo era el capellán fray Manuel Azcurra.
>
> Bernardo de Monteagudo: Desde luego había discordias, pero que éstas eran promovidas por el coronel Viamonte, quien especialmente después de los sucesos del 5 y 6 de abril manifestó un decidido espíritu de partido a favor de Saavedra, lo que indispuso hasta el sumo grado a todos los jefes y oficiales.
>
> Coronel Juan José Viamonte: Que jamás los jefes del ejército discordaron en lo más pequeño, ni la hubo entre la tropa.

Pregunta 14: *Si la fidelidad a Fernando VII fue atacada, procurándose inducir el sistema de la libertad, igualdad e independencia. Si el Dr. Castelli supo esto.*

Capitán Suárez: Habiéndose suscitado una conversación sobre el sistema oí decir al doctor Castelli que no se había de reconocer ninguna testa coronada. Para los actos oficiales se usaba el nombre de Fernando VII.

Pregunta 15: *Si el Dr. Castelli despreció todas las leyes, sin que premiase el mérito y castigase el delito.*

Capitán Alvariño: Al contrario, se castigaba al delincuente habiéndose fusilado a varios desertores.

Pregunta 16: *Si hubo designio de acatar la autoridad del gobierno formando en Potosí el Congreso de las Provincias del Alto Perú.*

Capitán Figueroa: De resultas de lo sucedido el 5 y 6 de abril oí decir entre los oficiales que concluida la función del Desaguadero, se había de atacar Buenos Aires. (...)

Pregunta 17: *Si el Dr. Castelli recibió cohechos por conferir empleos u otra cosa. Regalo u obsequios en dinero, u otra especie en todo el tiempo de su comisión.*

Profesor Carrasco: Todo lo contrario de la pregunta. En Potosí y Charcas rechazó los ofrecimientos de sus cabildos para costearle su estada. Yo mismo fui comisionado para dar la negativa a los ayuntamientos. En Cochabamba no aceptó obsequios, y en La Paz rechazó un caballo con los arneses de oro y una llave, también de oro, que pidió se entregase a la ciudad.

Doctor Monteagudo: Me consta que no recibió el menor cohecho ni regalo de autoridades o particulares, a excepción de una tarjeta de plata que le brindó la Universidad de Charcas.

Pregunta 18: *Si entabló comunicación o trato carnal con mujeres. Se entregó al vicio de las bebidas fuertes o al juego, de modo que escandalizase a los pueblos.*

Fray Cuesta: No ha caído el Dr. Castelli en alguno de los defectos que contiene la pregunta, pues no lo supe y no pudo ocultármelo por haberlo tratado íntimamente.

Como puede advertirse, ningún testigo confirmó los cargos formulados por los enemigos de la revolución. La nota destacada la dio el testigo Bernardo de Monteagudo, que interrogado sobre "si la fidelidad a Fernando VII fue atacada, procurándose inducir el sistema de la libertad, igualdad e independencia. Si el Dr. Castelli supo esto", contestó con orgullo, en homenaje a su compañero: "Se atacó formalmente el dominio ilegítimo de los reyes de España y procuró el Dr. Castelli por todos los medios directos e indirectos, propagar el sistema de igualdad e independencia".

El silencio

Pero en Castelli otro proceso más terrible que el judicial se había desencadenado hacía algunos meses. Una quemadura mal curada en la lengua, provocada por un cigarro, había dado inicio a un cáncer fatal.

El 11 de junio de 1812 la revolución comenzaba a quedarse sin voz. Un cirujano le amputaba la lengua a un Castelli que ahora sólo podía defenderse por escrito. "Yo no huyo del juicio; antes bien sabe V. E. que lo reclamé, bien cierto de que no tengo crimen". Seguramente en aquellos terribles momentos el doctor Castelli recordaba la frase de su admirado Sócrates: "Los que sirven a la patria deben creerse felices si antes de elevarles estatuas no les levantan cadalsos".

Pocos son los amigos que lo visitan: Bernardo de Monteagudo, que ha asumido su defensa, y su primo Manuel Belgrano, que "bajó matando caballos" para estrecharlo en un abrazo.

Según la partida de defunción emitida por la parroquia de la Merced, en la noche del 11 de octubre de 1812 recibió todos los sacramentos. Pidió papel y lápiz y escribió: "Si ves al futuro, dile que no venga". Castelli murió en las primeras horas del 12 de octubre, el Día de la Raza, como una ironía del destino.

Dice Manuel Moreno: "Castelli murió pobre y perseguido. El mal que le abrió el sepulcro antes de tiempo no fueron los excesos de su vida como lo dijo la calumnia sino la ingratitud y los pesares".[28]

En *El Grito del Sud*, del 8 de diciembre de 1812, se anunciaba el remate "de la casa y la hacienda del finado Dr. Juan José Castelli sita en la costa de San Isidro". María Rosa Lynch, en la más absoluta miseria, gestionó en 1814 el cobro de los sueldos adeudados a su marido en estos términos: "Habiendo fallecido por octubre de 1812 mi esposo el ciudadano Juan José Castelli dejando pendiente la gran causa de Residencia que se abrió contra él, y no habiéndose dado hasta el momento un solo paso para su prosecución ya sea por el orden de los sucesos, como por la inexcusable lentitud que observó por sistema en este negocio el Triunvirato de aquel tiempo".

Los sueldos y viáticos adeudados a Castelli sumaban 3.378 pesos. Fueron pagados trece años después.

---

28 Manuel Moreno, *Vida y memorias del Dr. Mariano Moreno*, Buenos Aires, Eudeba, 1972.

Hacía falta tanto fuego:
la "misteriosa" muerte de Mariano Moreno

"Saavedra y los pícaros como él son los que se
aprovechan y no por la patria, pues lo que vos y los
demás patriotas trabajaron ya está perdido."

Carta de María Guadalupe Cuenca de Moreno
a su esposo, fechada el 20 de abril de 1811.

Cuando los dueños del poder y de la historia quieren tapar sus crímenes, los cubren de misterio, arrojan sospechas que no conducen a nada sobre lugares previamente seleccionados, y acusan a los que manifiestan dudas de crear "visiones conspirativas", usando el viejo truco de invertir la carga de la prueba. A partir de entonces, y según este discurso, las víctimas y aquellos que no se resignan a recitar los versitos escritos por los amanuenses de turno pasan a ser los sospechosos.

El caso de la muerte de Moreno es paradigmático. Se hace difícil hallar otro episodio en el que todos los indicios nos lleven a concluir que se trató de un asesinato, aunque debamos descartar esa certeza en bien de la unidad nacional o alguna otra entelequia parecida.

Mariano Moreno fue asesinado y, lo que es peor, vuelve a serlo cotidianamente cuando pretenden adulterar su pensamiento y lo califican como terrorista, agente inglés, unitario, centralista y antecedente de Rivadavia. Como decía Borges, "la verdadera muerte es el olvido", y hacía allí apuntan los cañones de los que aún hoy se sienten denunciados por lo que Moreno hizo, pensó, soñó y escribió allá por 1810.

Entre Rousseau y Túpac Amaru

Mariano Moreno había nacido en Buenos Aires el 23 de setiembre de 1778. Tenía 21 años cuando llegó a Chuquisaca. Allí entabló una profunda amistad con el canónigo Terrazas, hombre cuya cultura excedía el estrecho marco teológico y escolástico de la colonia. Terrazas le facilitó a Moreno el acceso a su biblioteca y lo incluyó en su círculo de amigos y discípulos.

De todos los autores que frecuentó en aquella biblioteca, Juan de Solórzano y Pereyra y Victorián de Villava dejaron una profunda huella en su formación. Solórzano reclamaba, en su *Política indiana*, la igualdad de derechos para los criollos. Villava, famoso fiscal de la Audiencia de Charcas, defensor de los indios y traductor de las *Lecciones de comercio* del fisiócrata Genovesi, en *su Discurso sobre la mita de Potosí*, denunciaba la brutal esclavitud a que se sometía a los indios en las explotaciones mineras: "En los países de minas no se ve sino la opulencia de unos pocos con la miseria de infinitos". Pero, sin duda, el pensador más influyente en la formación de Moreno será el ginebrino Juan Jacobo Rousseau (1712-1778), del que dirá años más tarde: "Este hombre inmortal que formó la admiración de su siglo, y será el asombro de todas las edades, fue quizás el primero que disipó completamente las tinieblas con que el despotismo envolvía sus usurpaciones y puso en clara luz los derechos de los pueblos".

En 1802, a punto de recibirse de abogado, visitó el centro minero de Potosí y quedó profundamente conmovido por el grado de explotación y miseria al que eran sometidos los indígenas. Mientras Victorián de Villava moría y casi como un homenaje a su maestro, de regreso a Chuquisaca, escribió su tesis doctoral titulada: *Disertación jurídica sobre el servicio personal de los indios*, donde decía, entre otras cosas:

"Desde el descubrimiento empezó la malicia a perseguir unos hombres que no tuvieron otro delito que haber nacido en unas tierras que la naturaleza enriqueció con opulencia y que prefieren dejar sus pueblos que sujetarse a las opresiones y servicios de sus amos, jueces y curas. Se ve continuamente sacarse violentamente a estos infelices de sus hogares y patrias, para venir a ser víctimas de una disimulada inmolación. Se ven precisados a entrar por conductos estrechos y subterráneos cargando sobre sus hombros los alimentos y herramientas necesarias para su labor, a estar encerrados por muchos días, a sacar después los metales que han excavado sobre sus propias espaldas, con notoria infracción de las leyes, que prohíben que aun voluntariamente puedan llevar cargas sobre sus hombros, padecimientos que, unidos al mal trato que les es consiguiente, ocasionan que de las cuatro partes de indios que salen de la mita, rara vez regresen a sus patrias las tres enteras".[1]

Chuquisaca era una ciudad de unos 18.000 habitantes y sede de una de las universidades más prestigiosas de América, por la que pasarían, además de Moreno, Juan José Castelli y Bernardo de Monteagudo, entre otros. Todavía estaban frescos en la zona los recuerdos de las grandes rebeliones de Túpac Amaru y su continuador, Túpac Catari, que hicieron temblar a los encomenderos y demás beneficiarios del régimen de explotación impuesto por España y dejaron al descubierto hasta dónde podía llegar la crueldad del poder cuando se sentía amenazado. Los 100 mil muertos, víctimas de la represión, habían dejado descendientes que transmitían oralmente la historia que los asesinos querían borrar para siempre. Moreno se interesó por las ideas de

---

[1] Mariano Moreno, *Escritos*, Buenos Aires, Estrada, 1943.

Túpac Amaru y las vinculó a las de Rousseau, que en el *Contrato social* dice: "El hombre nace libre, pero en todas partes se halla encadenado".

En 1804, mientras visitaba una tienda, Moreno quedó impresionado por la belleza de una joven que aparecía retratada en un camafeo. Preguntó si esa muchacha existía y le contestaron que sí, que tenía 14 años y se llamaba María Guadalupe Cuenca. Moreno no paró hasta dar con ella. Se cruzaron las miradas y Guadalupe, destinada por su madre a ser monja, halló en el amor por Moreno el argumento más firme para negarse a la reclusión del convento. Mariano y Lupe se casaron el 20 de mayo de 1804 y un año después nació Marianito. Entre 1803 y 1804, Mariano había hecho su práctica jurídica en el estudio de Agustín Gascón, asumiendo la defensa de varios indios contra los abusos de sus patrones. En sus alegatos inculpó al intendente de Cochabamba y al alcalde de Chayanta. La situación de los Moreno en Chuquisaca se estaba tornando complicada. Las presiones aumentaron y Moreno decidió regresar a Buenos Aires con su familia a mediados de 1805.

Moreno y Rivadavia

A poco de llegar a Buenos Aires, Moreno comenzó a ejercer su profesión de abogado y fue nombrado relator de la Audiencia y asesor del Cabildo porteño.

Uno de los primeros pleitos de los que se ocupó tuvo como protagonista al joven Bernardino Rivadavia, que se quejaba ante el Cabildo porque se había rechazado su nombramiento como alférez, propuesto por su amigo Liniers. No estaría mal que los llamados liberales argentinos y sus socios históricos en todos los golpes militares, los nacionalistas de derecha, que, por distintos motivos siempre inconfesables, intentan vincular a Moreno con Rivadavia, tuvieran presente este párrafo en el que Moreno describe al futuro padre de la deuda externa, en estos términos: "Sírvase V. S. fijar la vista sobre la conducta de este joven: ya sostiene un estudio abierto, sin ser abogado; ya usurpa el aire de los sabios sin haber frecuentado sus aulas; unas veces aparece de regidor que ha durar pocos momentos: otras veces se presenta como un comerciante acaudalado, y todos estos papeles son triste efecto de la tenacidad con que afecta ser grande en todas las carreras, cuando en ninguna de ellas ha dado hasta ahora el primer paso. No tiene carrera, es notoriamente de ningunas facultades, joven sin ejercicio, sin el menor mérito y de otras cualidades que son públicas en esta ciudad".[2]

Hacer la revolución

La redacción de la *Representación de los hacendados,* en 1809, en la que Moreno retomaba las ideas de Manuel Belgrano de fomentar la agricultura y las manufacturas, lo acercó a los sectores revolucionarios, que venían formándose desde las invasiones inglesas, y de los que se había mantenido a una prudente distancia. Tal vez por eso lo haya sorprendido el nombramiento como secretario de la Primera Junta de Gobierno, según cuenta su hermano Manuel.

Mariano Moreno guardó un perfil muy bajo durante la Semana de Mayo. No se lo escuchó como a Castelli en el famoso Cabildo del 22, ni anduvo por la plaza con los chisperos de French y Beruti. Su protagonismo comenzó el 25 de mayo de 1810, al asumir la Secretaría de Guerra y Gobierno de la Primera Junta, cuando dijo en su discurso inaugural: "La variación presente no debe limitarse a suplantar a los

2 Mariano Moreno, *op. cit.*

funcionarios públicos e imitar su corrupción y su indolencia. Es necesario destruir los abusos de la administración, desplegar una actividad que hasta ahora no se ha conocido, promover el remedio de los males que afligen al Estado, excitar y dirigir el espíritu público, educar al pueblo, destruir o contener a sus enemigos y dar nueva vida a las provincias. Si el gobierno huye el trabajo; si sigue las huellas de sus predecesores, conservando la alianza con la corrupción y el desorden, hará traición a las justas esperanzas del pueblo y llegará a ser indigno de los altos destinos que se han encomendado en sus manos".

Desde su cargo en la Junta, Moreno desplegará toda su actividad revolucionaria. Bajo su impulso, la Junta produjo la apertura de varios puertos al comercio exterior, intentando combatir el "monopolio de los contrabandistas", redujo los derechos de exportación y redactó un reglamento de comercio, procurando mejorar la situación económica y la recaudación fiscal.

"El contrabando –decía– se ejercía en esta ciudad con tanto descaro, que parecía haber perdido ya toda su deformidad, el resguardo no se ha hecho expectable sino por la complicidad que generalmente se le atribuía. ¡Con qué rubor debe recordarse la memoria de esos gobiernos, a cuya presencia brilló el lujo criminal de hombres que no conocían más ingresos que los del contrabando que protegían."

Moreno participó activamente en la creación de la biblioteca pública y se ocupó personalmente del fomento de la educación, porque, como decía en un escrito: "Nada hay más digno de la atención de los magistrados que promover por todos los medios la mejora de la educación pública", para lo cual fomentó la redacción e impresión de un libro de texto con las "nuevas ideas" y encargó a los Cabildos "repartirlo gratuitamente a los niños pobres de todas las escuelas y obligar a los hijos de padres pudientes a que lo compren en la imprenta".[3] Siguiendo con la educación, creó la jubilación para todos los docentes "ofreciéndoles una particular protección del gobierno en todas las pretensiones que promuevan". Promovió la instrucción de los militares porque "el oficial de nuestro ejército, después de asombrar al enemigo por su valor, debe ganar a los pueblos por el irresistible atractivo de su instrucción. El que se encuentre desnudo de estas cualidades redoble sus esfuerzos para adquirirlas, y no se avergüence de una dócil resignación a la enseñanza que se le ofrece, pues en un pueblo naciente todos somos principiantes, y no hay otra diferencia que la de nuestros buenos deseos: el que no sienta los estímulos de una noble ambición de saber y distinguirse en su carrera, abandónela con tiempo, y no se exponga al seguro bochorno de ser arrojado con ignominia: busque para su habitación un pueblo de bárbaros o de esclavos y huya de la gran Buenos Aires que no quiere entre sus hijos hombres extranjeros a las virtudes".[4]

Moreno reivindicó a su querido amigo Manuel Belgrano abriendo su soñada Escuela de Matemáticas, que había sido boicoteada por los personeros del Consulado.

El 7 de junio[5] fundó el órgano oficial del gobierno revolucionario, *La Gaceta de Buenos Aires*, donde escribió: "El pueblo tiene derecho a saber la conducta de sus representantes, y el honor de éstos se interesa en que todos conozcan la execración con que miran aquellas reservas y misterios inventados por el poder para cubrir sus delitos. El pueblo no

3 Mariano Moreno, *op. cit.*

4 Mariano Moreno, *op. cit.*

5 En homenaje a este hecho se estableció el 7 de junio como el Día del Periodista.

debe contentarse con que sus jefes obren bien, debe aspirar a que nunca puedan obrar mal. Para el logro de tan justos deseos ha resuelto la Junta que salga a la luz un nuevo periódico semanal con el título de *Gazeta de Buenos Aires*".[6] Se dio el gusto de publicar en sus páginas –a la manera de los folletines por entregas, tan de moda en los periódicos europeos de la época– el *Contrato social*, de su admirado Rousseau, para que fuera conocido por la mayor cantidad de ciudadanos posible. Como no ignoraba el alarmante porcentaje de analfabetismo de la población, ordenó que se leyera a Rousseau desde los púlpitos de las iglesias, lo que puso un poco nerviosos a algunos sacerdotes contrarrevolucionarios. En el prólogo a la obra decía: "Si los pueblos no se ilustran, si no se vulgarizan sus derechos, si cada hombre no conoce lo que vale, lo que puede y lo que sabe, nuevas ilusiones sucederán a las antiguas y después de vacilar algún tiempo entre mil incertidumbres, será tal vez nuestra suerte, mudar de tiranos, sin destruir la tiranía".[7]

Por razones estratégicas, Moreno suprimió el último capítulo del *Contrato social*. No era momento de abrir un frente de conflicto con la Iglesia, en cuyo seno había un significativo número de partidarios de la revolución. Moreno justificó la censura diciendo: "Como el autor tuvo la desgracia de delirar en materias religiosas, suprimo el capítulo y principales pasajes donde ha tratado de ellas". Uno de los párrafos censurados por Moreno decía lo siguiente:

---

6 *La Gaceta* incluía en todos sus números la siguiente frase de Tácito: "Tiempos de rara felicidad, aquellos en los cuales se puede sentir lo que se desea y es lícito decirlo".

7 Mariano Moreno, *Escritos políticos*, Buenos Aires, La Cultura Argentina, 1915.

"La religión es necesaria a los pueblos y a los jefes de las naciones; ningún imperio existió jamás sin ella. No confundamos la religión con el ceremonial de ella. El culto que pide Dios es el del corazón; y éste, cuando es sincero, siempre es uniforme. Vanidad muy loca es figurarse que tanto interés tome Dios en la forma del vestido del sacerdote, en el orden de las palabras que pronuncia, en los ademanes que hace en el altar y en todas sus genuflexiones".[8]

En realidad, como señala Boleslao Lewin, Moreno, que era un católico practicante, acordaba absolutamente con todas las ideas de Rousseau, incluso las religiosas, y así lo expresó en uno de sus primeros escritos de absoluta inspiración rusoniana: "El culto exterior no tiene una intrínseca relación al objeto a que se determina; ahora es una acción de reverencia doblar la rodilla, y mañana podría ser una señal de burla o desacato".[9]

La Gaceta iba a ser mucho más que el órgano oficial de un gobierno; sería una tribuna de opinión por medio de la que, por primera vez, los ciudadanos del ex virreinato accederían a las ideas modernas que los iban a sacar lentamente de la pesadilla del atraso a la que los habían llevado casi trescientos años de educación escolástica.

Mientras tanto, el ex virrey Cisneros y los miembros de la Audiencia, a los que el nuevo gobierno les había respetado sus sueldos y les garantizaba su seguridad personal, comenzaron a preparar la contrarrevolución intentando huir a Montevideo y unirse al gobernador Elío –que no acataba la autoridad de Buenos Aires y logró que lo nombraran virrey–, pero, como ya dijimos, fueron arrestados y enviados a España en un buque inglés.

---

8 Boleslao Lewin, *Rousseau y la independencia americana*, Buenos Aires, Eudeba, 1965.
9 Ídem.

El autor teatral Cernadas Lamadrid pone en boca de un Cisneros a punto de embarcarse el siguiente parlamento: "Si represento lo que abominan, ¡acaben conmigo! Expongan mi cabeza en la plaza, sellen con sangre la libertad que quieren. ¡Pero háganlo! Si no será la sangre de ustedes la que de aquí en más correrá para beneficio de otros. Paguen el precio de la libertad. No detengan el brazo si lo alzaron para dar el golpe terrible. Si no terminan conmigo no terminarán nunca nada. Simularán hacerlo. ¡Ay de los que crecen en raíces ajenas! Cientos de virreyes con mil disfraces vendrán a esclavizarlos. Y lo que es peor: los virreyes serán ustedes mismos".

En julio de 1810, la Junta encargó a Moreno la redacción de un plan de operaciones destinado a unificar los propósitos y estrategias de la revolución. Moreno, que redactó el plan junto a Manuel Belgrano, lo presentó ante la Junta en agosto, y, a modo de prólogo, aclaró a su auditorio que no debía "escandalizarse por el sentido de mis voces, de cortar cabezas, verter sangre y sacrificar a toda costa. Para conseguir el ideal revolucionario hace falta recurrir a medios muy radicales".

En el plan de operaciones, Moreno propuso promover una insurrección en la Banda Oriental y el sur del Brasil, seguir fingiendo lealtad a Fernando VII para ganar tiempo y garantizar la neutralidad, es decir, el apoyo de Inglaterra y Portugal, expropiar las riquezas de los españoles y destinar esos fondos a crear ingenios y fábricas, y fortalecer la navegación. Recomendaba seguir "la conducta más cruel y sanguinaria con los enemigos" para lograr el objetivo final: la independencia absoluta.

Aquellos que quieren ver en Moreno un agente inglés, evidentemente no leyeron el texto publicado en *La Gaceta* el 6 de setiembre de 1810: "Los pueblos deben estar siempre atentos a la conservación de sus intereses y derechos y no deben fiar más que de sí mismos. El extranjero no viene a nuestro país a trabajar en nuestro bien, sino a sacar cuantas ventajas pueda proporcionarse. Recibámoslo en buena hora, aprendamos las mejoras de su civilización, aceptemos las obras de su industria y franqueémosle los frutos que la naturaleza nos reparte a manos llenas; pero miremos sus consejos con la mayor reserva y no incurramos en el error de aquellos pueblos inocentes que se dejaron envolver en cadenas, en medio del embelesamiento que les habían producido los chiches y coloridos abalorios. Aprendamos de nuestros padres y que no se escriba de nosotros lo que se ha escrito de los habitantes de la antigua España con respecto a los cartagineses que la dominaron:

"Libre, feliz, España independiente
Se abrió al cartaginés incautamente:
Viéronse estos traidores
Fingirse amigos, para ser señores;
Entrar vendiendo para salir mandando".[10]

También en ese mismo sentido, es significativo el enojo manifiesto contra Moreno por el embajador inglés en Río de Janeiro, lord Strangford, al enterarse del fusilamiento de Liniers y sus cómplices en Córdoba: "Los últimos procedimientos de la Junta respecto de Liniers y sus compañeros, siendo poco conformes con el espíritu de moderación que dictó vuestras primeras medidas, han dado motivos aun a aquellos que estaban bien dispuestos en vuestro favor, a pronunciarse en contra. Debo por consiguiente creer que en tanto

10 Mariano Moreno, *Escritos políticos, op. cit.*

que trabajo por mi parte para conservar la armonía entre los dos gobiernos, vos no haréis nada de vuestra parte que pueda enturbiarla o fomentar inquietudes y alarmas".

Toda esta obra de gobierno y el despliegue ideológico de Moreno no podían más que distanciarlo del presidente de la Junta.

Moreno encarnaba el ideario de los sectores que propiciaban algo más que un cambio administrativo, y se proponían cambios económicos y sociales más profundos. Si pensaba que la revolución debía controlarse desde Buenos Aires, era porque el interior seguía en manos de los sectores más conservadores, vinculados al poder anterior. Se quejaba de que "el gobierno antiguo nos había condenado a vegetar en la oscuridad y abatimiento, pero como la naturaleza nos ha criado para grandes cosas, hemos empezado a obrarlas, limpiando el terreno de tanto mandón ignorante".

Cornelio Saavedra, en cambio, representaba a los sectores conservadores, defensores de sus privilegios y, por lo tanto, favorables al mantenimiento de la situación social anterior, en la que, como decía Moreno, "hay quienes suponen que la revolución se ha hecho para que los hijos del país gocen de los altos empleos de que antes estaban excluidos; como si el país hubiera de ser menos desgraciado por ser hijos suyos los que lo gobiernan mal".

Un episodio complicó aún más la relación entre el presidente y el secretario. En una operación política perfectamente elaborada, los sectores reaccionarios de Buenos Aires pretendieron apropiarse de la gloria del primer triunfo de las armas patriotas logrado en Suipacha (en la actual Bolivia) el 7 de noviembre de 1810. Así, convocaron a una fiesta para el 5 de diciembre por la noche en el Regimiento de Patricios, reducto del saavedrismo. La reunión fue tan selecta que ni siquiera pudo ingresar el secretario de Guerra de la

Junta, Mariano Moreno, al que le fue cerrado el paso por un centinela en la misma puerta del cuartel. Moreno pudo saber que uno de los asistentes, el capitán Atanasio Duarte, que había tomado algunas copas de más, había propuesto un brindis "por el primer rey y emperador de América, don Cornelio Saavedra" y le había ofrecido a doña Saturnina, la esposa del presidente, una corona de azúcar que adornaba una torta.

Moreno se dejó llevar por su pasión revolucionaria y cometió el error de caer en la provocación montada por sus enemigos. Esa misma noche decretó el inmediato destierro de Atanasio Duarte,[11] diciendo que "un habitante de Buenos Aires ni ebrio ni dormido debe tener expresiones contra la libertad de su país"; y redactó el fulminante Decreto de Supresión de Honores, que tenía un único destinatario: el presidente de la Junta, al que le quitaba todas las prerrogativas y privilegios heredados de los virreyes.

El texto era durísimo y comenzaba diciendo: "En vano publicaría esta Junta principios liberales, que hagan apreciar a los pueblos el inestimable don de su libertad, si permitiese la continuación de aquellos prestigios, que por desgracia de la humanidad inventaron los tiranos, para sofocar los sentimientos de la naturaleza. Privada la multitud de luces necesarias, para dar su verdadero valor a todas las cosas; reducida por la condición de sus tareas a no extender sus meditaciones mas allá de sus primeras necesidades; acostumbrada a ver los magistrados y jefes envueltos en un brillo, que deslumbra a los demás, y los separa de su inmediación; confunde los inciensos y homenajes con la autoridad de los que los disfrutan; y jamás se detiene en buscar al jefe

11 Atanasio Duarte fue detenido y estuvo en prisión hasta el 6 de abril de 1813.

por los títulos que lo constituyen, sino por el voto y condecoraciones con que siempre lo ha visto distinguido. De aquí es que el usurpador, el déspota, el asesino de su patria arrastra por una calle pública la veneración y respeto de un gentío inmenso, al paso que carga la execración de los filósofos, y las maldiciones de los buenos ciudadanos; y de aquí es que a presencia de ese aparato exterior, precursor seguro de castigos y todo género de violencias, tiemblan los hombres oprimidos, y se asustan de sí mismos, si alguna vez el exceso de opresión les había hecho pensar en secreto algún remedio. Saavedra estampó su firma, rubricando el decreto como si firmara la condena a muerte de su adversario.

Uno de los últimos decretos de Moreno, con fecha 26 de noviembre de 1810, puso los pelos de punta a los reaccionarios porteños: "La Junta ha resuelto que la actual Abadesa de Capuchinas sea removida de su cargo que ejerce por no ser digna de continuar en él una monja a quien se ha sorprendido correspondencia epistolar con los enemigos que nos bloquean. En esta virtud espera Vuestra Santidad Ilustrísima provea ese Monasterio de otra prelada por la vía y forma que crea conveniente".

Para terminar con el secretario, los enemigos de Moreno, encabezados por el deán Funes, diputado por Córdoba y operador político de Saavedra, pusieron en marcha una maniobra, consistente en incorporar a los diputados del interior que comenzaban a llegar por esos días a la Junta, o sea, al Poder Ejecutivo, y no al prometido Congreso Constituyente, o sea, al Poder Legislativo.

Funes admitió públicamente sus intenciones de embarrar la cancha: "Dando a los diputados una parte activa en el gobierno, fue desterrado de su seno el secreto de los negocios, la celeridad de la acción y el rigor de su temperamento", evitando de esta manera el gobierno de los que "con toda anticipación distribuían los bienes de los más ricos ciudadanos como legítima presa".

Moreno no se oponía a la incorporación de los diputados del interior. Por el contrario, proponía un criterio de elección y, por ende, de representatividad, mucho más amplio que el de Saavedra. Mientras el presidente proponía que sólo las capitales de provincia eligieran delegados, Moreno pretendía que la mayor cantidad de ciudades de provincia estuvieran representadas, y así lo manifestaba en un escrito: "Para que la comunidad quede obligada a los actos de su representante, es necesario que éste haya sido elegido por todos, y con expresos poderes para lo que ejecuta".

Por lo tanto, la oposición de Moreno a la incorporación partió de advertir la maniobra de Funes, que se proponía dejarlo en absoluta minoría y arrebatarle el poder. Preocupado por los sentimientos conservadores que predominaban en el interior y desconfiando de la representatividad que podían demostrar, entendió que la influencia de los diputados que comenzaban a llegar sería negativa para el desarrollo de la revolución. Además, Moreno tenía muy claro que la maniobra saavedrista apuntaba a postergar sin fecha la reunión del Congreso General Constituyente, que según la propuesta de Moreno no debía limitarse a designar las autoridades provinciales según la conveniencia del presidente de la Junta, sino que debía cumplir su objetivo de dictar una Constitución moderna y justa para estas provincias, que se seguían rigiendo por la vetusta y medieval legislación hispánica. Moreno sabía que en el interior había mucha gente capaz, amigos de la revolución que podían representar dignamente a su provincia, pero no tenía los contactos ni el poder suficiente como para contrapesar el aparato montado por los saavedristas, que se las ingeniaban para manipular las elecciones y designar a los más reaccionarios enemigos de los cambios que impulsaba el grupo morenista.

A modo de ejemplo, aquí va el currículum de algunos de los diputados en los que ciertos historiadores quieren ver a los padres del federalismo: José Tomás Sánchez, diputado por Salta, procesado por quiebra y desfalco de la Real Renta de Tabacos; Francisco de Acuña, por Catamarca, español comandante de armas y teniente ministro de la Real Hacienda, líder de los contrarrevolucionarios de su provincia; Juan José Lami, por Santiago del Estero, declarado enemigo de la revolución. Moreno logró impugnar sus diplomas, pero el saavedrismo logró la elección de personajes similares en la mayoría de las provincias.

El "unitario" Moreno

Algunos miopes pretenden ver en esta disputa el origen de la oposición entre unitarios y federales, alineando por supuesto a Moreno en el rol de padre del unitarismo y erigiendo a Saavedra como progenitor –ya que nuestra historia es fanática de los padres– del federalismo. Es curioso, porque Saavedra, hombre poco afecto a la filosofía y a la escritura, no ha dejado una sola línea en la que mencione siquiera las palabras federalismo o federación, mientras que el "unitario" Moreno le dedica varios párrafos de su texto *Sobre las miras del Congreso que acaba de convocarse, y la Constitución del Estado*. Allí señala: "El gran principio de la federación se halla en que los estados individuales, reteniendo la parte de soberanía que necesitan para sus negocios internos, ceden a una autoridad suprema y nacional la parte de soberanía que llamaremos eminente, para los negocios generales, en otros términos, para todos aquellos puntos en que deben obrar como nación. De que resulta, que si en actos particulares, y dentro de su territorio, un miembro de la federación obra independientemente como legislador de sí mismo, en los asuntos generales obedece en clase de súbdito a las leyes y decretos de la autoridad nacional que todos han formado. En esta forma de gobierno, por más que se haya dicho en contrario, debe reconocerse la gran ventaja del influjo de la opinión del contento general: se parece a las armonías de la naturaleza, que están compuestas de fuerzas y acciones diferentes, que todas concurren a un fin, para equilibrio y contrapeso, no para oposición; y desde que se practica felizmente aun por sociedades incultas no puede ser calificada de difícil. Este sistema es el mejor, quizá, que se ha discurrido entre los hombres".

El 18 de diciembre de 1810 se produjo en la Junta la votación sobre la incorporación de los diputados. Moreno se opuso al golpe conservador, pero constituía minoría y sólo recibió el apoyo de su amigo y compañero Juan José Paso. Saavedra admitió que se estaba procediendo ilegítimamente, pero votó a favor del ingreso de los diputados diciendo "que la incorporación no era según derecho, pero accedía por conveniencia pública", sentando el grave precedente, tan útil a las futuras clases dirigentes, según el cual la conveniencia pública será siempre contraria a derecho.

Moreno decidió renunciar dejando muy clara su posición: "Considero la incorporación de los diputados en la Junta contraria a derecho y al bien del Estado". Y agregó: "No pudiendo ser provechosa al público la continuación de un magistrado desacreditado, renuncio a mi empleo, sin arrepentirme del acto del 6 de diciembre (Decreto de Supresión de Honores), que me ha producido el presente descrédito, antes bien espero que algún día disfrutaré la gratitud de los mismos ciudadanos que ahora me han perseguido, a quienes perdono de corazón y miro su conducta errada con cierto género de placer, porque prefiero que el pueblo empiece a pensar sobre el gobierno aunque cometa errores que después enmendará, avergonzándose de haber correspondido mal a unos hombres que han defendido con intenciones puras sus derechos". Miguel Ángel Cárcano le recrimina a Moreno que "su deficiencia como hombre de Estado fue no asegurarse el apoyo de la fuerza militar. Un revolucionario que no dispone del ejército se halla a merced de su propia guardia".

Cárcano se refiere con razón a la decisión del secretario de Guerra de alejar de Buenos Aires a dos aliados imprescindibles, como Manuel Belgrano y Juan José Castelli, a los que tuvo que encomendar sendas misiones militares, ante la defección de los jefes militares saavedristas, como Ortiz de Ocampo y Viamonte.

Ignacio Núñez, amigo de Moreno, decía: "El trastorno causado en la organización del gobierno primitivo por la incorporación de los diputados y la proscripción del Dr. Moreno fue tan alarmarte para el representante Castelli como lo había sido para el general Belgrano: ellos lo desaprobaron no solamente porque sus combinaciones quedaban sin la principal palanca en la capital, sino por el espíritu con que se había promovido. Un ánimo resuelto de apagar en el pueblo el calor de la efervescencia revolucionaria de que se había servido directamente el gobierno primitivo, para dar un impulso inesperado en seis meses a la causa general. Se pusieron en juego el espionaje, las delaciones, las reconvenciones y amenazas para los que se permitiesen contrariar o censurar los procedimientos del gobierno".

Bernardo de Monteagudo coincide con Núñez: "Saavedra no dudaba de que entre éstos encontraría facciosos capaces para prostituir su misión, y no se engañó en su cálculo. Desde luego era de esperar que todo paso que diesen los diputados fuera del objeto de su convocación sería tan peligroso como ilegal: ningún pueblo les delegó más poderes, que los de legislar y fijar la constitución del Estado: hasta el acto de la apertura del Congreso no podía tener ejercicio su delegación, ni darles derecho a tomar parte en el sistema provisional. Mas prescindamos de esta controversia, y contraigamos la atención a la realidad de los males que nos causó su incorporación".[12]

El 24 de diciembre de 1810 Saavedra firmó el decreto designando a Moreno como representante de la Junta ante los gobiernos de Río de Janeiro y Londres. Moreno estaba autorizado para afirmar los lazos que unían a la Junta con ambos gobiernos, por medio de un pacto de intereses recíprocos y ofensivo-defensivo frente al enemigo común: Francia. Lo acompañarían en la misión, que sonaba bastante imposible y, por ende sospechosa, su hermano Manuel y Tomás Guido como secretarios. Moreno portaba una carta de recomendación para Wellesley, redactada por Mc Kinnon, jefe de los comerciantes ingleses en Buenos Aires.

Esa Nochebuena hubo grandes brindis en las principales mansiones de Buenos Aires. Los conservadores de toda laya se felicitaban por haber derrocado a Moreno. El marqués de Casa Irujo, embajador español en Río, le escribía al ministro portugués que en España reinaba una gran alegría por la separación de Moreno, a quien definía como "un jacobino desenfrenado, con un gran talento para hacer el mal". Saavedra se expresaba en términos similares en una carta a Chiclana: "Conseguí lo que me propuse, expulsar a ese demonio del infierno".

Cornelio Saavedra había nucleado en torno a su figura a los sectores más reaccionarios del ex virreinato, que habían obtenido su primer triunfo poniendo en marcha la contrarrevolución.

---

12 Bernardo de Monteagudo, *Escritos políticos*, Buenos Aires, La Cultura Argentina, 1916.

Así lo expresará meses después el propio Saavedra en una carta a Viamonte, su compañero de ideas: "La Junta de Buenos Aires hace tiempo que no trata de la felicidad general. ¿Consiste ésta acaso en adoptar la más grosera e impolítica democracia? ¿Consiste en que los hombres impunemente hagan lo que su capricho o interés les sugiere? ¿Consiste en atropellar a todo europeo, apoderarse de sus bienes, matarlo, acabarlo y exterminarlo? ¿Consiste en llevar adelante el sistema de terror que principia a asomar? ¿Consiste en la libertad de religión, y en decir con toda franqueza como uno de su mayor respeto y confianza 'me cago en Dios' y hago lo que quiero? (...) Si usted se acuerda de las iniquidades de Moreno y cree que lo que se ha hecho en Buenos Aires no es más que haber cortado de raíz la semilla que este perverso dejó, y creía a largos pasos por el fomento de aquéllas, sin duda serenaría sus recelos; pues amigo, usted es libre de creer o dejar de creer, mas ésta es la pura verdad".

Moreno había sido derrotado y, frente a las reiteradas amenazas contra su vida, aceptó, quizás con la intención de dar tiempo a sus partidarios para revertir la situación, una misión a Europa relacionada con la compra de armamento. Saavedra dio su versión de los hechos en una carta dirigida a Chiclana el 15 de enero de 1811: "Este hombre de baja esfera, revolucionario por temperamento y helado hasta el extremo que trató de que se me prendiese y aun de que se me asesinase, me llamó aparte y me pidió por favor se lo mandase de diputado a Londres: se lo ofrecí bajo mi palabra; le conseguí todo: se le han asignado 8.000 pesos al año mientras está allí, se le han dado 20.000 pesos para gastos; se le ha concedido llevar a su hermano y a Guido, tan buenos como él, con dos años adelantados de sueldos y 500 pesos de sobresueldo, en fin, cuanto me ha pedido tanto le he servido". La carta terminaba con un curioso pedido: "Si tienes lugar cómprame hechos o mándame hacer cuatro docenas de cubiertos de plata, y avísame su importe que lo satisfaré luego". Parece que el presidente estaba preparando algún gran festejo.

Con su lenguaje despectivo y su afán difamatorio, el presidente omitía que con ese dinero Moreno debía: pagar tres pasajes a Londres, subsistir junto a sus secretarios durante dos años, instalar una secretaría y pagar alquileres. En 1812, harta de las calumnias, María Guadalupe Cuenca, viuda de Moreno, dirigió al Triunvirato una carta en la que decía "no haber aquel dinero del haber de su esposo ni del suyo, porque nunca hubo en su poder semejante cantidad".

Manuel Moreno, hermano y biógrafo de Mariano, deja un claro testimonio sobre las amenazas y la actitud de su hermano frente a ellas: "Los enemigos del sistema lo señalaban como la primera de las víctimas que debía ser inmolada a su venganza. No por esto dejó el doctor Moreno de manejarse con sencillez que usó siempre (...). Todas las noches se retiraba del palacio de gobierno en horas bastante avanzadas, con riesgo de ser acometido por los descontentos (...). Instado varias veces por los comandantes de guardia para que llevase alguna custodia hasta su casa, su respuesta fue siempre: 'Quiero más bien correr el riesgo de ser asesinado por servir a mi patria, que presentarme en las calles con el aparato de los tiranos' (...). Continuamente llevaba un par de pequeñas pistolas en el bolsillo, y al retirarse de los asuntos de la noche, era siempre acompañado por dos o tres amigos, mas nunca por soldados".

La propia Junta de la que Moreno ya no formaba parte le advierte en un oficio con fecha 4 de enero de 1811 que "siendo peligrosa por las circunstancias del día la salida de un emisario, deja a su arbitrio hacer efectiva la misión diplomática".[13]

Con la serenidad de Sócrates

El 24 de enero de 1811 Moreno se embarcó en la escuna[14] inglesa Misletoe, que lo trasladaría hacia la fragata Fame, también inglesa, contratada por los agentes de Saavedra. Allí lo esperan sus dos secretarios: su hermano Manuel y su amigo Tomás Guido. Él cree que va hacia Londres. Unos pocos saben que va hacia la muerte.

A poco de partir, Moreno, que nunca había gozado de buena salud, se sintió enfermo y les comentó a sus acompañantes: "Algo funesto se anuncia en este viaje". Dedicaba las pocas horas en las que se sentía medianamente bien a traducir del inglés un curioso libro: *El viaje del joven Anacarsis a la Grecia,* de Juan Jacobo Barthelemy. Anacarsis, un filósofo griego del siglo V antes de Cristo, había dicho: "Los hombres sabios discuten los problemas: los necios los deciden".

Siguiendo con la filosofía griega, es muy significativo el modo como comienza Manuel Moreno el relato de la muerte de su hermano: "El doctor Moreno vio venir su muerte con la serenidad de Sócrates".

Vale la pena recordar que en el año 399 antes de Cristo Sócrates fue acusado de despreciar a los dioses del Estado, de introducir nuevas deidades y corromper a la juventud. Cuenta Platón, en su *Apología de Sócrates*, que la condena a muerte fue dictada por un tribunal muy dividido y por escasa mayoría, pero que cuando en su alegato el gran filósofo ofreció pagar por su vida una cifra miserable porque, según

13 Revista *Ilustración Histórica*, 1 de noviembre de 1909.
14 Sinónimo de goleta.

su opinión, eso era lo que valía para el Estado un filósofo, el jurado se sintió ofendido y lo sentenció a beber la
cicuta por amplia mayoría. Los amigos de Sócrates, entre
los que se contaba su gran discípulo Platón, le propusieron fugarse, pero el maestro prefirió acatar la ley y morir envenenado.

Mientras continuaban los padecimientos de Moreno en
alta mar, en Buenos Aires el gobierno porteño de Saavedra
y Funes firmaba un contrato con un tal David Curtis, de
Forest, el 9 de febrero de 1811, es decir, quince días después
de la partida del ex secretario de la Junta de Mayo, adjudi-
cándole una misión idéntica a la de Moreno para el equipamiento del incipiente ejército nacional. En el artículo 5 del
documento se establecía que "para poner en ejecución el
convenio deberá Mr. Curtis ponerse antes de acuerdo con
el enviado de esta Junta a la Corte de Londres, señor doctor Mariano Moreno, cuya aprobación será requisito necesario para que los comprometimientos de Mr. Curtis ob-
tengan los de esta Junta". El artículo sexto determinaba que
los pagos por sus servicios deberían ser certificados por el
doctor Moreno. Y aquí viene lo mejor: en el artículo 11 de
este documento se aclaraba, con una previsión no frecuente en nuestros gobernantes, que "si el señor doctor don
Mariano Moreno hubiere fallecido, o por algún accidente
imprevisto no se hallare en Inglaterra, deberá entenderse
Mr. Curtis con don Aniceto Padilla en los mismos términos que lo habría hecho con el doctor Moreno".

Padilla, que había colaborado en la fuga de Beresford
en 1807, fue designado por la Junta en setiembre de 1810
para comprar armas en Londres. Era socio de Curtis y
juntos montaron una operación de compra ilegal de armas por medio del traficante francés Charles Dumouriez,
que había sido presentado a Padilla por Saavedra, ya que

Inglaterra no podía aparecer vendiendo a Buenos Aires armas que serían usadas contra su aliada España.

Al embarcarse Moreno, el negocio ya estaba cerrado. En una carta dirigida a Saavedra, Dumouriez le pide que confíe plenamente en Padilla y que "evite nombrar nuevos agentes que pueden embarazar lejos de beneficiar nuestros negocios aquí" y que recuerde que "en un país donde el dinero es el móvil universal, es necesario que le abráis un crédito discrecional (a Padilla) sobre los banqueros de Londres para que pueda hacer frente ya a compromisos, ya a gastos imprevistos o secretos".

Quedaban muy pocas dudas de que Moreno objetaría los términos económicos del acuerdo y las abultadas comisiones de los intermediarios, como lo hizo efectivamente su hermano Manuel al llegar a Londres, a la vez que tildó a Padilla de "bribón, miserable parásito e intrigante". Ya eran varios los personajes a los que no les convenía que Mariano Moreno llegara a destino.

Los regidores del Cabildo de Buenos Aires emitieron un oficio en el que decían que "la lectura de la reimpresión del *Contrato social* de Rousseau ordenada por el doctor Moreno no sólo no es útil sino más bien perjudicial" y declara "superflua la compra de 200 ejemplares de la obra".

"Desde antes de embarcarse –sigue narrando Manuel Moreno–, la salud del doctor Moreno se hallaba grandemente injuriada por la incesante fatiga en los asuntos políticos. Los últimos disgustos abatieron considerablemente su espíritu y la idea de la ingratitud se presentaba de continuo a su imaginación, con una fuerza que no podía menos de perjudicar su constitución física. En vano era que la reflexión ocurría a aliviar las fuertes impresiones causadas en su honor por el ataque injusto de las pasiones vergonzosas de sus contrarios. La extrema sensibilidad le hacía insoportable la más pequeña sombra de la irregularidad absurda que se atribuía oscuramente a sus operaciones."

"No pudiendo proporcionarse a sus padecimientos ninguno de los remedios del arte –continúa Manuel Moreno–, ya no nos quedaba otra esperanza de conservar sus preciosos días, que en la prontitud de la navegación; mas por desgracia tuvimos ésta extraordinariamente morosa, y todas las instancias hechas al capitán para que arribase al Janeiro [Río de Janeiro] o al Cabo de Buena Esperanza, no fueron escuchadas."

El capitán del Fame, cuyo nombre la historia oficial, detallista hasta el hartazgo en la mayoría de los casos, no tuvo a bien consignar, se mostró hostil durante todo el viaje y se negó rotundamente a acceder a los pedidos humanitarios de los secretarios de Moreno de permitirles descender en el puerto más cercano. Ante las demandas permanentes de calmantes y ante la ausencia de un médico en la tripulación, a escondidas, el capitán le daba unas misteriosas gotas de un supuesto remedio, pero lo cierto era que Moreno estaba cada vez peor. Finalmente, en la madrugada del 4 de marzo de 1811, el enigmático capitán le suministró un vaso de agua con cuatro gramos de antimonio tartarizado.

El doctor Manuel Litter dice en su libro *Farmacología*[15] que el antimonio es un metal pesado que se asemeja al arsénico, y señala que la ingestión de una dosis de 0,15 gramo puede ser mortal. A Moreno le dieron casi cuarenta veces esa proporción. Dice Litter que los síntomas producidos por el antimonio son similares a los que provoca el arsénico.[16]

Así lo cuenta Manuel recordando el episodio, ya con su título de médico a cuestas en 1836: "El accidente mortal,

---

15 Manuel Litter, *Farmacología*, Buenos Aires, El Ateneo, 1961.

16 Eduardo Durnhofer, *Mariano Moreno inédito*, Buenos Aires, Plus Ultra, 1972.

que cortó esta vida, fue causado por una dosis excesiva de
emético, que le administró el capitán en un vaso de agua,
una tarde que lo halló solo y postrado en su gabinete. Es
circunstancia grave haber sorprendido al paciente con que
era una medicina ligera y restaurante sin expresar cuál, ni
avisar o consultar a la comitiva antes de presentársela. Si el
Dr. Moreno hubiese sabido se le daba a la vez tal cantidad
de esta sustancia, sin duda no la hubiese tomado, pues a vista del estrago que le causó, y revelado el hecho, dijo que su
constitución no admitía sino la cuarta parte (de la dosis), y
que se reputaba muerto. Aún quedó en duda si fue mayor
la cantidad de aquella droga, y otra sustancia corrosiva la
que se administró, no habiendo las circunstancias permitido la autopsia cadavérica".

"A esto siguió una terrible convulsión –continúa Manuel Moreno– que apenas le dio tiempo para despedirse
de su patria, de su familia y de sus amigos. Aunque quisimos estorbarlo desamparó su cama ya en este estado, y
con visos de mucha agitación, acostado sobre el piso solo de la cámara, se esforzó en hacernos una exhortación
admirable de nuestros deberes en el país en que íbamos a
entrar, y nos dio instrucciones del modo que debíamos
cumplir los encargos de la comisión, en su falta. Pidió
perdón a sus amigos y enemigos de todas sus faltas; llamó al capitán y le recomendó nuestras personas; a mí en
particular me recomendó, con el más vivo encarecimien-
to, el cuidado de su esposa inocente –con este dictado la
llamó muchas veces. El último concepto que pudo producir, fueron las siguientes palabras: –¡Viva mi patria
aunque yo perezca! Murió el 4 de marzo de 1811, al ama-
necer, a los veinte y ocho grados y siete minutos sur de
la línea, en los 32 años, 6 meses y un día de su edad. Ya
no pudo articular más."

Así terminaba sus días uno de los primeros revolucionarios argentinos. Su cadáver fue arrojado al mar. Sería el primero de una larga lista.

Algunas denuncias

El 9 de marzo de 1813 la Asamblea General Constituyente investigó los asuntos de los gobiernos patrios. En la causa judicial correspondiente a la muerte de Moreno puede leerse que el oficial de la Secretaría de Guerra, Pedro Jiménez, declaró que le había sugerido a Moreno que se refugiara en algún lugar seguro porque "corrían voces de que se lo quería asesinar". El prestigioso médico Juan Madera, introductor de la vacuna antivariólica y director de la Escuela de Medicina y Cirugía, declaró: "Estando en Oruro por el mes de marzo de 1811, le oyó exclamar al padre Azcurra dando gracias a Dios por la separación del doctor Moreno y como asegurando su muerte en los términos siguientes: 'Ya está embarcado y va a morir', delante de otros varios individuos y que últimamente, ya por este dato, tan anticipado a la noticia de su muerte, que vino a saberse en el mes de octubre, y ya por la relación que le ha oído a su hermano Manuel, de la enfermedad, del emético y dosis que se le suministró por el capitán inglés y de la conducta cuidadosa que éste guardó para con dicho hermano y don Tomás Guido, que lo acompañaban, como sincerándose del hecho del exceso de la dosis, está firmemente persuadido el que declara de que el doctor Moreno fue muerto de intento por disposición de sus enemigos".

Así concluía el expediente. Hasta el momento, ningún tribunal se ha expedido al respecto. Se sabe: en la Argentina la justicia suele ser lenta.

Las cartas de Guadalupe

A poco tiempo de partir Moreno hacia su destino, su esposa, Guadalupe Cuenca, que había recibido en una encomienda anónima un abanico de luto, un velo y un par de guantes negros, con una nota que decía: "Estimada señora, como sé que va a ser viuda, me tomo la confianza de remitir estos artículos que pronto corresponderán a su estado", comenzó a escribirle decenas de cartas a su esposo.

En ellas le decía:

"Moreno, si no te perjudicas procura venirte lo más pronto que puedas o hacerme llevar porque sin vos no puedo vivir. No tengo gusto para nada de considerar que estés enfermo o triste sin tener tu mujer y tu hijo que te consuelen y participen de tus disgustos; ¿o quizás ya habrás encontrado alguna inglesa que ocupe mi lugar? No hagas eso Moreno, cuando te tiente alguna inglesa acuérdate que tienes una mujer fiel a quien ofendes después de Dios (...)" (14 de marzo de 1811).

"Los han desterrado, a Mendoza, a Azcuénaga y Posadas; Larrea, a San Juan; Peña, a la punta de San Luis; Vieytes, a la misma; French, Beruti, Donado, el Dr. Vieytes y Cardoso, a Patagones; hoy te mando el manifiesto para que veas cómo mienten estos infames. Del pobre Castelli hablan incendios, que ha robado, que es borracho, que hace injusticias, no saben cómo acriminarlo, hasta han dicho que no los dejó confesarse a Nieto y los demás que pasaron por las armas en Potosí, ya está visto que los que se han sacrificado son los que salen peor que todos, el ejemplo lo tienes en vos mismo, y en estos pobres que están padeciendo después que han trabajado tanto, y así, mi querido Moreno, ésta y no más, porque Saavedra y los pícaros como él son los que se aprovechan y no la patria, pues a mi parecer lo que vos y los demás patriotas trabajaron está perdido porque éstos no tratan sino de su interés particular, lo que concluyas con la comisión arrastraremos con nuestros huesos donde no se metan con nosotros y gozaremos de la tranquilidad que antes gozábamos" (20 de abril de 1811).

"Ay mi Moreno de mi corazón, no tengo vida sin vos, se fue mi alma y este cuerpo sin alma no puede vivir y si quieres que viva venite pronto, o mandame llevar. No me consuela otra cosa más que cuando me acuerdo las promesas que me hiciste los últimos días antes de tu salida, de no olvidarte de mí, de tratar de volver pronto, de quererme siempre, de serme fiel, porque a la hora que empieces a querer a alguna inglesa adiós Mariquita, ya no será ella la que ocupe ni un instante tu corazón, y yo estaré llorando como estoy, y sufriendo tu separación que me parece la muerte, expuesta a la cólera de nuestros enemigos, y vos divertido, y encantado, con tu inglesa; si tal caso sucede, como me parece que sucederá, tendré que irme aunque no quieras, para estorbarte; pero para no martirizarme más con estas cosas, haré de cuenta que he soñado, y no te me enojes de estas zonceras que te digo" (9 de mayo de 1811).

"No se cansan tus enemigos de sembrar odio contra vos ni la gata flaca de la Saturnina (Saavedra) de hablar contra vos en los estrados y echarte la culpa de todo" (25 de mayo de 1811).

"Nuestro Marianito está en libro de corrido, se acuerda mucho de vos y te extraña más todos los días, con que mi querido Moreno ven pronto, si no lo queréis hacer por mis ruegos hacedlo por nuestro hijo, y acuérdate de las promesas que me hiciste antes de embarcarte, no te dejes engañar de mujeres mira que sólo sois de Mariquita y ella y nadie más te ha de amar hasta la muerte" (1 de julio de 1811).

"Por vos mismo puedes sacar lo que cuesta esta nuestra separación, y si no te parece mal que te diga, que me es más sensible a mí que a vos, porque siempre he conocido que yo te amo más, que vos a mí, perdóname, mi querido Moreno, si te ofendo con esta palabra" (29 de julio de 1811).[17]

Ésta es la última carta que le escribió Guadalupe a Moreno. A los pocos días recibió por fin una respuesta. Era una carta de su cuñado Manuel, fechada en Londres el 1 de mayo de 1811 en la que le decía que su amado Mariano había muerto el 4 de marzo.

Saavedra no pudo disimular su alivio y se le escapó su famosa frase: "Hacía falta tanta agua para apagar tanto fuego".

Meses más tarde, armada de toda su inmensa dignidad, Guadalupe se dirigía en estos términos a los miembros del Primer Triunvirato: "Acabo de perder a mi esposo. Murió el 4 de marzo en el barco inglés que lo conducía; arrebatado de aquel ardiente entusiasmo que tanto lo transportaba por su patria, le prestó los más importantes servicios y corrió toda clase de riesgos; aquí le sacrificó sus talentos, sus tareas, sus comodidades y hasta su reputación; en medio del océano se sacrificó él mismo terminando la carrera de su vida como víctima de la desgracia propia.

"Un hijo tierno de siete años de edad y su desgraciada viuda imploran los auxilios de la patria persuadidos de que ni ésta ni su justo gobierno podrán mostrarse indiferentes a nuestra miseria ni ser insensibles espectadores de nuestro amargo llanto, y de las ruinas y estragos que nos ha ocasionado el más acendrado patriotismo, comparecemos ante V. E. con el fin de interesar en nuestro auxilio una moderada

---

17 Enrique Williams Álzaga, *Cartas que nunca llegaron*, Buenos Aires, Emecé, 1967.

pensión de resarcimiento de tantos daños; es solamente lo que pedimos. Ojalá nuestro desamparo fuera menor, así me libertaría de una solicitud que tanto me mortifica".[18]

María Guadalupe Cuenca recibió una pensión de treinta pesos fuertes mensuales. El sueldo de cada uno de los miembros del Triunvirato era de ochocientos pesos fuertes, pero, como decía Sócrates, para ciertos Estados los pensadores valen muy poco.

18 Ídem.

El hijo de la patria

"Mucho me falta para ser
un verdadero padre de la Patria,
me contentaría con ser
un buen hijo de ella."

MANUEL BELGRANO

La otra historia ha condenado a Manuel Belgrano a no ser. Belgrano no tiene día en el calendario oficial. El día de su muerte es el Día de la Bandera. Y ya sabemos de la importancia que el símbolo patrio tiene entre nosotros más allá de los festejos deportivos y las declamaciones patrioteras de ocasión. No nos han enseñado con ejemplos a querer a nuestra bandera. Ha sido violada y usurpada por los gobiernos genocidas que han hecho abuso de su uso. Tenemos que recuperarla para nosotros, tarea imprescindible pero larga, y, mientras tanto, Belgrano sigue sin ser recordado como se merece.

Manuel Belgrano, uno de los más notables economistas argentinos, precursor del periodismo nacional, impulsor de la educación popular, la industria nacional y la justicia social, entre otras muchas cosas, ha sido condenado a convertirse en una especie de Sastrecillo Valiente.

La operación es simple. Se trata claramente de un ideólogo de la subversión americana y no conviene que, desde la más tierna infancia, los niños aprendan a honrar la memoria de pensadores, innovadores y revolucionarios, portadores, como en este caso, de una coherencia meridiana entre sus dichos y sus hechos.

Los ricos de la Argentina, enriquecidos a costa del país y del trabajo de su gente, se enorgullecen diciendo que Belgrano murió pobre. Según sus leyes de la obediencia y el ejemplo, no hay nada mejor para los demás que morir pobres. Aprender a morir como se nace, sin disputarles los ataúdes de roble, los herrajes de oro, las necrológicas de pago y las exclusivas parcelas en los cementerios privados, es una gran virtud en la escala de valores de los que viven de la Bolsa de valores.

El desprendimiento, el desinterés y la abnegación son virtudes que nuestras "familias patricias" dicen admirar en los demás, aunque no forman parte de su menú de opciones. Sus integrantes, por su parte, morirán mucho más ricos de lo que nacieron, porque el resto de los argentinos morirá mucho más pobre. Leyes de las matemáticas, de la suma y de la resta.

Claro que omiten decir que Belgrano nació rico y que invirtió todo su capital económico y humano en la revolución. No dicen que Belgrano no se resignó a morir pobre y reclamó hasta los últimos días de su vida lo que le correspondía: sus sueldos atrasados, y que se aplicaran a los fines establecidos los 40.000 pesos oro que había donado para la construcción de escuelas y que le fueron robados por los apropiadores de la administración pública.

Tampoco nos recuerdan que Belgrano no se cansó de denunciarlos y no ahorró epítetos para con ellos. Los llamó "parásitos", "inútiles", "especuladores" y "partidarios de sí mismos", entre otras cosas.

Las banderas de Belgrano, la honestidad, la coherencia, la humildad llena de dignidad, los siguen denunciando.

Las páginas que siguen no pretenden ser una biografía detallada de don Manuel, sino un breve recorrido por los aspectos menos difundidos de su pensamiento y su obra.

En la Europa de la Revolución

Manuel Belgrano, el primer economista argentino y uno de los intelectuales más lúcidos de la Revolución de Mayo, nació en Buenos Aires el 3 de junio de 1770. Estudió en el Colegio de San Carlos y luego en España, en las universidades de Valladolid y Salamanca.

El joven Manuel llegó a Europa en plena Revolución Francesa y vivió intensamente el clima de ideas de la época. "Como en la época de 1789 me hallaba en España y la revolución de Francia hiciese también la variación de ideas y particularmente en los hombres de letras con quienes trataba, se apoderaron de mí las ideas de libertad, igualdad, seguridad, propiedad, y sólo veía tiranos en los que se oponían a que el hombre, fuere donde fuese, no disfrutase de unos derechos que Dios y la naturaleza le habían concedido, y aun las mismas sociedades habían acordado en su establecimiento directa o indirectamente".[1]

Por sus excelentes calificaciones y en su carácter de presidente de la Academia de Derecho Romano, Política Forense y Economía Política de la Universidad de Salamanca, solicitó y obtuvo un permiso especial del papa Pío VI para "leer y retener todos y cualesquiera libros de autores condenados y aun herejes, de cualquier manera que estuvieran prohibidos, custodiando sin embargo que no pasen a manos de otros. Exceptuando los pronósticos astrológicos que contienen supersticiones y los que ex profeso tratan de asuntos obscenos".

Así pudo tomar contacto con las ideas de Rousseau, Voltaire, Montesquieu, Adam Smith y al fisiócrata Quesnay.

---

1 Manuel Belgrano, *Autobiografía*, Buenos Aires, Carlos Pérez, 1968.

Se interesó particularmente por la fisiocracia, que ponía el acento en la tierra como fuente de riqueza, y por el liberalismo de Adam Smith, que había dicho, allá por 1776, que "la riqueza de las naciones" estaba fundamentalmente en el trabajo de sus habitantes. Belgrano pensó que ambas teorías eran complementarias en un país con tanta riqueza natural por explotar.

En 1794 regresó a Buenos Aires con el título de abogado y con el nombramiento de primer secretario del Consulado, otorgado por el rey Carlos IV. El Consulado era un organismo colonial dedicado a fomentar y controlar las actividades económicas. Desde ese puesto, Belgrano se propuso poner en práctica sus ideas. Había tomado clara conciencia de la importancia de fomentar la educación y capacitar a la gente para que aprendiera oficios y pudiera aplicarlos en beneficio del país. Creó escuelas de dibujo técnico, de matemáticas y de náutica.

La educación como herramienta de lucha

Belgrano pensaba que la primera tarea que se debía emprender para construir un país más justo consistía en modificar radicalmente el sistema educativo colonial: "Los niños miran con fastidio las escuelas, es verdad, pero es porque en ellas no se varía jamás su ocupación; no se trata de otra cosa que de enseñarles a leer y escribir, pero con un tesón de seis o siete horas al día, que hacen a los niños detestable la memoria de la escuela, que a no ser alimentados por la esperanza del domingo, se les haría mucho más aborrecible este funesto teatro de la opresión de su espíritu inquieto y siempre amigo de la verdad. ¡Triste y lamentable estado el de nuestra pasada y presente educación! Al niño se lo abate y castiga en las aulas, se le desprecia en las calles y se le engaña en el seno mismo de su casa paternal. Si deseoso de satisfacer su curiosidad natural pregunta alguna cosa, se le desprecia o se le engaña haciéndole concebir dos mil absurdos que convivirán con él hasta su última vejez".

Don Manuel propuso la absoluta igualdad de oportunidades para el hombre y la mujer. Entendía que "la mujer es la que forma en sus hijos el espíritu del futuro ciudadano"; de manera que una mujer ignorante es una mala generadora de ciudadanos, porque lo será de ciudadanos retardados, poco productivos e incompetentes para una nación democrática.

Pero no se hacía ilusiones con las simples proclamas o los cambios formales. Sabía que si no se cambiaba el sistema, si no se producía un mejor reparto de las riquezas, nada podía esperarse. "Tenemos muchos libros que contienen descubrimientos y experiencias que se han hecho en agricultura, pero estos libros no han llegado jamás al labrador y a otras gentes del campo."

Escribía en 1798 el primer proyecto de enseñanza estatal, gratuita y obligatoria: "¿Cómo se quiere que los hombres tengan amor al trabajo, que las costumbres sean arregladas, que haya copia de ciudadanos honrados, que las virtudes ahuyenten los vicios, y que el Gobierno reciba el fruto de sus cuidados, si no hay enseñanza, y si la ignorancia va pasando de generación en generación con mayores y más grandes aumentos? Pónganse escuelas de primeras letras costeadas de los propios y arbitrios de las Ciudades y Villas, en todas las Parroquias de sus respectivas jurisdicciones, y muy particularmente en la Campaña, donde, a la verdad, residen los principales contribuyentes a aquellos ramos y a quienes de justicia se les debe una retribución tan necesaria. Obliguen los Jueces a los Padres, a que manden sus hijos a la escuela, por todos los medios que la prudencia es capaz de dictar".

Promovió entusiastamente el estudio de la historia porque, según sostenía: "Se ha dicho muy bien que el estudio del pasado enseña cómo debe manejarse el hombre en lo presente y porvenir. (...) Nada importa saber o no la vida de cierta clase de hombres, que todos sus trabajos y afanes los han contraído a sí mismos y ni un solo instante han concedido a los demás".

La industria, la agricultura, el comercio y el mercado interno

Las ideas innovadoras de Belgrano quedarán reflejadas en sus informes anuales del Consulado, a través de los que tratará por todos los medios de fomentar la industria y modificar el modelo de producción vigente.

Desconfiaba de la riqueza fácil que prometía la ganadería porque daba trabajo a muy poca gente, no desarrollaba la inventiva, desalentaba el crecimiento de la población y concentraba la riqueza en pocas manos. Su obsesión era el fomento de la agricultura y la industria.

Daba consejos de utilidad práctica para el mejor rendimiento de la tierra, recomendando que no se dejara la tierra en barbecho, pues "el verdadero descanso de ella es la mutación de producción". Señalaba el sistema que se usaba en aquel tiempo en Alemania, que hacía de los curas párrocos verdaderos guías de los agricultores, realizando éstos, gracias a sus conocimientos, experimentos de verdadera utilidad, puesto que se les enseñaban las prácticas más adelantadas.

Belgrano, el más católico de todos nuestros próceres, entendía que éstas eran funciones esenciales de los curas, que se encuadraban dentro de su ministerio, "pues el mejor medio de socorrer la mendicidad y miseria es prevenirla y atenderla en su origen". Proponía trasladar la experiencia europea de otorgar recompensas a quienes realizaban nuevos plantíos, "señalando un premio por cada árbol que se da un tanto arraigado".

El secretario del Consulado proponía proteger las artesanías e industrias locales subvencionándolas mediante "un fondo con destino al labrador ya al tiempo de las siembras como al de la recolección de frutos". Porque "la importación de mercancías que impiden el consumo de las del país o que perjudican al progreso de sus manufacturas, lleva tras sí necesariamente la ruina de una nación".

Ésta era, a su entender, la única manera de evitar "los grandes monopolios que se ejecutan en esta capital, por aquellos hombres que, desprendidos de todo amor hacia sus semejantes, sólo aspiran a su interés particular, o nada les importa el que la clase más útil al Estado, o como dicen los economistas, la clase productiva de la sociedad, viva en la miseria y desnudez que es consiguiente a estos procedimientos tan repugnantes a la naturaleza, y que la misma religión y las leyes detestan". Hasta el momento nadie había descripto mejor a la clase dirigente porteña y su total desinterés por el progreso del país y sus habitantes.

En cuanto a la moneda, formula una aguda crítica al mercantilismo español, que basaba la riqueza de las naciones en un metalismo abstracto. Así lo escribía en uno de sus informes: "La moneda, por sí misma, no es riqueza pero es una prenda intermedia y una verdadera letra de cambio al portador que debe pagarse en cambio de frutos de la Agricultura o de las obras de la industria. Si estos frutos o estas obras faltan o no alcanzan, habrá pobreza con mucho dinero; si son abundantes, habrá riqueza con poco dinero: así pues, una nación es pobre con una cantidad inmensa de metales, entre tanto que otra florece sin otros recursos de prosperidad que su agricultura; y no obstante no hace mucho tiempo se creía que las minas enriquecían los estados que las poseían".

En *Memoria al Consulado 1802* presentó todo un alegato industrialista: "Todas las naciones cultas se esmeran en que sus materias primas no salgan de sus estados a manufacturarse, y todo su empeño en conseguir, no sólo darles nueva forma, sino aun atraer las del extranjero para ejecutar lo mismo. Y después venderlas".

Pero las ideas innovadoras de Belgrano quedaban en la teoría por la firme oposición a llevarlas a la práctica del resto de los miembros del Consulado.

"No puedo decir bastante mi sorpresa cuando conocí a los hombres nombrados por el Rey para el Consulado. Todos eran comerciantes españoles, exceptuando uno que otro, nada sabían más que su comercio monopolista, a saber: comprar por cuatro para vender con toda seguridad a ocho. Mi ánimo se abatió, y conocí que nada se haría en favor de las provincias por unos hombres que por sus intereses particulares pospusonían el del común. Sin embargo, ya que por las obligaciones de mi empleo podía hablar y escribir sobre tan útiles materias, me propuse echar las semillas que algún día fuesen capaces de dar frutos."

En uno de sus últimos artículos aparecidos en el *Correo de Comercio* resaltaba la necesidad imperiosa de formar un sólido mercado interno, condición necesaria para una equitativa distribución de la riqueza: "El amor a la patria y nuestras obligaciones exigen de nosotros que dirijamos nuestros cuidados y erogaciones a los objetos importantes de la agricultura e industria por medio del comercio interno para enriquecerse, enriqueciendo a la patria porque mal puede ésta salir del estado de miseria si no se da valor a los objetos de cambio y por consiguiente, lejos de hablar de utilidades, no sólo ven sus capitales perdidos, sino aun el jornal que les corresponde. Sólo el comercio interno es capaz de proporcionar ese valor a los predichos objetos, aumentando los capitales y con ellos el fondo de la Nación, porque buscando y facilitando los medios de darles consumo, los mantiene en un precio ventajoso, así para el creador como para el consumidor, de que resulta el aumento de los trabajos útiles, en seguida la abundancia, la comodidad y la población como una consecuencia forzosa".

Manuel, el subversivo

Las ideas de Belgrano estaban cargadas de profunda sensibilidad social, como lo demuestra este informe al Consulado: "He visto con dolor, sin salir de esta capital, una infinidad de hombres ociosos en quienes no se ve otra cosa que la miseria y desnudez; una infinidad de familias que sólo deben su subsistencia a la feracidad del país, que está por todas partes denotando la riqueza que encierra, esto es, la abundancia; y apenas se encuentra alguna familia que esté destinada a un oficio útil, que ejerza un arte o que se emplee de modo que tenga alguna más comodidad en su vida. Esos miserables ranchos donde ve uno la multitud de criaturas que llegan a la edad de pubertad sin haber ejercido otra cosa que la ociosidad, deben ser atendidos hasta el último punto". Pero no se quedaba en la crítica y proponía inmediatamente la solución: "La lana, el algodón, otras infinitas materias primeras que tenemos, y podemos tener con nuestra industria, pueden proporcionar mil medios de subsistencia a estas infelices gentes que, acostumbradas a vivir en la ociosidad, como llevo expuesto, desde niños, les es muy penoso el trabajo en la edad adulta, y son y resultan unos salteadores o unos mendigos".

Belgrano fue el primero por estos lares en proponer a fines del siglo XVIII una verdadera reforma agraria basada en la expropiación de las tierras baldías para entregarlas a los desposeídos: "Es de necesidad poner los medios para que puedan entrar al orden de sociedad los que ahora casi se avergüenzan de presentarse a sus conciudadanos por su desnudez y miseria, y esto lo hemos de conseguir si se le dan propiedades (...) que se podría obligar a la venta de los terrenos que no se cultivan, al menos en una mitad, si en un tiempo dado no se hacían las plantaciones por los propietarios; y mucho más se les debería obligar a los que tienen sus tierras enteramente desocupadas, y están colindaras con nuestras poblaciones de campaña, cuyos habitadores están rodeados de grandes propietarios y no tienen ni en común ni en particular ninguna de las gracias que les concede la ley: motivo porque no adelantan".

El 1 de setiembre de 1813, *La Gaceta*[2] publicó un artículo que Belgrano había escrito unos años antes y que no pudo pasar la censura del período colonial. Es un documento de un valor extraordinario donde aparece expresada una conciencia política que dejaba atrás a cualquier pensador de su tiempo. Decía don Manuel Belgrano: "Se han elevado entre los hombres dos clases muy distintas; la una dispone de los frutos de la tierra, la otra es llamada solamente a ayudar por su trabajo la reproducción anual de estos frutos y riquezas o a desplegar su industria para ofrecer a los propietarios comodidades y objetos de lujo en cambio de lo que les sobra. (...) Existe una lucha continua entre diversos contratantes: pero como ellos no son de una fuerza igual, los unos se someten invariablemente a las Leyes impuestas por los otros. Los socorros que la clase de Propietarios saca del trabajo de

2 José Carlos Chiaramonte, *Ciudades, provincias, estados: orígenes de la Nación Argentina (1800-1846)*, Biblioteca del Pensamiento Argentino, tomo I, Buenos Aitres, Ariel Historia, 1997.

los hombres sin propiedad le parecen tan necesarios como el suelo mismo que poseen; pero favorecida por la concurrencia, y por la urgencia de sus necesidades, viene a hacerse el árbitro del precio de sus salarios, y mientras que esta recompensa es proporcionada a las necesidades diarias de una vida frugal, ninguna insurrección combinada viene a turbar el ejercicio de una semejante autoridad. El imperio de la propiedad es el que reduce a la mayor parte de los hombres a lo más estrechamente necesario".

El periodista

En 1801 Belgrano colaboró en la fundación del primer periódico que se editó en nuestro país: el *Telégrafo Mercantil, Rural, Político, Económico e Historiográfico del Río de la Plata*. Entre los principales colaboradores figuraban Domingo de Azcuénaga, José Chorroarín, Juan Manuel de Lavardén, Pedro Antonio Cerviño, Gregorio Funes y Juan José Castelli, primo y amigo de Belgrano.

El *Telégrafo Mercantil* aparecía dos veces por semana con artículos muy variados, desde sesudos análisis políticos hasta sonetos escatológicos sobre las almorranas: "¿Hasta cuándo traidoras almorranas / después de quedar sanas, / y ya purificadas, / volvéis a las andadas? / ¿Por qué irritáis con bárbaro perjuicio / la paz del orificio, / que acostumbrado a irse de bareta / y en lícitos placeres / hace sus menesteres".

El virrey Del Pino, molesto por el contenido político de la publicación y por la gran influencia que fue adquiriendo, decidió clausurar el *Telégrafo* el 17 de octubre de 1802, usando como excusa la "procacidad" de la publicación.

En marzo de 1810 Belgrano volvió a la actividad periodística editando el *Correo de Comercio*, desde donde insistirá con sus propuestas, procurando, como él decía, "la felicidad de la mayor parte de los ciudadanos". Insistía en que el país debía industrializarse: "Ni la agricultura ni el comercio serían casi en ningún caso suficientes a establecer la felicidad de un pueblo si no entrase a su socorro la oficiosa industria. No hay desarrollo si este ramo vivificador no entra a dar valor a las rudas producciones de la una y materia y pábulo a la permanente rotación del otro".

En un artículo del 11 de agosto, Belgrano defendía la libertad de la prensa como base de la ilustración pública. "Es tan justa dicha facultad –decía– como lo es la de pensar y de hablar, y es tan injusto oprimirla, como lo sería el tener atados los entendimientos, las lenguas, las manos o los pies a todos los ciudadanos. Es necesaria para la instrucción pública, para el mejor gobierno de la Nación, y para su libertad civil, es decir, para evitar la tiranía de cualquier gobierno que se establezca (...) Sólo pueden oponerse a la libertad de la prensa los que gusten mandar despóticamente, y que aunque se conozca no se les pueda decir; o los que sean tontos que no conociendo los males del gobierno, no sufren los tormentos de los que los conocen, y no los pueden remediar por falta de autoridad; o los muy tímidos que se asustan con el coco de la libertad, porque es una cosa nueva, que hasta ahora no han visto en su fuerza, y no están fijos y seguros en los principios que la deben hacer tan amable y tan útil (...) Pero quitarnos las utilidades de la pluma y de la prensa, porque de ellas se puede abusar, es una contradicción notoria y un abuso imperdonable de la autoridad, y es querer mantener a la nación en la ignorancia, origen de todos los males que sufrimos, y el arma en que el tirano confía más para sojuzgar toda la Europa. Sin esta libertad no pensemos haber conseguido ningún bien después de tanta sangre vertida y tantos trabajos."

Tirando virreyes por la ventana

Durante los primeros meses de 1810 ya eran frecuentes las reuniones secretas en la jabonería de don Hipólito Vieytes. Allí estaban Belgrano y su primo, Juan José Castelli, Mariano Moreno, Cornelio Saavedra, Domingo French y Antonio Beruti, entre otros. Al conocerse la noticia de la caída de la junta de Sevilla –último bastión de la resistencia española frente a Napoleón– el grupo designó a Belgrano y a Saavedra para entrevistarse con el alcalde Lezica, con el objetivo de solicitarle la convocatoria a un Cabildo Abierto que se concretó el 22 de mayo. El Cabildo se concretó y se inició el debate sobre el futuro de la colonia. Pero el virrey Cisneros intentó una maniobra, formando el 24 una junta que lo tenía como presidente. Belgrano abandonó su habitual compostura y declaró ante el Cabildo: "Juro a mi patria y a mis compañeros, que si a las tres de la tarde del día de mañana el virrey no ha renunciado, lo arrojaremos por las ventanas de la fortaleza". No hizo falta. Cisneros renunció el 25 y quedó formada la Primera Junta de Gobierno, dirigida y compuesta mayoritariamente por criollos, con el propio Belgrano como vocal.

El primer ensayo constitucional de nuestro país

Mientras su primo, Juan José Castelli, morenista como él, decretaba la libertad e igualdad de los indios y el fin del tributo y los servicios personales en el Alto Perú, Belgrano hacía lo propio con los naturales de las Misiones. En el camino hacia el Paraguay redactó las bases del primer proyecto constitucional del Río de la Plata: el *Reglamento para el Régimen Político y Administrativo y Reforma de los 30 Pueblos de las Misiones*, firmado el 30 de diciembre en el campamento de Tacuarí. Este *Reglamento* fue agregado por Juan Bautista Alberdi en 1853 como una de las bases de la Constitución Nacional.

Para que no quedaran dudas sobre sus intenciones, decía Belgrano en la introducción de este extraordinario documento: "A consecuencia de la Proclama que expedí para hacer saber a los Naturales de los Pueblos de las Misiones, que venía a restituirlos a sus derechos de libertad, propiedad y seguridad de que por tantas generaciones han estado privados, sirviendo únicamente para las rapiñas de los que han gobernado, como está de manifiesto hasta la evidencia, no hallándose una sola familia que pueda decir: 'Éstos son los bienes que he heredado de mis mayores'. (...) Mis palabras no son las del engaño, ni alucinamiento, con que hasta ahora se ha tenido a los desgraciados Naturales bajo el yugo de fierro, tratándolos peor que a las bestias de carga, hasta llevarlos al sepulcro entre los horrores de la miseria e infelicidad, que yo mismo estoy palpando con ver su desnudez, sus lívidos aspectos, y los ningunos recursos que les han dejado para subsistir".

Entre otras cosas, el notable documento establecía:

• Libertad a todos los naturales de las Misiones: gozarán de sus propiedades y podrán disponer de ellas como mejor les acomode, como no sea atentando contra sus semejantes.

• Suspensión del tributo por diez años hasta que puedan producir y vivir dignamente.

• Establecimiento de escuelas gratuitas de primeras letras, artes y oficios.

• Fomento del comercio de los productos de las comunidades.

• Igualdad absoluta entre criollos y naturales.

• Habilitación para ocupar cualquier empleo, incluso militar y eclesiástico.

• Expropiación de las propiedades de los enemigos de la revolución.

• Reparto gratuito de esas tierras entre los naturales.

• Provisión de semillas y elementos de labranza hasta que puedan procurárselas por su cuenta.

• Este gasto se cubrirá con las multas por cuatrerismo.

• Como el robo había arreglado los pesos y medidas para sacrificar más y más a los infelices naturales, se determinó que se guarden los mismos pesos y medidas que en la gran capital de Buenos Aires.

• A los que siguieran estafando a los naturales como lo venían haciendo hasta ese momento, se les impondrían penas que incluían la pérdida de sus bienes.

• El producto de esas expropiaciones se destinaría a un fondo para la construcción y mantenimiento de escuelas.

• Elección de un diputado por cada pueblo para asistir al futuro Congreso Nacional, que sería mantenido por la Real Hacienda, "en vista del estado miserable en que se hallan los pueblos".

• Formación de una milicia popular que llevará el nombre de "Milicia Patriótica de Misiones", en la que "indistintamente serán oficiales naturales y españoles[3] que hayan venido a vivir a los pueblos, en la inteligencia de que ya estos cargos tan honrosos no dan hoy favor ni se prostituyen como lo hacen los déspotas del antiguo Gobierno".

• Defensa de la ecología: "Hallándome cerciorado de por los beneficiadores de la yerba, no sólo talando árboles que la traen sino también y, constituyéndose jueces sin causa propia prohibido que se pueda cortar árbol alguno de la yerba, so pena de diez pesos por cada uno que se cortare, a beneficio, la mitad del denunciador, y la otra mitad para el fondo de las escuelas".

3 Por aquel entonces se hablaba de "españoles nacidos en América", o sea, criollos.

• Derechos laborales: "Los excesos horrorosos que se cometen con los naturales, de cuyo trabajo se aprovechan sin pagárselo, además hacen padecer con castigos escandalosos", todos los trabajadores deberán cobrar en efectivo no aceptándose ningún tipo de vales o bonos. Los patrones que no cumplan "serán multados por la primera vez en cien pesos, por la segunda con quinientos y por la tercera embargados sus bienes y desterrados, destinando aquellos valores por a mitad al denunciante y fondo de escuelas".

• Pena de muerte para los que apliquen castigos corporales a sus trabajadores: "No les será permitido imponer ningún castigo a los naturales, como me consta lo han ejecutado con la mayor iniquidad pues si tuvieren de qué quejarse concurrirán a sus jueces para que les administren justicia, so la pena que si continuaren en tan abominable conducta y levantaren el palo para cualquier natural serán privados de todos sus bienes, que se han de aplicar en la forma dicha arriba, y si usaren el azote serán penados hasta con el último suplicio".

No hagás bandera

A fines de 1811, aumentaron los ataques españoles contra las costas del Paraná, ordenados por el gobernador español de Montevideo, Pascual Vigodet. Frente a esto el Triunvirato encargó a Manuel Belgrano que partiera hacia Rosario con un cuerpo de ejército el 24 de enero de 1812. El general Belgrano logró controlar las agresiones españolas e instalar una batería en las barrancas del Paraná, a la que llamó Libertad. Belgrano solicitó y obtuvo permiso para que sus soldados usaran una escarapela. Por decreto del 18 de febrero de 1812, el Triunvirato creaba, según el diseño propuesto por Belgrano, una "escarapela nacional de las Provincias Unidas del Río de la Plata de dos colores, blanco y azul celeste, quedando abolida la roja con que antiguamente se distinguían".

Belgrano se entusiasmó y le respondió al Triunvirato, anunciándole que el día 23 de febrero de 1812 había entregado las escarapelas a sus tropas para que "acaben de confirmar a nuestros enemigos de la firme resolución en que estamos de sostener la independencia de la América". Era uno de los pocos que por aquel entonces se animaban a usar la palabra independencia.

Por el contrario, el Triunvirato, y sobre todo su secretario, Bernardino Rivadavia, estaba preocupado en no disgustar a Gran Bretaña, ahora aliada de España, que había hecho saber al Triunvirato, por medio de su embajador en Río, lord Strangford, que no aprobaría por el momento ningún intento independentista en esta parte del continente.

Pero Belgrano seguía empeñado en avanzar en el camino hacia la libertad. El 27 de febrero de 1812, inauguró una nueva batería, a la que llamó Independencia. Belgrano, que no tenía tiempo de andar mirando el cielo y mucho menos de esperar que pasara la nube ideal, para crear "nuestra enseña patria", hizo formar a sus tropas frente a una bandera que había cosido doña María Catalina Echeverría, una vecina de Rosario. Tenía los colores de la escarapela y su creador ordenó a sus oficiales y soldados jurarle fidelidad diciendo: "Juremos vencer a los enemigos interiores y exteriores, y la América del Sur será el templo de la Independencia y de la Libertad".

Rivadavia se opuso y le ordenó en una furibunda carta guardar esa bandera y seguir usando la española: "La demostración con que Vuestra Señoría inflamó a las tropas de su mando enarbolando la bandera blanca y celeste, es a los ojos de este gobierno de una influencia capaz de destruir los fundamentos con que se justifican nuestras operaciones y las protestas que hemos anunciado con tanta repetición, y que en nuestras relaciones exteriores constituyen las principales máximas políticas que hemos adoptado. Ha dispuesto este gobierno que haga pasar como un rasgo de entusiasmo el enarbolamiento de la bandera blanca y celeste, ocultándola disimuladamente y sustituyéndola con la que se le envía, que es la que hasta ahora se usa en esta fortaleza; procurando en adelante no prevenir las deliberaciones del gobierno en materia de tanta importancia. El gobierno deja a la prudencia de V. S. mismo la reparación de tamaño desorden, pero debe prevenirle que ésta será la última vez que sacrificará hasta tan alto punto los respetos de su autoridad y los intereses de la nación que preside y forma, los que jamás podrán estar en oposición a la uniformidad y orden. V. S. a vuelta de correo dará cuenta exacta de lo que haya hecho en cumplimiento de esta superior resolución".

Pero Belgrano no llegó a enterarse de esta resolución rivadaviana hasta varios meses después de emitida y siguió usando la bandera nacional, que fue bendecida el 25 de mayo de 1812 en la catedral de Jujuy por el sacerdote Juan Ignacio Gorriti.

En julio recibió finalmente la intimación del Triunvirato y contestó indignado: "La desharé para que no haya ni memoria de ella. Si acaso me preguntan responderé que se reserva para el día de una gran victoria y como está muy lejos, todos la habrán olvidado". Así concluía su carta de respuesta al Triunvirato, con inocultable dolor e indignación, el 18 de julio de 1812.

Todo parece indicar que la primera bandera tenía dos franjas verticales, una blanca y una azul celeste, como la del Ejército de los Andes, que usará San Martín en sus campañas libertadoras.

En Buenos Aires y el Litoral, a partir de 1813, la bandera cambia su forma y su color. Comienza a usarse una con tres franjas horizontales: celeste, blanca y celeste. Éstos eran los colores de la casa de Borbón, a la que pertenecía Fernando VII, y la adopción de estos colores parecía ser una demostración de fidelidad al rey cautivo.

Con las ruinas del Ejército del Norte

Finalmente, Belgrano pudo hacerse cargo del Ejército del Norte, hasta entonces al mando de Pueyrredón, si se podía llamar ejército a ese grupo de hombres desharrapados, desarmados y mal alimentados. El panorama era desolador: de los 1.500 soldados sobrevivientes, casi 500 estaban heridos o enfermos. Había 600 fusiles y 25 balas para cada uno. Pero el general logró reorganizarlo, recomponer la relajada disciplina y, gracias a la colaboración de la población, proveerlo de lo indispensable para lanzarse al ataque.

Belgrano tenía un concepto que lamentablemente fue olvidado por muchos generales argentinos del siglo XX: "La subordinación del soldado a su jefe se afianza cuando empieza por la cabeza y no por los pies, es decir cuando los jefes son los primeros en dar ejemplo; para establecerla basta que el General sea subordinado del gobierno, pues así lo serán los jefes sucesivos en orden de mando. Feliz el ejército en donde el soldado no vea cosa que desdiga la honradez y las obligaciones en todos los que mandan".

Las tropas que comandaba Belgrano, como todas las de nuestras guerras de independencia, pasaban meses y años sin cobrar sus sueldos, estaban mal vestidas y sufrían todo tipo de necesidades. A Belgrano se le ocurrió repartir terrenos a cada regimiento para su cultivo, todos los cuerpos tuvieron una huerta abundante de hortalizas y legumbres y, de este modo, todos cubrieron su necesidad y entretuvieron su equipo, porque los frutos que sobraban se vendían en beneficio de todos los soldados que los habían cultivado.

La imagen de un Belgrano "flojo" no se corresponde en absoluto con la realidad. Aplicaba la disciplina militar con todo rigor, incluso con el obispo de Salta, a quien le ordenó salir de esa capital en el plazo de 24 horas, al haber logrado interceptar una correspondencia de éste con el jefe enemigo Goyeneche.

El éxodo del pueblo jujeño

Ante la inminencia del avance de un poderoso ejército español desde el norte al mando de Pío Tristán, el 29 de julio de 1812, Belgrano emite un bando disponiendo la retirada general ante el avance de los enemigos. La orden de Belgrano era contundente: había que dejarles a los godos la tierra arrasada: ni casas, ni alimentos, ni animales de transporte, ni objetos de hierro, ni efectos mercantiles.

Desconfiaba profundamente de las oligarquías locales, a las que llamaba "los desnaturalizados que viven entre nosotros y que no pierden arbitrios para que nuestros sagrados derechos de libertad, propiedad y seguridad sean ultrajados y volváis a la esclavitud". Tenía datos precisos de que ya estaban en contacto con la avanzada española para hacer negocios con las probables nuevas autoridades, de las que habían recibido la garantía de respetar sus propiedades. Belgrano no les dejó alternativa: o quemaban todo y se plegaban al éxodo, o los fusilaba.

El resto de la población colaboró fervientemente, perdiendo lo poco que tenían, que para ellos era todo.

Belgrano lanza su arenga: "Desde que puse el pie en vuestro suelo para hacerme cargo de vuestra defensa, os he hablado con verdad (...) Llegó pues la época en que manifestéis vuestro heroísmo y de que vengáis a reuniros al ejército a mi mando, si como aseguráis queréis ser libres".

Aquel impresionante operativo comenzó a principios de agosto de 1812. La gente llevaba todo lo que podía ser transportado en carretas, mulas y caballos. Se cargaron muebles y enseres y se arreó el ganado en tropel. Los incendios devoraron las cosechas y en las calles de la ciudad ardieron los objetos que no podían ser transportados. Sólo quedaron desolación y desierto.

Los voluntarios de Díaz Vélez, que habían ido a Humahuaca a vigilar la entrada de Tristán y habían vuelto con la noticia de la inminente invasión, fueron los encargados de cuidar la retaguardia. El repliegue se hizo en tiempo récord ante la proximidad del enemigo. En cinco días se cubrieron 250 kilómetros y poco después la marea humana llegaba a Tucumán. Al llegar allí, el pueblo tucumano le solicitó formalmente a Belgrano que se quedara para enfrentar a los realistas. Por primera y única vez, Belgrano desobedeció a las autoridades, que querían obligarlo a bajar a Montevideo para combatir a Artigas, y el 24 de setiembre de 1812 obtuvo el importantísimo triunfo de Tucumán. Animados por la victoria, Belgrano y su gente persiguieron a los realistas hasta Salta, donde los derrotaron el 20 de febrero de 1813.

Belgrano sabía que estaba en el buen camino y conocía quiénes eran sus aliados y quiénes, sus enemigos. Así se lo hacía saber a su entrañable compañero, el valeroso estratega salteño Martín Miguel de Güemes: "Hace Ud. muy bien en reírse de los doctores; sus vocinglerías se las lleva el viento. Mis afanes y desvelos no tienen más objeto que el bien general y en esta inteligencia no hago caso de todos esos malvados que tratan de dividirnos, porque ¿qué otra cosa deben ser los gobernantes que los agentes de negocios de la sociedad, para arreglarlos y dirigirlos del modo que conforme al interés público? Así pues, trabajemos con empeño y tesón, que si las generaciones presentes nos son ingratas, las futuras venerarán nuestra memoria, que es la recompensa que deben esperar los patriotas".

Las escuelas de Belgrano

Como premio por las victorias de Salta y Tucumán, Belgrano recibió de la Asamblea del año XIII un premio de 40.000 pesos oro y pidió que ese dinero se aplicara a la construcción de cuatro escuelas públicas en distintos lugares del país. Al justificar su donación decía: "Nada hay más despreciable para el hombre de bien, para el verdadero patriota que merece la confianza de sus conciudadanos en el manejo de los negocios públicos, que el dinero o las riquezas; que éstas son un escollo de la virtud, y que adjudicadas en premio no sólo son capaces de excitar la avaricia de los demás, haciendo que por general objeto de sus acciones subordinen el interés público al bienestar particular, sino que también parecen dirigidas a estimular una pasión abominable como lo es la codicia. He creído propio de mi honor y de los deseos por la prosperidad de mi patria, destinar los cuarenta mil pesos que me fueran otorgados como premio por los triunfos de Salta y Tucumán, para la dotación de escuelas públicas de primeras letras".

Fiel a su costumbre de ocuparse a fondo de las cosas, Belgrano aportó un reglamento[4] para las futuras escuelas, en el que se advierte la influencia del pedagogo suizo Juan Enrique Pestalozzi (1746-1827), que establecía entre otras cosas:

---

4 El original se conserva en el Archivo Capitular de Jujuy (tomo 2, libro IV), con fecha 25 de mayo de 1813.

• Provisión de fondos suficientes para el abastecimiento de papel, tinta y libros para todos los alumnos.

• Sueldo digno para los docentes.

• Régimen de concursos por oposición para la designación de los maestros.

• Los docentes deberán revalidar su puesto cada tres años acreditando su capacidad e idoneidad para continuar en el cargo.

• Se prohíbe a los alumnos concurrir a la escuela con ropas que denoten ostentación y lujo.

• El maestro es un padre de la patria y merece en las celebraciones el sitial más destacado en el Cabildo local.

¿Qué pasó con el dinero donado por Belgrano?

La donación de Belgrano fue aceptada por la Asamblea del año XIII, que destinó un interés anual hasta que se concretara la construcción de las escuelas.

Ante la inercia del gobierno central, y pasados cinco años sin que nadie se diera por enterado, las provincias beneficiarias de la donación de Belgrano hicieron un reclamo conjunto al director Rondeau, en 1818. Recién en 1823, el ministro Rivadavia les respondió insólitamente que no había podido dar con los fondos. Diez años después, el gobernador de Buenos Aires, Juan Ramón Balcarce, admitió oficialmente que los fantasmales fondos habían pasado a formar parte de la enorme deuda de la provincia de Buenos Aires, lo que equivalía a un gigantesco pagadiós.

En 1858 Amadeo Jacques reflotó el tema recordando que el dinero de Belgrano había sido depositado en el Banco Provincia, creado por la dupla Martín Rodríguez-Bernardino Rivadavia. El famoso director del Colegio Nacional intentó ahondar en la investigación, pero sólo consiguió que lo difamaran a través de la prensa oficialista.

Habría que esperar hasta 1870, para que el Estado bonaerense reconociera públicamente que los fondos y los importantes intereses devengados se encontraban bajo la jurisdicción de la Junta del Crédito Público de la Provincia de Buenos Aires, pero no estaban disponibles.

En 1882 la provincia de Buenos Aires se reorganiza, tiene nueva capital –La Plata– y nuevas finanzas. Hay una especie de indulto para los desquicios de los gobernadores anteriores y los fondos belgranianos pasan a una ingeniosa cuenta llamada Fondos Públicos Primitivos. La investigadora tucumana Marta Dichiara encontró el registro de los fondos y también las evidencias de la estafa: durante cuarenta y cinco trimestres el banco de los ganaderos bonaerenses había dispuesto de los recursos donados por el prócer, sin pagar un centavo de interés.

Todo quedó en la nada hasta que en 1947 Evita y Juan Domingo Perón pusieron la piedra fundamental de la escuela de Tarija (Bolivia). La piedra durmió el sueño de los justos hasta que veinte años después algún funcionario del gobierno militar de entonces se acordó del asunto y vio la ocasión de hacer algún negocio con el gobierno boliviano, que se aprestaba a asesinar a Ernesto Guevara.

Por decreto del Poder Ejecutivo Nacional de abril de 1967, firmado por el dictador Juan Carlos Onganía, se concedían 430 mil dólares para la culminación de la obra. Hubo una licitación, objetada por irregularidades, y problemas en la aduana boliviana por el ingreso del hierro y el cemento que mandaba la Argentina. El establecimiento educativo recién pudo inaugurarse el 27 de agosto de 1974 durante la tercera presidencia de Juan Domingo Perón, que lo bautizó Escuela Argentina Manuel Belgrano y envió a través de la

Fuerza Aérea 356 pupitres. La escuela tiene una capacidad para 600 alumnos en los niveles preprimario, primario, intermedio y medio. Consta de dos plantas y se levanta en un terreno de más de 25.000 metros cuadrados.

La escuela de Santiago del Estero fue inaugurada por el gobernador Felipe Ibarra, con fondos propios, en mayo de 1822 y funcionó hasta 1826.

La provincia de Jujuy fue la que mejor cumplió inicialmente con el legado belgraniano sin esperar que le despacharan los fondos desde Buenos Aires. Las obras comenzaron puntualmente en 1813, pero a los pocos meses debieron suspenderse ante el avance de los ejércitos españoles que bajaban del Alto Perú. El 3 de enero de 1825, el Cabildo jujeño, al inaugurar la humilde escuelita solventada con fondos propios, agradeció el gesto de Belgrano y declaró en un documento oficial: "Será eterna la gratitud de las generaciones venideras. Con el tiempo, este establecimiento filantrópico dará buenos padres a las familias, ciudadanos a la República e ilustres defensores a la Patria". Pero en medio de las guerras civiles que se ensañaban con nuestro Norte, la escuela pudo funcionar apenas tres años y debió cerrarse en 1828.

En 1998, el gobierno jujeño le adjudicó a una empresa constructora 700 mil dólares para la conclusión de la obra, que sigue inconclusa.

Pero el caso más patético es el de Tucumán, justamente una de las provincias más amadas por Belgrano,[5] donde funcionó por años su cuartel general de la Ciudadela, donde se enamoró perdidamente de María Dolores Helguero y donde nació su hija Manuela Mónica.

5 Belgrano decía en una carta premonitoria: "Yo quería a Tucumán como a la tierra de mi nacimiento, pero han sido aquí tan ingratos conmigo".

En 1976, el gobernador de Tucumán, nada menos que el general Antonio Domingo Bussi, quiso profanar el legado de Belgrano creando la Escuela de la Patria, para lo que, por supuesto, se formó una comisión con ingentes fondos para "cumplir con la memoria del prócer". Más allá de que si Belgrano se hubiese levantado de la tumba en el Tucumán de 1976 habría rechazado de plano cualquier "homenaje" de los genocidas, el proyecto de Bussi y sus socios civiles se convirtió en una nueva oportunidad para hacer negocios ilícitos. Todavía en 1981, el predio, ubicado en la calle La Rioja al 600 e inaugurado con pompa y circunstancia por el general con una piedra fundamental, permanecía tan baldío como la dignidad del jefe del operativo "Independencia". Pero la piedra ya no estaba, porque había sido robada.

Como no podía ser de otra manera, el presidente Menem, récord Guinness de promesas incumplidas, retomó el tema, encargándole a la ministra Decibe que se construyera alguna de las escuelas soñadas por el prócer.

El gobernador Miranda, heredero de Bussi en la gobernación y en algunas cosas más, tomó el desafío. Y con los años, la escuela se construyó. Pero, claro, mucho más chica y más cara que lo previsto por el presupuesto. Concretamente, como comenta Pablo Calvo en una exhaustiva investigación periodística publicada en el diario *Clarín* el 14 de marzo de 2003, "no se sabe qué pasó con los 299.033 pesos que quedaron de diferencia entre el monto remitido en 1998 por la Nación y el que pagó la provincia para hacer la obra. El tema volvió a aparecer ahora, con un pedido del fiscal anticorrupción tucumano, Esteban Jerez, para que el Banco Nación explique adónde fue a parar el dinero. Aún no le contestaron".

En el Tucumán que nos duele, el de los chicos desnutridos, en el Jardín de la República convertido en cementerio prematuro, desaparecieron 300 mil pesos, o sea miles de dosis de medicamentos y miles de raciones alimentarias, según figura en un informe interno del Ministerio de Educación, que además denuncia la falta de respuesta del gobierno tucumano a sus *reiterados pedidos de aclaraciones* por este tema. "Al 14 de febrero de 2003, no se ha remitido información que actualizara el estado de la causa", dice el parte ministerial. Todo en nombre de Manuel Belgrano.

El fiscal Jerez supone que los fondos fueron a parar a una caja "única del Estado provincial" en la que el gobernador Julio Miranda agrupó las partidas especiales de su presupuesto. "Se trata de una cuenta –señala Calvo– que tenía una identificación propia de las películas de espionaje, 'Z 05', desactivada el año pasado, por presuntas irregularidades."

Los partidarios del ex gobernador Antonio Bussi y los seguidores del peronista Julio Antonio Miranda se echan la culpa entre sí, lo que, por supuesto, no asombra a nadie.

La estafa más grande de la historia

El fiscal Jerez pretende que se profundice la investigación judicial sobre el agujero negro en la herencia de Belgrano. "La intención es hacer un expediente más específico, porque pudo haber una suerte de *malversación legalizada* de los fondos originados en la donación."

Como ayuda, le aportamos a Su Señoría la suma actualizada a marzo de 2004, teniendo en cuenta:

• que los 40.000 pesos equivalían en 1813 a 80 kilos de oro;
• que tomando la cotización actual del oro, resulta un capital original de 4 millones de pesos actuales;
• y que, calculando una humilde tasa del 5 por ciento anual, que es la que fijó en su momento la Asamblea del año XIII hasta tanto se construyeran las escuelas,

• sumando el capital y los intereses de estos 191 años, el resultado final arroja la escalofriante cifra en pesos de 133.121.281.257.438, o sea: ciento treinta y tres billones, ciento veintiún mil doscientos ochenta y un millones, doscientos cincuenta y siete mil cuatrocientos treinta y ocho pesos.

La Escuela de la Patria, todo un símbolo, nunca fue terminada de acuerdo con los deseos de la Comisión del Legado Belgraniano que funciona en la provincia y que, créase o no, preside el gobernador Miranda. En cambio, el Ministerio de Educación de la Nación dijo haber cumplido con su parte y aseguró que "las instalaciones que se llegaron a montar son suficientes para honrar la memoria del prócer". Evidentemente, la memoria del prócer tenía muy poco valor para los inquilinos del Palacio Pizzurno por aquellos días de marzo de 2003.

Pero el sabio pueblo tucumano consideró insuficiente el homenaje y a comienzos de marzo de 2003 realizó una marcha encabezada por maestros, padres y alumnos, en la que se reclamó la finalización digna de la obra y la construcción de doce aulas nuevas, al grito de: "Belgrano es un patriota, no le rompan las pelotas".

Vilcapugio, Ayohúma, Europa y Tucumán

Estimulados por los triunfos de Salta y Tucumán, las tropas de Belgrano entraron en el Alto Perú, pero los realistas recibieron refuerzos y armas desde Lima y derrotaron a los patriotas en Vilcapugio el 1 de octubre de 1813 y en Ayohúma el 14 de noviembre. Belgrano, enfermo de paludismo, debió batirse en retirada con lo poco que pudo salvar de sus tropas. En la posta de Yatasto, en Salta, le traspasó el mando del Ejército del Norte a José de San Martín. A partir de entonces los uniría una relación de profunda amistad y mutua admiración.

En setiembre de 1814 el Directorio encomendó a Belgrano y a Rivadavia una difícil misión en Europa: conseguir la aprobación de las potencias europeas para la declaración de nuestra independencia. No era el momento más indicado: Europa asistía a la decadencia de Napoleón y la derrota de los ideales de la Revolución Francesa. Los reyes, entre ellos Fernando VII, volvían a sus tronos y no había ambiente para independencias. La misión terminó en un fracaso rotundo.

Cuando Belgrano regresó al país a fines de marzo de 1816, había comenzado a sesionar el Congreso de Tucumán y hacia allí se trasladó. Participó en la Declaración de Independencia y en el momento de discutir la forma de gobierno se sumó a la mayoría de los diputados que proponían la monarquía, pero sugirió no buscar príncipes en Europa sino entregarle el trono a un descendiente de los incas, como forma de reparar las injusticias cometidas por los conquistadores contra las culturas americanas.

La propuesta de Belgrano, que fue apoyada por San Martín y Güemes, no fue escuchada, e incluso algunos diputados, como el porteño Anchorena, se burlaron acusando a Belgrano de querer coronar a un rey "de la casta de los chocolates".

Poco después Belgrano se reintegró a la carrera militar y debió hacerse cargo nuevamente del Ejército del Norte, desquiciado después de la derrota de Sipe-Sipe y de la desastrosa y corrupta comandancia de José Rondeau. Mientras los soldados vivían en la miseria más absoluta, Rondeau se daba una vida de *pashá*, como lo cuenta un viajero sueco que lo visitó en su campamento de Jujuy el día anterior al desastre que ocasionaría la pérdida definitiva del Alto Perú: "Al general Rondeau le hice una visita en su campamento de Jujuy, en vísperas del día en que esperaba ser atacado. Me recibió en su tienda de campaña, donde estaba instalado de una manera verdaderamente oriental, con todas las comodidades de un serrallo. Entre la multitud de mujeres de todos los colores, me obsequió con dulces diciendo que en un país tan devastado y en vísperas de un día de batalla, debía excusarlo si no podía ofrecerme las comodidades que pueden encontrarse en un cuartel general de Europa. Chocado yo por la ostentación con que trataba de exhibir su lujo amanerado, le respondí que por el contrario me sentía muy sorprendido ante todo lo que tenía delante de mí".[6]

Belgrano, por el contrario, será uno más entre sus soldados. Había donado la mitad de su sueldo y, como contaba su entrañable amigo José Celedonio Balbín: "Se hallaba siempre en la mayor escasez, así es que muchas veces me mandó pedir cien o doscientos pesos para comer".

Belgrano se cansaba de mandar partes en los que describía el estado de sus soldados, los que les ponían el pecho a las balas en la última avanzada contra los godos: "La desnudez no tiene límites: hay hombres que llevan sus fornituras sobre sus carnes, y para gloria de la Nación hemos visto desnudarse de un triste poncho a algunos que los cubría para resguardar sus armas del agua y sufrirla con el mayor gusto". Por supuesto que los corruptos de Buenos Aires, que destinaban fondos millonarios para destruir a Artigas y que se repartían los beneficios del monopolio del puerto y de la Aduana, ni se dignaban a contestarle. Hasta que a Belgrano le subió la temperatura más de lo previsto y les mandó este parte que los denunciaba magistralmente: "Digan lo que quieran los hombres sentados en sofás, o sillas muy bonitas que disfrutan de comodidades, mientras los pobres

6 Jean Adam Graaner, en Vicente Sierra, *Historia de la Argentina*, Buenos Aires, UDEL, 1957.

diablos andamos en trabajos: a merced de los humos de la mesa cortan, tasan, destruyen a los enemigos con la misma facilidad con que empinan una copa (...) Si no se puede socorrer al Ejército, si no se puede pagar lo que éste consume mejor es despedirlo".

La soledad y el olvido

En enero de 1820 el general partió gravemente enfermo hacia su última misión: pacificar la provincia de Santa Fe. Pero a los pocos días debió abandonar la comandancia y marchar a Buenos Aires por motivos de salud.

A su sífilis, detectada en 1796,[7] se sumaban los efectos del paludismo y una aguda hidropesía que le impedía caminar y montar a caballo.

El 13 de abril, ya en la Capital, se dirigía al gobernador y ex amigo Manuel de Sarratea exponiéndole su "pésimo estado de salud", acompañando la nota con una planilla donde le detallaba los sueldos adeudados por el Estado. Sumaban 13.000 pesos. Sarratea no se dignó contestar. El 19 de aquel mes de abril de 1820 reitera su pedido, tras lo cual el gobernador le liquida una cifra humillante.

A Belgrano ya no le quedaban objetos de valor para vender y a su médico, el doctor Readhead, tuvo que pagarle con su reloj. Le dijo a su amigo Celedonio Balbín, que lo

---

7 Al incorporarse al Consulado, en el reconocimiento médico para admitirlo en el empleo, fue revisado por los doctores Miguel O'Gorman, Miguel García Rojas y José Ignacio de Aroche, que escribieron en el parte médico: "Reconocimos el estado de salud de Don Manuel Belgrano, Secretario del Real Consulado de esta Capital, el que según acordamos, padecía varias dolencias contraídas por un vicio sifilítico y complicadas con otras originadas del influjo del país".

visitó en su lecho de enfermo terminal: "Amigo Balbín, me hallo muy malo, duraré pocos días, espero la muerte sin temor, pero llevo un gran sentimiento al sepulcro: muero tan pobre, que no tengo cómo pagarle el dinero que usted me tiene prestado, pero no lo perderá. El gobierno me debe algunos, miles de pesos de mis sueldos; luego que el país se tranquilice lo pagarán a mi albacea, el que queda encargado de satisfacer a usted con el primer dinero que reciba".

El 20 de junio de 1820 no fue un día más en Buenos Aires. En plena guerra civil, la ciudad tuvo ese día tres gobernadores y, sin que nadie lo notara, moría Manuel Belgrano. Alcanzó a decir unas últimas palabras: "Yo espero que los buenos ciudadanos de esta tierra trabajarán para remediar sus desgracias. Ay Patria mía".

Dice uno de sus biógrafos más exhaustivos[8] que al practicar la autopsia el doctor Redhead notó que Belgrano tenía un corazón más grande que el común de los mortales.

Sólo un periódico de Buenos Aires, *El Despertador Teofilantrópico*, dirigido por el padre Castañeda, se ocupó de la muerte de Belgrano. Decía la publicación: "Es un deshonor a nuestro suelo, es una ingratitud que clama el cielo, el triste funeral, pobre y sombrío que se hizo en una Iglesia junto al río, al ciudadano ilustre General Manuel Belgrano".

Ni *La Gaceta*, que era el periódico oficial, ni *El Argos*, diario que se jactaba en su subtítulo de tener cien ojos para ver la realidad, vieron ni dieron cuenta de la muerte de Manuel Belgrano. Para ellos no fue noticia.

---

8 Bartolomé Mitre, *Historia de Belgrano y de la independencia argentina*, Buenos Aires, Lojouane, 1887.

Incas, reyes y traidores:
las vicisitudes de la independencia política

> "El principal y más próximo defecto de los habitantes
> de estas provincias es la costumbre de postergar para
> mañana lo que debiera hacerse hoy: costumbre confir-
> mada por ese sistema colonial que sofocaba en su origen
> toda energía y todo adelanto: mañana, mañana,
> es la respuesta común sobre todo asunto, desde los
> más triviales hasta los más importantes: es como una
> piedra de molino que pende de su cuello,
> inhabilitándolos, y que forma un impedimento
> serio para toda empresa. ¿Cuándo llegarán a conocer
> que nunca llega ese mañana?"
>
> JOHN PARISH ROBERTSON, comerciante inglés, 1816

Antes de Tucumán

Con la incorporación de los diputados del interior a la
Primera Junta, quedó constituida a fines de 1810 la llamada
"Junta Grande". Esto provocó la renuncia de Mariano Moreno y el enfrentamiento dentro del nuevo gobierno entre saavedristas y morenistas. Las derrotas del Ejército del Norte,
que hacían peligrar la continuidad de la lucha contra los realistas, así como la necesidad de tomar decisiones rápidas, llevaron a la concentración del poder en pocas manos.

La creación de un Poder Ejecutivo de tres miembros, el
Triunvirato, se concretó el 23 de setiembre de 1811. Los
triunviros Juan José Paso, Feliciano Chiclana y Manuel de Sarratea y el secretario, Bernardino Rivadavia, consideraron que
las exigencias de la guerra hacían necesario un Ejecutivo fuerte y disolvieron todas las Juntas provinciales y hasta la propia

Junta Grande. Estas medidas concentraron todo el poder en Buenos Aires y dejaron al interior sin representantes.

A comienzos de 1812 llegaron a Buenos Aires varios militares argentinos procedentes de Europa, entre ellos San Martín y Alvear. A poco de llegar, San Martín se presentó ante su contacto masónico en Buenos Aires, Julián Álvarez, que lo conectó con los grupos opositores al Triunvirato, encabezados por una organización politico-militar de clara ideología morenista: la Sociedad Patriótica, fundada por Bernardo de Monteagudo. Al mismo tiempo, San Martín fundó junto a su compañero de viaje, Carlos de Alvear, la Logia Lautaro, una sociedad secreta cuyos objetivos principales –la independencia y la Constitución republicana– coincidían con los de la Sociedad Patriótica.

San Martín y sus compañeros se decidieron a actuar y el 8 octubre de 1812 marcharon con sus tropas, incluidos los granaderos, hacia la Plaza de la Victoria (actual Plaza de Mayo) y exigieron la renuncia de los triunviros, porque, como dijo San Martín, "no siempre están las tropas para sostener gobiernos tiránicos". Así, fue designado un segundo Triunvirato afín a la Logia y a la Sociedad Patriótica, integrado por Juan José Paso, Nicolás Rodríguez Peña y Antonio Álvarez Jonte.

Un logro fundamental del Segundo Triunvirato fue la concreción del Congreso Constituyente, postergado desde 1810. El 24 de octubre de 1812 se convocó a elecciones para designar diputados que representaran a las provincias en la Asamblea General Constituyente. El documento decía, entre otras cosas: "España no puede justificar su conducta en constituirse ante el tribunal de las naciones imparciales, sin confesar, a pesar suyo, la justicia y santidad de nuestra causa (...) el eterno cautiverio del señor don Fernando VII ha hecho desaparecer sus últimos derechos con los postreros deberes y esperanzas las más ingenuas".

La Asamblea inauguró sus sesiones a fines de enero de 1813 y se proclamó representante de las Provincias Unidas del Río de la Plata.

Tenía por finalidad proclamar la independencia y sancionar una Constitución que incluyese la forma republicana de gobierno y la división de poderes. Lamentablemente, estos objetivos no fueron cumplidos.

Sin embargo, la obra de la Asamblea tuvo una importancia decisiva, porque se convirtió en una especie de declaración de principios que sirvió como antecedente de los futuros proyectos constitucionales.

Si bien ya se habían suscitado problemas entre el caudillo de la Banda Oriental, José Gervasio Artigas, y las autoridades de Buenos Aires, durante la reunión de la Asamblea se produjo un nuevo distanciamiento entre ambos por el rechazo de que fueron objeto los diputados orientales, que traían un verdadero programa de gobierno nacional, popular y revolucionario, que incluía la inmediata declaración de la independencia, una Constitución republicana, libertad civil y religiosa, igualdad de todos los ciudadanos, gobierno central con respeto por las autonomías provinciales, el establecimiento de la capital fuera de Buenos Aires y la promoción de un sistema social más justo. Todos estos puntos eran inaceptables para la burguesía porteña, representada por uno de sus miembros más adinerados y prominentes: Carlos de Alvear. Es curioso que el rechazo de los diputados orientales se haya producido por "defectos en la elección", cuando la realidad documentada indicaba que, de todos los diputados asistentes a la Asamblea, eran los únicos electos en forma democrática. Evidentemente, se los rechazó nada más y nada menos que por representar las ideas de cambio del gran caudillo revolucionario José Artigas.

Las ilusiones de independencia que inauguró la reunión de la Asamblea del año XIII, con el Himno, los símbolos patrios y la moneda fueron rápidamente frustradas por la política que llevó adelante su primer presidente, Carlos María de Alvear, que consiguió dos triunfos invalorables para las fuerzas reaccionarias: el rechazo de los diputados artiguistas y la postergación sin fecha de la declaración de nuestra independencia.

En este último punto tenían mucho que ver los intereses británicos, que, ahora aliados de España contra Napoleón, se oponían a la revolución en la América española. El temor a enemistarse con la gran potencia, principal compradora de los productos de Buenos Aires y casi única proveedora de las manufacturas que consumían los porteños, marcó la política de esos años.

Otra vez volvió a usarse la excusa de la amenaza exterior y la Asamblea, dominada por Alvear, dio un paso más en la concentración del poder: creó un Poder Ejecutivo unipersonal, el Directorio. Así lo cuenta Alvear en sus *Memorias*: "Yo sentí al instante este gran defecto (un poder ejecutivo de varias personas) y siendo miembro de la Constituyente, traté de sondear los ánimos con el objeto de concentrar el poder en una sola persona. (...) No había pues tiempo que perder y era preciso empezar por hacer en el gobierno una gran variación que pedían imperiosamente las circunstancias. El coronel San Martín había sido enviado a relevar al general Belgrano y la salida de este jefe de la capital que habíase manifestado opuesto a la concentración del poder, me dejaba más expedito para intentar esta grande obra".

Gervasio Posadas, tío de Alvear, fue el primer director supremo del Río de la Plata. Posadas, una especie de De la Rúa de la época, le confesó a un amigo: "Esta designación me salió como no pensaba. Después de consultar con hombres de consejo, acepté sujetarme a la cruz hasta lograr la oportunidad de soltarla con decoro". Años después escribía en sus *Memorias*: "Yo goberné y no fui gobernado. Pensaba más que dormía, trabajaba y consultaba, y sobre todo deseaba el acierto y propendía a él. Si a pesar de ello hubo errores, de los hombres es el errar: yo todo lo acordaba con los secretarios, leía antes de firmar, devolviéndoles lo que no me agradaba".

Posadas tomó una serie de medidas, con el apoyo de la Asamblea alvearista: tras las derrotas de Vilcapugio, el 1 de octubre de 1813, y Ayohúma, el 14 de noviembte de 1813, reemplazó a Belgrano por San Martín en el Ejército del Norte, declaró a Artigas "traidor a la patria" y ordenó la creación de una flota de guerra que puso al mando de Guillermo Brown, que inmediatamente trabó un bloqueo naval a Montevideo, lo que completaba el sitio que sostenía Rondeau.

La enemistad entre Alvear y San Martín ya era manifiesta, y el envío de San Martín al Norte tenía mucho más que ver con las ganas de sacarlo del medio del panorama político porteño que con un reconocimiento a sus probadas virtudes militares.

Posadas designó a su sobrino como jefe del Ejército del Norte. Esta decisión desató un gran descontento, provocó la renuncia de Posadas y, para peor, el nombramiento del propio Alvear como reemplazante. Todo quedaba en familia, pero la maniobra fue considerada una provocación y pronto quedó aún más clara la impopularidad del nuevo director.

La breve dictadura del general Alvear

El nuevo director había enviado a Manuel José García, en misión diplomática, a entrevistarse con el embajador británico en Río de Janeiro, lord Strangford, para ofrecerle la entrega de las Provincias Unidas como protectorado del Reino Unido.

Adelantándose a tantos gobernantes civiles y militares, el general Alvear entendía que la prosperidad de su clase pasaba por la asociación carnal con la potencia hegemónica y le escribía al embajador inglés en Río de Janeiro, lord Strangford, en los siguientes términos: "Estas provincias desean pertenecer a la Gran Bretaña, recibir sus leyes, obedecer a su gobierno y vivir bajo su influjo poderoso. Ellas se abandonan sin condición alguna a la generosidad y buena fe del pueblo inglés y yo estoy resuelto a sostener tan justa solicitud para librarlas de los males que las afligen. Es necesario que se aprovechen los buenos momentos, que vengan tropas que impongan a los genios díscolos y un jefe plenamente autorizado que empiece a dar al país las formas que fueren del beneplácito del Rey".

El rey Jorge III de Inglaterra, a cuya voluntad tan tiernamente se abandonaba el general Alvear, estaba loco como una cabra, pero no tanto como para hacerse cargo de estas provincias y tener que lidiar con nuestras meridionales características.

Jorge III (1738-1820), rey de Gran Bretaña e Irlanda, sufrió un ataque de locura a poco de iniciar su reinado. Sus trastornos mentales llegaron al punto de que en 1788 se aprobara una Ley de Regencia que quedó en suspenso hasta que, en 1811, experimentó una nueva recaída de la que ya no se recuperaría. Decía incoherencias, recorría su palacio con la mirada perdida y, para horror de la corte, solía hacer sus necesidades en cualquier rincón y se quitaba las ropas paseándose desnudo. No era justamente la mejor imagen que la civilización occidental y cristiana podía ofrecer como ejemplo de superioridad sobre los bárbaros del resto del mundo. Su hijo, que más tarde asumiría como Jorge IV, actuó como regente hasta el 29 de enero de 1820, día en que su padre murió completamente loco en el palacio de Windsor.

Al conocerse la oferta colonialista de Alvear, las protestas se multiplicaron. San Martín, indignado, había decidido renunciar a su cargo de gobernador de Cuyo, pero un Cabildo Abierto lo repuso antes que llegara el reemplazante que rápidamente mandó Alvear. De nada le sirvieron al director supremo el decreto de decenas de detenciones sumarias, la aplicación de la pena de muerte contra sus opositores ni la aplicación de una rígida censura a la prensa. El 3 de abril de 1815, las tropas que había enviado para combatir a Artigas se sublevaron en Fontezuelas, al mando de Ignacio Álvarez Thomas. El jefe sublevado emitió la siguiente proclama: "Cuando un pueblo valiente, generoso y lleno de virtudes se ve ajado, oprimido y degradado por la pequeña fracción de hombres inmorales y corrompidos que en la actualidad componen y son los agentes del gobierno que representa el General Alvear, es un deber sagrado de sus hijos librar a sus hermanos y compatriotas de los horrores que sufren. Estas y otras razones nos han decidido, de unánime consentimiento, a negar la obediencia al actual gobierno de Buenos Aires mientras se halle regido por el general Alvear o por cualquiera de las personas que forman aquella facción aborrecida; protestando que no depondremos las armas hasta que aquel benemérito pueblo haya, por sí, elegido libremente su gobierno".[1]

Finalmente, Alvear se convenció de que no le quedaba otro camino y presentó su renuncia, a instancias del mediador

1 Julio B. Lafont, *Historia de la Constitución Argentina*, Buenos Aires, El Ateneo, 1935.

inglés nombrado por el Cabildo porteño, el comandante Percy, que se ocupó de embarcarlo y llevárselo directamente a Río de Janeiro, para evitarle los escraches que, por aquel entonces, podían incluir el fusilamiento.

Al poco tiempo de desembarcar en Río, Alvear se presentó ante el embajador español Villalba y le entregó una carta con el siguiente contenido: "Es muy sensible a un español que nació con honor y que procuró acreditarse entre los gloriosos defensores de la Nación, presentarse ahora a vindicar su conducta en actitud de un delincuente y con las sombras de un rebelde y enemigo de su rey. Yo habría ido lejos de los hombres a ocultar mi vergüenza, si no conservase una esperanza de poder hacer disculpables mis procedimientos o si conociera menos la clemencia del Soberano y la indulgencia de sus ministros enseñados en la escuela de la desgracia".

La traición se completó con la entrega al ministro español de planos y documentos confidenciales, con detalles muy precisos del estado de las fuerzas militares patriotas, información sobre la cantidad de hombres, armas y municiones, su ubicación exacta en todo el territorio virreinal y revelaciones sobre los próximos pasos que seguirían los ejércitos rebeldes. Era un miserable pedido de perdón, una manifestación de arrepentimiento por una rebeldía que el peticionante emparentaba con la delincuencia.

Ese mismo hombre, meses antes, le había ofrecido como colonia estas tierras a la Gran Bretaña y había dejado a su país en una situación calamitosa. El mismo hombre al que la ciudad de Buenos Aires le ha dedicado la estatua más cara y una de las avenidas más importantes y elegantes de la ciudad. Es que la memoria de los dueños del poder y la riqueza no omite premiar con especial dedicación a los traidores a la patria.

Cambios en Buenos Aires

La Asamblea designó como director supremo a José Rondeau, que por hallarse a cargo del Ejército del Norte fue reemplazado interinamente por Álvarez Thomas.

Si bien la caída de Alvear arrastró a la Asamblea manejada por sus partidarios, la necesidad de organizar el país y declarar la independencia seguía pendiente.

El Cabildo de Buenos Aires nombró una Junta de Observación, para que dictase un Estatuto que definiera las funciones del gobierno central y convocase a un Congreso General Constituyente. Así se redactó el Estatuto Provisional, que fue sancionado el 6 de mayo de 1815. Entre otras cosas, este documento limitaba a un año la duración del cargo de director supremo y definía las funciones judiciales.

El Estatuto obligaba al director Álvarez Thomas a convocar a todos los ciudadanos (propietarios) del virreinato a elegir diputados para enviar al Congreso que se reuniría en Tucumán con el objetivo de discutir la forma de gobierno y una posible declaración de independencia.

La elección de un diputado cada 15.000 habitantes favorecía a Buenos Aires, que tendría siete diputados, mientras que, por ejemplo, Jujuy tendría uno solo. La mayoría de las provincias rechazaron el Estatuto, en el que advertían una maniobra más del centralismo porteño, pero aceptaron enviar diputados al Congreso. En cambio, se opusieron las provincias que estaban bajo la influencia de Artigas: Entre Ríos, Santa Fe, Corrientes y la Banda Oriental. Las provincias altoperuanas de Chichas y Mizque estuvieron representadas por exiliados, porque la región estaba ocupada por los españoles.

Para tener una idea de la representatividad de los diputados, vale la pena recordar la cantidad de votantes efectivos de la provincia de Buenos Aires, la más densamente poblada y mejor informada de la época. Aunque la provincia tenía entonces más de 90.000 habitantes, ninguno de los siete diputados electos superó los 80 votos, y el promedio general fue de 60.

La convocatoria establecía que el Congreso sólo podía reunirse cuando estuvieran presentes los dos tercios de los diputados convocados. En aquella época, la dificultad en los transportes era superlativa y los caminos estaban en muy mal estado. Esto demoró el inicio de las sesiones hasta fines de marzo de 1816.

Buenos Aires y el interior

Como iniciadores del movimiento revolucionario, los porteños buscaron el apoyo de las provincias interiores. Pero el hecho de haber integrado un mismo virreinato no significaba para las provincias la aceptación del liderazgo de Buenos Aires ni la adopción de sus políticas.

Córdoba, por ejemplo, había estado mucho más ligada, por su comercio y sus relaciones culturales, al Alto Perú y a Cuyo que a Buenos Aires. Cuyo se sentía más cerca de Santiago de Chile que de la ex capital virreinal, con la que mantenía, a pesar de todo, un activo comercio. Las provincias del Norte estaban, desde todo punto de vista, estrechamente vinculadas al Alto Perú.

Buenos Aires quiso tomar en sus manos la dirección revolucionaria y aunque las provincias al comienzo se adhirieron a la nueva situación, nunca renunciaron a su autonomía y no se mostraban dispuestas a acatar los dictados de la clase dirigente porteña.

Las necesidades de la guerra hacían necesaria una conducción unificada para coordinar todos los recursos económicos y humanos. Esta responsabilidad recayó sobre Buenos Aires, pero no desapareció la aspiración de cada región de gobernarse por sí misma.

Los terratenientes del Litoral y Buenos Aires, imbatibles en su carácter de "partidarios de sí mismos", como dirá Belgrano, parecían conformarse con las ganancias obtenidas de la exportación de cueros, sebo y tasajo, y, fuera de la instalación de los rudimentarios saladeros, no destinaron ni un centavo de sus enormes ganancias a transformar la abundante materia prima en productos elaborados. Si así hubiera sucedido, se habría producido un ahorro importante de divisas para el país y se habrían generado más puestos de trabajo y una mayor autonomía frente al capital inglés, que seguía manejando a su antojo el circuito comercial.

A esos sectores, por otra parte, no les importaba mucho la calidad de vida de los sectores populares: tratarían siempre de pagar los salarios más bajos posibles para abaratar los costos de su mercadería. Total, los gauchos no eran sus clientes. Sus compradores estaban del otro lado del Atlántico. Esto hizo imposible que se creara un mercado interno significativo, mantuvo en niveles muy bajos los salarios y limitó notablemente el aumento de la población.

Otra vez la pesadilla de Fernando VII

La Europa de 1815 era muy distinta de la de 1810. El 18 de junio de 1815 Napoleón fue derrotado en Waterloo por los ejércitos de Rusia, Inglaterra, Prusia y Austria, comandados por el inglés Wellington. Tras esta victoria, retornaron a Francia los reyes absolutistas, que trataron de anular las reformas sociales y económicas concretadas por la revolución de 1789. Uno a uno fueron retomando sus tronos los reyes europeos de esta época a la que se llamó de la "Restauración". Era una vuelta al pasado, al privilegio de unos pocos y al sufrimiento de muchos. De todos modos, las cosas ya no podían volver a ser exactamente como antes de la revolución. La mayoría de las monarquías debieron moderarse y aceptar el funcionamiento de parlamentos que limitaban su poder.

Entre los reyes que volvían a sus tronos, Fernando VII aparecía como uno de los más reaccionarios. "El Deseado",[2] como lo llamaban los españoles cuando era prisionero de Napoleón, reasumió anulando la Constitución liberal de 1812 y decidido a recuperar las colonias americanas a toda costa, sobre todo después de leer un informe de las Cortes, según el cual la metrópoli recaudaba al año: en México, 2,5 millones de pesos; en Nueva Granada, 4 millones; en Venezuela, 1 millón; en el Perú, 15 millones y en Buenos Aires, el foco rebelde invicto y perdurable, 12,5 millones de pesos.

La situación en América

En América las cosas iban de mal en peor. En México, a fines de 1815, el fusilamiento del sacerdote revolucionario José María Morelos parecía poner punto final al levantamiento antiespañol.

En Venezuela y Nueva Granada (Colombia) una poderosa expedición al mando del general Morillo derrotaba a los patriotas y en 1815 Bolívar marchaba hacia el exilio en la isla de Jamaica.

En Chile, desde la derrota de Rancagua en 1814, los patriotas estaban dispersos y los realistas habían recuperado el poder amenazando seriamente con invadir las últimas provincias rebeldes, las del Río de la Plata, del otro lado de la cordillera.

---

2 El calificativo de "deseado" resulta bastante difícil de entender cuando uno lee la descripción que hace del monarca don Benito Pérez Galdós: "Observándolo bien, se veía en tal fisonomía peregrina mezcla de majestad y de innobleza, de hermosura y de ridiculez".

Para 1816, a Fernando VII sólo le faltaba recuperar el territorio del ex Virreinato del Río de la Plata, única zona americana que resistía el avance de los españoles. Caía sobre los revolucionarios de estas tierras la enorme responsabilidad de resistir y extender la revolución hasta expulsarlos definitivamente.

La corona organizó un gran ejército, comandado desde Lima por el virrey del Perú, brigadier Joaquín de la Pezuela, y a cargo del mariscal José de la Serna, para hostigar a los patriotas e intentar recuperar estos territorios.

La heroica resistencia de los gauchos de Salta y Jujuy, conducidos por Martín Miguel de Güemes,[3] y las campañas libertadoras de San Martín serán decisivas para terminar con las ambiciones de Fernando VII de recuperar su imperio americano.

¿Dónde hay un rey?

Esta grave situación hizo que los sucesivos gobiernos patrios enviaran misiones diplomáticas a Europa y América para negociar tratados, comprar armamentos y conseguir apoyo diplomático. Belgrano y Rivadavia partieron hacia Londres y Madrid a fines de 1814. En el trayecto se detuvieron en Río de Janeiro y se entrevistaron con el embajador inglés, lord Strangford. Allí se encontraron con Manuel José García, enviado por Alvear para ofrecerle a Inglaterra

---

3 Martín Miguel de Güemes había nacido en Salta en 1783. Ingresó a la carrera militar y participó en la defensa de Buenos Aires en 1806 y 1807. Formó parte de las tropas victoriosas en Suipacha. San Martín advirtió los valores militares y el carisma de Güemes y lo destinó a formar tropas irregulares para llevar adelante una verdadera guerra de guerrillas en las que se destacaría junto a sus gauchos, los "Infernales", únicos y heroicos custodios de la frontera norte.

el protectorado sobre el Río de la Plata, y pudieron frenar a tiempo a García antes de que se concretara la oferta de Alvear.

Al llegar a Europa en plena derrota de Napoleón y con la restauración conservadora en marcha, los dos criollos comprobaron que no había negociación posible. Manuel de Sarratea, que estaba en Europa desde hacía un tiempo, llegó a planear el secuestro del infante Francisco de Paula, hermano de Fernando VII, para traerlo clandestinamente a Buenos Aires y coronarlo como rey del Río de la Plata, de modo de aplacar los ánimos europeos. Pero el novelesco plan fracasó.

El Congreso de los Pueblos Libres

Habitualmente, nuestros manuales de historia, incluso algunos calificados como "progresistas", dicen muy sueltos de cuerpo que las provincias controlada por Artigas se negaron a enviar diputados al Congreso de Tucumán o, personalizando, que Artigas se negó a enviar diputados al Jardín de la República. Lo que no cuentan es el porqué y omiten el gravísimo episodio que explica la ausencia de delegados de la Banda Oriental, Santa Fe, Entre Ríos, Misiones y parte de Córdoba, o sea, la mitad del país de entonces.

Cuando se produjo la convocatoria al Congreso, José Artigas[4] convocó a su vez a un Congreso de los Pueblos Libres, para discutir democráticamente con su gente los mandatos que llevarían los diputados a Tucumán. El Congreso

---

4 José Gervasio de Artigas representó los intereses del interior y fue el primero en adherirse a las ideas federales en el Río de la Plata. Unió a las ideas de cambio político planteadas por la Revolución de Mayo la voluntad de llevar adelante cambios económicos y sociales, y lograr una distribución más justa del poder y la riqueza.

se reunió en Concepción del Uruguay (Entre Ríos) el 29 de junio de 1815. Allí estaban los delegados de la Banda Oriental, Corrientes, Santa Fe, Córdoba, Entre Ríos y Misiones. Sus primeros actos fueron jurar la independencia de España, izar la bandera tricolor –celeste y blanca con una franja roja en diagonal– y enviar una delegación a Buenos Aires para concretar la unidad.

Mientras en Buenos Aires se sancionaba el Reglamento del Tránsito de Individuos, que decía: "Todo individuo que no tenga propiedad legítima será reputado en la calidad de sirviente y será obligatorio que se muna de una papeleta de su patrón visada por el juez. Los que no tengan estas papeletas serán reputados como vagos y detenidos o incorporados a la milicia", Artigas proclamaba su Reglamento Oriental para el Fomento de la Campaña, que establecía la expropiación de tierras de "emigrados, malos europeos y peores americanos" y su reparto entre los desposeídos del país para "fomentar con brazos útiles la población de la campaña".

Esto puso muy nerviosas a las autoridades de Buenos Aires, que preparaban secretamente una invasión a Santa Fe mientras recibían a los delegados artiguistas. Entonces se montó un *show* tendiente a la distracción de los representantes del caudillo oriental, reconociéndole cargos y honores y rogándole que participara del Congreso.

Cuando las dilaciones se hicieron injustificables y ante el peligro de que los delegados se enteraran de la inminente invasión de una de las provincias integrantes de la Liga de los Pueblos Libres y revelaran a su jefe la noticia, el director Álvarez Thomas decidió secuestrarlos, como lo admitirá en una carta a Artigas comunicándole la invasión: "He enviado fuerzas a Santa Fe con las instrucciones que manifiestan las proclamas que incluyo. Los diputados de V. E. han padecido alguna detención en su despacho porque, hallándose informados de la indicada medida, temí precipitasen a V. E. para oponerse a que se realizase con el sosiego que conviene a todos". A todos menos a los santafecinos, convendría aclarar.

El que tomaba esta medida ilegítima a todas luces era Álvarez Thomas, aquel que nunca se hubiera sublevado contra Alvear de no haber tenido el leal apoyo de las fuerzas artiguistas de Santa Fe.

La invasión a Santa Fe, como señala José Luis Busaniche, implicaba que la oligarquía brillante y gloriosa de Buenos Aires había resuelto fijar el límite este del nuevo Estado en el Río Paraná, preservando la provincia de Santa Fe con su puerto y su aduana, y procurando desde entonces la independencia de la zona controlada por Artigas o la entrega de aquellos territorios a Portugal. Lo importante era hacer desaparecer a Artigas, a sus gauchos y a su proyecto revolucionario. Las ciudades de Rosario y Santa Fe fueron arrasadas entre el 25 y el 30 de agosto de 1815 por las tropas dirigidas por Viamonte, que designó al frente de la gobernación a Juan Francisco Tarragona, un títere de los intereses porteños. Pero el ejército popular artiguista terminaría en pocos meses con esta farsa, recuperando el poder para el Protector de los Pueblos Libres. Después de todos estos sucesos, ante la evidencia de que el Congreso de Tucumán sería dominado por los porteños directoriales y tras consultar con los delegados de las diferentes regiones, Artigas decidió, ahora sí, no enviar diputados al famoso Congreso.

¿Cómo era aquel Tucumán?

Se había elegido como sede del Congreso a la ciudad de Tucumán, porque estaba ubicada en el centro del virreinato y porque las provincias se negaban a que Buenos Aires fuera otra vez la única protagonista de un hecho que las afectaba a todas. Fray Cayetano Rodríguez le explicaba a un amigo los motivos de la elección de la sede: "Ahora encuentras mil escollos para que el Congreso sea en Tucumán. ¿Y dónde quieres que sea? ¿En Buenos Aires? ¿No sabes que todos se excusan de venir a un pueblo a quien miran como opresor de sus derechos y que aspira a subyugarlos? ¿No sabes que aquí las bayonetas imponen la ley y aterran hasta los pensamientos? ¿No sabes que el nombre porteño está odiado en las Provincias Unidas o desunidas del Río de la Plata?".

Por aquel entonces Tucumán era una pequeña ciudad de doce manzanas. Desde lejos podían verse las torres de las cuatro iglesias y del Cabildo. Los tucumanos, unos 13.000 por entonces, tenían una vida tranquila que se animaba al mediodía, cuando el centro se poblaba de carretas, vendedores ambulantes y gente que iba y venía entre las pulperías y las tiendas. No faltaba el azúcar para el mate ni tampoco algún cantor que animara a la gente con una zamba.

Por las noches había tertulias como en Buenos Aires, pero a las diez el toque de queda les recordaba a todos que estaban en zona de guerra y que había que refugiarse en las casas.

Los primeros en llegar a Tucumán fueron los diputados porteños y los cuyanos. Los restantes se fueron sumando luego, hasta que el 24 de marzo de 1816 se inauguraron las sesiones del Congreso.

Comienza el Congreso

El 24 de marzo –por aquel entonces fecha sin connotaciones nefastas– de 1816 comenzaron las sesiones del Congreso bajo la presidencia del doctor Pedro Medrano, que decía en una confesión a un amigo: "¿No le parece a usted como a mí, que tal comisión de arengar en la apertura del

Congreso es bastante peliaguda? ¡Perra! Pues bien que he dado vueltas para encontrar qué decir, y todavía no lo hallo". Pero se las ingenió y dejó abiertas las sesiones. Se resolvió que la presidencia sería rotativa y mensual, y se designaron dos secretarios: Juan José Paso y José Mariano Serrano.[5]

"Tan pobre era la patria que, como Jesús, no tenía lugar para nacer", decía la copla popular y, efectivamente, el Congreso sesionó en la casa de doña Francisca Bazán de Laguna –como todos sabemos desde nuestra más tierna infancia, la mejor productora de empanadas de todo el Tucumán–, ubicada en la Calle del Rey N° 151. Se había construido a fines del siglo XVIII y era una típica casa colonial. La dueña permitió hacer algunas modificaciones *ad hoc*. Se demolieron paredes y se armó un gran salón de 15 metros por 5. El gobernador Aráoz y los conventos de Santo Domingo y San Francisco prestaron los muebles. Cuando el Congreso pasó a Buenos Aires, doña Francisca recuperó la casa. En 1869 el gobierno la compró, pero no para transformarla en un museo sino para destinarla a ¡una oficina de correos! En 1880 la casa se derrumbaba y se aprobó un proyecto de restauración que tardó más de medio siglo en concretarse.

Provincias representadas:

Buenos Aires, con 7 diputados; Córdoba, con 5 diputados; Tucumán, con 3 diputados; Catamarca, con 2; Santiago del Estero, con 2; Mendoza, con 2; Salta, con 2; La Rioja, con

---

5 José Mariano Serrano era oriundo del Alto Perú. Se doctoró en Charcas y fue su representante durante la Asamblea del año XIII y en el Congreso de Tucumán. Fue el redactor del Acta y la Declaración de Independencia. Nueve años más tarde, en 1825, redactó el Acta de Independencia de Bolivia, donde ocupó altos cargos de gobierno y judiciales, hasta su muerte en 1851.

1 diputado; San Luis, con 1 diputado; Jujuy, con 1 diputado; Chuquisaca, con 4; Cochabamba, con 1; La Plata, con 2; Chichas, con 1 diputado elegido en el exilio (el distrito estaba en poder de los españoles); Mizque, con 1 diputado elegido en el exilio (el distrito estaba en poder de los españoles).

Congresales, por profesiones y lugar de origen:

Sacerdotes: Antonio Sáenz, Buenos Aires; Justo Santa María de Oro, San Juan; Pedro José Miguel Aráoz, Tucumán; José Eusebio Colombres, nacido en Tucumán, representó a Catamarca; Miguel Antonio Acevedo, Catamarca; Pedro León Gallo, Santiago del Estero; José Ignacio Thames, nacido en Córdoba, representó a Tucumán; Pedro Ignacio Castro Barros, La Rioja; José Andrés Pacheco de Melo, nacido en Salta, representó a Chichas; Mariano Sánchez de Loria, Chuquisaca; Cayetano José Rodríguez, Buenos Aires, responsable de la publicación *El Redactor del Congreso Nacional*; Pedro Francisco de Uriarte, Santiago del Estero; Jerónimo Salguero, Córdoba.

Universitarios (la mayoría, abogados): Juan José Paso, Buenos Aires; José María Serrano, Chuquisaca; Pedro Medrano, Buenos Aires; José Darragueira, Buenos Aires; Esteban Agustín Gascón, Buenos Aires; Tomás Manuel de Anchorena, Buenos Aires; Tomás Godoy Cruz, Mendoza; Eduardo Pérez de Bulnes, Córdoba; José Antonio Cabrera, Córdoba; Teodoro Sánchez de Bustamante, Jujuy; José Antonio Olmos de Aguilera, Catamarca; José Severo Malabia, Chuquisaca; Felipe Antonio de Iriarte, La Plata (Alto Perú); Jaime Zudáñez, La Plata (Alto Perú); Pedro Ignacio Rivera, Mizque (Alto Perú); Pedro Carrasco, Cochabamba (Alto Perú); Francisco Narciso de Laprida, San Juan; Juan Agustín Maza, Mendoza; Juan Martín de Pueyrredón, San Luis.

La primera cuestión que tuvo que tratar el Congreso fue el reemplazo del renunciante director supremo Ignacio Álvarez Thomas. Fue elegido para el cargo el diputado por San Luis, coronel mayor Juan Martín de Pueyrredón, de quien decía Medrano: "Hay hombres más virtuosos, pero no tan políticos. Los hay más sabios, pero no tan discretos. Los habrá más santos, pero no tan vivos y perspicaces. Juan Martín tiene de aquellas virtudes las que se necesitan y tiene sobre todos los virtuosos la política, la perspicacia, la destreza, y lo que vale más que todo, la opinión".[6] El nuevo director debió viajar de inmediato a Salta para confirmar a Güemes como comandante de la frontera norte tras la derrota de Rondeau en Sipe-Sipe.

El tema siguiente fue el debate sobre la forma de gobierno. La mayoría de los congresales estaban de acuerdo en establecer una monarquía constitucional, que era la forma de gobierno más aceptada en la Europa de la restauración. En el mundo sólo quedaba en pie una república: los Estados Unidos de Norteamérica.

En la sesión secreta del 6 de julio de 1816, Belgrano, que acababa de llegar de Europa tras su fallida misión, propuso ante los congresales de Tucumán que, en vez de buscar un príncipe europeo o volver a estar bajo la autoridad española, se estableciera una monarquía moderada, encabezada por un príncipe inca.

Decía Manuel Belgrano: "Las naciones de Europa tratan ahora de monarquizarlo todo. Considero que la forma de gobierno más conveniente a estas provincias es una monarquía, es la única forma de que las naciones europeas acepten nuestra independencia. Y se haría justicia si llamáramos a ocupar el trono a un representante de la casa de los Incas".

6 Academia Nacional de la Historia, *Historia de la Nación Argentina*, Buenos Aires, El Ateneo, 1961.

Belgrano recibió el cálido apoyo de San Martín y de Güemes. La idea también entusiasmó a los diputados altoperuanos, que propusieron un reino con capital en Cuzco: se daba por descontado que esto aseguraría la adhesión de los indígenas a la causa revolucionaria.

Es curioso observar cómo califican muchos historiadores la idea belgraniana del inca. Casi sin excepción se burlan de ella tildándola de exótica. No usan el mismo calificativo para los zares, el príncipe de Luca o los integrantes de la realeza europea, ellos sí exóticos, que trataron de coronar los directoriales. Resulta que el único exótico es el inca, y a tales efectos no deja de ser interesante la definición de la palabra según el diccionario de la Real Academia Española:[7] "Exótico: extranjero, especialmente si procede de país lejano". Claro que para muchos escribas vernáculos siempre será más "exótico" un inca, un gaucho, un criollo o un "cabecita negra" que cualquier parásito de las monarquías transatlánticas.

Para los porteños, la coronación del inca era inadmisible y "ridícula". El diputado por Buenos Aires, Tomás de Anchorena, dijo que no aceptaría a "un monarca de la casta de los chocolates, a un rey en ojotas", y propuso la federación de provincias a causa de las notables diferencias que había entre las distintas regiones.

Fray Justo Santa María de Oro hizo gala de su muñeca política y postuló que había que consultar a los pueblos de todo el territorio antes de tomar cualquier resolución sobre la forma de gobierno, amenazando con retirarse del Congreso si no se procedía de ese modo. Las discusiones entre monárquicos y republicanos siguieron cada vez más acaloradas, sin que se llegara a ningún acuerdo.

7 *Diccionario de la Lengua Española*, Real Academia Española, Espasa, Madrid, 2002.

Pueyrredón regresó a Tucumán, apuró a los diputados para que declarasen de una vez por todas la independencia y viajó a Buenos Aires.

Una comisión compuesta por los diputados Gascón, Sánchez de Bustamante y Serrano redactó una especie de plan de trabajo para el Congreso, en el que se incluía el tan deseado y demorado tema de la independencia, que impacientaba al gobernador intendente de Cuyo, José de San Martín, como puede leerse en esta carta que le envió al diputado por Cuyo, Tomás Godoy Cruz: "Hasta cuándo esperamos declarar nuestra independencia. ¿No le parece a usted una cosa bien ridícula, acuñar moneda, tener el pabellón y cucarda nacional y por último hacer la guerra al soberano de quien en el día se cree dependemos? ¿Qué nos falta más que decirlo? Por otra parte, ¿qué relaciones podremos emprender, cuando estamos a pupilo? (...) Ánimo, que para los hombres de coraje se han hecho las empresas". San Martín terminaba su carta expresando una duda que comenzaba a sonar cruel: "¿Los medios violentos a que es preciso recurrir para salvarnos tendrán o no los resultados que se proponen los buenos americanos? ¿Se podrán realizar o no contrastando el egoísmo de los más pudientes?"[8].

El sol del 9 viene asomando

El martes 9 de julio de 1816 no llovía como en aquel 25 de mayo de hacía seis años. El día estaba muy soleado y a eso de las dos de la tarde los diputados del Congreso comenzaron a sesionar. A pedido del diputado por Jujuy, Sánchez de

---

8 Carta de San Martín al diputado por Cuyo, Godoy Cruz, en: Ricardo Levene, *El genio político de San Martín*, Buenos Aires, Depalma, 1950.

Bustamente, se trató el "proyecto de deliberación sobre la libertad e independencia del país". Bajo la presidencia del sanjuanino Narciso Laprida,[9] el secretario, Juan José Paso, preguntó a los congresales "si querían que las Provincias de la Unión fuesen una nación libre de los reyes de España y su metrópoli". Todos los diputados aprobaron por aclamación la propuesta de Paso. En medio de los gritos de la gente que miraba desde afuera por las ventanas y de algunos colados que habían logrado entrar a la sala, fueron firmando el Acta de Independencia, que declaraba "solemnemente a la faz de la tierra, que es voluntad unánime e indubitable de estas provincias romper los vínculos que las ligaban a los Reyes de España, recuperar los derechos de que fueran despojadas e investirse del alto carácter de nación independiente del Rey Fernando VII, sus sucesores y metrópoli".

En la sesión del 19 de julio uno de los diputados por Buenos Aires, Pedro Medrano, previendo la reacción furibunda de San Martín, que estaba al tanto de las gestiones secretas que involucraban a algunos congresales y al propio director supremo para entregar estas provincias, independientes de España, al dominio de Portugal o Inglaterra, señaló que antes de pasar al ejército el Acta de Independencia y la fórmula del juramento, se agregase, después de "sus sucesores y metrópoli", "de toda dominación extranjera", "para sofocar el rumor de que existía la idea de entregar el país a los portugueses".

La declaración iba acompañada de un sugerente documento que decía *"fin de la Revolución, principio del Orden"*,

9 Francisco Narciso Laprida había nacido en San Juan en 1786. Cuando concluyó su labor en el Congreso regresó a su provincia y llegó a ser gobernador. Luchó desde el bando unitario contra Quiroga y fue derrotado y muerto en 1829, en el combate del Pilar.

en el que los congresales dejaban en claro que les preocupaba dar una imagen de moderación frente a los poderosos de Europa, que, tras la derrota de Napoleón, no toleraban la irritante palabra "revolución".

El jefe de la flota inglesa informaba en estos términos a Su Majestad sobre los últimos acontecimientos: "Será quizás sorprendente para Su Excelencia el hecho de que el Gobierno existente (...) haya elegido este momento preciso para declarar su independencia, no solamente de España, sino de toda otra potencia. Pero pienso que esto puede fácilmente explicarse por el hecho de que eso fue necesario para aplacar el entusiasmo revolucionario de aquellos que constituían un peligro, a quienes de ningún modo podía confiarse el verdadero secreto. Las ceremonias públicas fueron, sin embargo, postergadas hasta el 13 del corriente, cuando ya fue absolutamente necesario continuar con ellas para evitar sospechas; fue fácilmente perceptible advertir que los actores que tomaban parte en esta ceremonia sentían ciertamente muy poco interés por el papel que venían representando".[10]

La infame traición a la patria

Medrano sabía que lo de "entregar el país a los portugueses" era mucho más que un rumor. El ministro argentino en Río de Janeiro, el inefable y omnipresente Manuel José García, le había escrito al director supremo Pueyrredón: "Creo que en breve desaparecerá Artigas de esa provincia y

10 Carta del jefe de la flota inglesa en el Río de la Plata, comodoro William Bowles, fechada en Buenos Aires en agosto de 1816, en John Street, *Gran Bretaña y la independencia del Río de la Plata*, Buenos Aires, Paidós, 1967.

quizás de toda la Banda Oriental. Vaya pensando en el hombre que ha de tratar con el General Lecor".[11]

El gran historiador brasileño Caio Prado Junior explica así el rol que cumplía la corte portuguesa, a la que se pretendía entregar estas provincias: "La monarquía portuguesa será un juguete en manos de Inglaterra. El soberano permanecerá en Río de Janeiro bajo la protección de una división naval inglesa estacionada permanentemente. Las colonias españolas que componían los antiguos virreinatos de Buenos Aires y del Perú se orientaron comercialmente, y muchas veces políticamente, hacia Río de Janeiro, que enarbolaba el título prestigioso de sede de un trono europeo y donde se instaló el cuartel general diplomático y comercial inglés en esta parte del Mundo".[12]

Mientras el Congreso proclamaba formalmente nuestra independencia, el jefe del nuevo Estado independiente, Juan Martín de Pueyrredón, enviaba a Río de Janeiro al comisionado Terrada con estas patéticas instrucciones: "La base principal de toda negociación será la libertad e independencia de las Provincias representadas en el Congreso". Así, se dejaba a la buena de Dios, o sea, en manos de los portugueses, a las provincias de Entre Ríos, Corrientes, Misiones, Santa Fe y la Banda Oriental. Y en las instrucciones reservadísimas que Pueyrredón encomendó al otro enviado, Miguel Irigoyen, se decía: "Si se le exigiere al comisionado que estas provincias se incorporen a las del Brasil, se opondrá abiertamente. Pero, si después de apurados todos los recursos de la política, insistieren, les indicará, como una cosa

11 El general Carlos Federico Lecor, más conocido como el Barón de la Laguna, era el jefe de las tropas portuguesas.

12 Caio Prado Junior, *Historia económica del Brasil*, Buenos Aires, FCE, 1960.

que sale de él y que es a lo más a que tal vez podrían prestarse estas provincias, que, formando un Estado distinto del Brasil, reconocerán como su monarca al de aquél, mientras mantenga su corte en este continente, pero bajo una Constitución que presentará el Congreso".[13]

Tras conocer estas negociaciones, el emisario norteamericano aconsejaba a su gobierno: "El gobierno de estas provincias es demasiado sumiso a Gran Bretaña para merecer el reconocimiento de los Estados Unidos como potencia independiente". Y el secretario de Estado del país del Norte le escribía al agente de esa nación David Curtis Forest: "La política del gobierno de Buenos Aires plantea serias dudas en cuanto a si realmente era o seguirá siendo independiente".[14]

Diferenciándose del liberalismo económico desenfrenado exhibido por los porteños, Artigas promulgó el 9 de setiembre de 1815 un Reglamento de Comercio que establecía: "Que todos los impuestos que se impongan a las introducciones extranjeras serán iguales en todas las Provincias Unidas, debiendo ser recargadas todas aquellas que perjudiquen nuestras artes o fábricas, a fin de dar fomento a la industria de nuestro territorio".[15]

El director supremo y la burguesía terrateniente porteña preparaban una nueva traición a la patria. Del otro lado del río y de la historia, José Gervasio Artigas ponía

13 José Luis Busaniche, "Cómo fueron destruidos los pueblos de las Misiones Occidentales del Uruguay", *Boletín de la Comisión Nacional de Museos y Monumentos Históricos* N° 9, Buenos Aires, 1948.

14 A. P. Whitaker, *Los Estados Unidos y la independencia*, Buenos Aires, Eudeba, 1971.

15 J. P. Barrán y B. Nahum, *Bases económicas de la revolución artiguista*, Montevideo, Ediciones de la Banda Oriental, 1963.

en práctica la ley agraria más avanzada que se haya conocido en estos lares del Río de la Plata.

Artigas fundó una colonia agrícola que combinaba las tradiciones comunitarias de los abipones y guaycurúes del Chaco, tan artiguistas como los charrúas, que ya tenían destinada en propiedad la zona de Arerunguá para su subsistencia. Además, logró que el Cabildo de Corrientes les otorgara tierras a los indígenas, después del siguiente alegato dirigido a esa institución: "Es preciso que a los Indios se trate con más consideración pues no es dable cuando sostenemos nuestros derechos excluirlos del que justamente les corresponde. Su ignorancia e incivilización no es un delito represible. Ellos deben ser condolidos más bien de esta desgracia, pues no ignora V. S. quién ha sido su causante, ¿y nosotros habremos de perpetuarla? ¿Y nos preciaremos de patriotas siendo indiferentes a ese mal? Por lo mismo es preciso que los magistrados velen por atraerlos, persuadirlos y convencerlos y que con obras mejor que con palabras acrediten su compasión y amor filial".

A menos de un mes de la proclamación de nuestra independencia, se cumplieron las previsiones y los deseos de Pueyrredón y el enviado García. En una carta a su embajador en Río, Pueyrredón decía que "los pueblos ya no insistían en sus ideas democráticas y que era llegado el momento de proponer la coronación del Infante del Brasil en el Río de la Plata para allanar cualquier dificultad con España".

Era la luz verde para la intervención lusitana. A mediados de agosto de 1816 se desató sobre la Banda Oriental la devastadora invasión portuguesa, compuesta por 30.000 soldados con el mejor armamento de la época y bajo el asesoramiento de nuestro viejo conocido, el otrora invasor inglés William Carr Beresford, contratado por la corte de Río para reorganizar su ejército. Iban por Artigas y su gente, a poner fin a la experiencia más democrática y popular de esta parte del mundo, a exterminar de raíz ese "mal ejemplo" que podía acarrear el riesgo de contagio. Buenos Aires les cubría las espaldas a los portugueses, y su enviado García –que según Mitre practicaba una diplomacia tenebrosa– firmaba con la corte de Río el tratado que en su artículo 1º decía: "El gobierno argentino se obliga a retirar tropas y municiones que hubiere facilitado en socorro de Artigas, no admitiendo a este último ni a sus partidarios en el territorio de la banda occidental del Uruguay. Caso de que entrara y no hubiese medios para expulsarlos, solicitaríase al efecto la cooperación de las tropas portuguesas".

Indignado, Artigas le envió a Pueyrredón esta carta denunciando abiertamente la hipocresía del director supremo: "¿Hasta cuándo pretende V. E. apurar nuestros sufrimientos? Ocho años de revolución, de afanes, de peligros, de contrastes y miserias deberían haber sido suficiente prueba para justificar mi decisión y rectificar el juicio de ese gobierno. Ha reconocido él en varias épocas la lealtad y dignidad del pueblo oriental, y él debe reconocer mi delicadeza por el respeto a sus sagrados derechos. ¿Y V. E. se atreve a profanarlos? ¿V. E. está empeñado en provocar mi extrema moderación? ¡Tema V. E. sólo en considerar las consecuencias! Promovida la agresión de Portugal, es altamente criminal en repetir los insultos con que los enemigos consideran asegurada su temeraria empresa. En vano es que quiera su gobierno ostentar la generosidad de sus sentimientos; ellos están desmentidos por el orden mismo de los sucesos y éstos llevan el convencimiento a todos de que V. E. se complace más en complicar los momentos que en promover aquella decisión y energía necesarias que reaniman el ánimo de los libres contra el poder de los tiranos".

En otra comunicación a Pueyrredón le decía: "Me he visto perseguido pero mi sentimiento jamás se vio humillado. La Libertad de América forma mi sistema y plantearlo mi único anhelo. Tal vez V. E. en mis apuros y con mis recursos habría hecho sucumbir su constancia y se habría prostituido ya".

Artigas se equivocaba: hacía rato que Pueyrredón y su clase se habían prostituido, como lo señalaban dos comerciantes y buenos observadores ingleses: "El directorio de Pueyrredón sostenido por el Congreso Nacional fue causa de incalculables daños para Buenos Aires. El cohecho y la corrupción eran los medios con que principalmente se contaba para sostener el Ejecutivo, y bajo su patrocinio se había organizado un sistema de contrabando en gran escala como para dilapidar y arruinar el tesoro público, mientras llenaba los bolsillos del primer mandatario del Estado".[16]

La masacre había comenzado y así lo relataba uno de los generales del ejército genocida, el portugués Chagas Santos: "Destruidos y saqueados siete pueblos de la margen occidental de Uruguay y saqueados solamente los pueblos de Apóstoles, San José y San Carlos, quedando hostilizada y saqueada toda la campaña adyacente a los mismos pueblos por espacio de cincuenta leguas, no pudiendo yo continuar para perseguir y atacar a Artigas en su propio campamento como era mi deseo, por falta de caballos, el 13 del mismo mes volvimos a pasar el Uruguay y nos reunimos en este pueblo San Borja. De este territorio se saquearon y fueron traídas a esta banda más de 50 arrobas de plata, muchos y ricos ornamentos, muchas y buenas campanas, tres

---

16 Guillermo Parish Robertson, *Cartas de Sudamérica*, Buenos Aires, Hyspamérica, 1985.

mil caballos, otras tantas yeguas, aparte de 130.000 pesos. En suma las hostilidades y daños que hemos hecho y continuamos haciendo en este país que va a quedar destruido es sin duda el golpe más sensible para Artigas".[17]

Después de haber leído semejante declaración, el director del Estado invadido, Juan Martín de Pueyrredón, le escribe en estos términos al comandante invasor Lecor, al que llama "Jefe del Ejército de Pacificación": "En interés recíproco de ambos gobiernos demanda imperiosamente que Artigas sea perseguido hasta el caso de quitarle toda esperanza de obrar mal a que lo inclina su carácter".[18]

Comenzaban cuatro años de resistencia, de heroicos combates de los Pueblos Libres contra los invasores portugueses apañados por Buenos Aires y sus estancieros y comerciantes, que, por el momento, podían respirar tranquilos y, haciendo gala de un cinismo que se irá incrementando con los siglos, declarar oficialmente a Artigas "Infame Traidor a la Patria".

In the pendiente

Se había dado un gran paso. Tras seis años de avances y retrocesos, de mucha lucha y sangre derramada, de fuertes debates entre decididos e indecisos y muchos cambios en el panorama internacional, se había declarado la independencia. Se había abandonado el ridículo, como decía San Martín, de tener bandera, moneda, himno y guerrear contra España pero seguir, de hecho, reconociéndose dependientes. Parecían quedar atrás los retos a Belgrano por enarbolar la

---

17 J. L. Busaniche, *op. cit.*

18 Joaquín Pérez, *Artigas, San Martín y los proyectos monárquicos en el Río de la Plata y Chile (1818-1820)*, Buenos Aires, Misión, 1979.

bandera y a Castelli por "ir demasiado lejos". Las Provincias eran un territorio políticamente libre, pero la independencia política no garantizaba la independencia económica. Éramos políticamente independientes "de España y de toda dominación extranjera", pero España nos había dejado en una situación económica muy débil, y eso nos iba a llevar a que cayéramos en los brazos de otras potencias europeas.

España no sólo no había fomentado las industrias ni el comercio entre las distintas regiones del extenso territorio, sino que había hecho todo lo posible para que en sus colonias americanas no se desarrollaran. Además, la escasa producción industrial española ni siquiera cubría las necesidades básicas de los habitantes de la península, por lo que se debía importar la mayoría de los productos elaborados.

Entre nosotros, la incapacidad, la falta de voluntad y patriotismo de los sectores más poderosos llevaron a que nuestro país quedara condenado a producir materias primas y comprar productos manufacturados, muchas veces con nuestra propia materia prima. Por supuesto, valía mucho más una bufanda inglesa que la lana argentina con la que estaba hecha. Esto llevó a una clara dependencia económica del país comprador y vendedor, en este caso Inglaterra, que impuso sus gustos, sus precios y sus formas de pago. Además, como se sabe, los países que viven de exportar materias primas, como granos o carnes, están muy expuestos a sufrir las consecuencias de fenómenos naturales, como sequías, inundaciones o pestes de animales, y esto puede arruinar su economía. En cambio, los países industrializados pueden planificar su economía sin preocuparse por si llueve, si está nublado o sale el sol.

La independencia proclamada era formal y exclusivamente política. En el plano económico, comenzábamos a ser cada vez más dependientes de nuestra gran compradora y vendedora: Inglaterra.

El nuevo Estado, dominado desde estos momentos fundacionales por una clase propietaria parasitaria, dificultará el progreso de una nación asentada en uno de los territorios potencialmente más ricos del mundo.

El actual territorio argentino parecía mucho más extenso en aquella época, por la lentitud de los transportes y las comunicaciones. A los ojos de los visitantes era una zona muy atrasada, con formas de producción arcaicas y con graves dificultades para la circulación de la moneda y los productos.

Las artesanías provinciales estaban en franca decadencia y sólo la inversión y la modernización las hubiera podido transformar en verdaderas industrias, como ocurría por esa misma época en los Estados Unidos. Pero los únicos que hubieran estado en condiciones de hacer estas inversiones eran los terratenientes porteños y su embrionario Estado nacional. Y ninguno se mostraba interesado en dar ese paso, que podría haber transformado a nuestro país en una potencia.

Los terratenientes bonaerenses estaban muy conformes con su cómoda manera de ganarse la vida, como para complicársela. Se trataba de cobrar sus exportaciones en libras o en oro y pagarles a sus empleados y proveedores nativos en pesos, generalmente devaluados. Cuanto menos valiera la moneda nacional, más ganaban ellos.

En cuanto al Estado nacional, estaba dando los primeros y accidentados pasos para su formación, que recién se concretaría cincuenta años más tarde. Pero cuando existió, entre 1810 y 1820, estuvo dirigido predominantemente por los mencionados sectores ganaderos y mercantiles porteños, que trasladaron a la política sus prácticas comerciales.

Será esta clase dirigente la que conduzca los destinos nacionales y lleve al país al borde de la disolución en 1820, la clase que privilegiará la asociación con Inglaterra antes que cualquier vinculación con el resto del país. Así se gestará una estrecha dependencia económica de Gran Bretaña. Y cuando un país depende económicamente de otro, cuando es ese otro país el que decide qué se debe producir y qué no, cuando los precios de las mercaderías nacionales son fijados en la "metrópoli" y no en la factoría, a la dependencia económica se le agrega la dependencia política, porque la autonomía y la capacidad de decisión del país más débil quedan reducidas a la mínima expresión.

La principal fuente de ingresos del incipiente Estado eran los impuestos a la importación y al comercio, que perjudicaban a los consumidores más pobres. En cambio, los grandes propietarios bonaerenses y los grandes comerciantes, particularmente los ingleses, podían descontar sus empréstitos forzosos cuando le vendían al Estado para terminar convirtiéndose en sus acreedores y ganar influencia en sus decisiones.

La situación del interior era diferente. En algunas regiones, como Cuyo, Córdoba, Corrientes y las provincias del Noroeste, se habían desarrollado pequeñas y medianas industrias, en algunos casos muy rudimentarias, pero que abastecían a sus mercados internos y daban trabajo a muchos de sus habitantes. Para el interior, el comercio libre significó frecuentemente la ruina de sus economías regionales, arrasadas por los productos importados más baratos y de mejor calidad.

La superioridad de recursos económicos y financieros de Buenos Aires haría que la influencia porteña primara en cualquier tipo de gobierno nacional. De manera que para que las provincias pudieran eludir la dominación de Buenos Aires, era imprescindible que conservaran cierto grado de autonomía económica y fiscal; para ello era necesario lograr la autonomía política y, por lo tanto, limitar los poderes y la autoridad del gobierno central. En medio de esta disputa, por largos períodos sangrienta, transcurrirían los próximos años de la historia argentina del siglo XIX.

Bibliografía

Bibliografía general

Abad de Santillán, Diego, *Gran enciclopedia argentina*, Buenos Aires, Ediar, 1956.

Abad de Santillán, Diego, *Historia argentina*, Buenos Aires, TEA, 1971.

Academia Nacional de la Historia, *Nueva historia de la Nación argentina*, Buenos Aires, Planeta, 2000.

Academia Nacional de la Historia, *Historia de la Nación Argentina*, Buenos Aires, El Ateneo, 1961.

Busaniche, José Luis, *Historia argentina*, Buenos Aires, Solar Hachette, 1973.

Caldas Villar, Jorge, *Nueva historia argentina*, Buenos Aires, Juan C. Granda, 1980.

Chomsky, Noam, *Política y cultura a finales del siglo XX*, Buenos Aires, Ariel, 1995.

Cutolo, Vicente Osvaldo, *Nuevo diccionario biográfico argentino*, Buenos Aires, Elche, 1971.

Di Stefano, Roberto, y Loris Zanatta, *Historia de la Iglesia argentina*, Buenos Aires, Grijalbo Mondadori, 2001.

Díaz Alejandro, C. F., *Ensayos sobre la historia económica argentina*, Buenos Aires, Amorrortu, 1975.

Dorfman, Adolfo, *Historia de la industria argentina*, Buenos Aires, Hyspamérica, Biblioteca Argentina de Historia y Política, N° 47, 1986.

Fernández López, Manuel, *Historia del pensamiento económico*, Buenos Aires, A-Z, 1998.

Ferrer, Aldo, *La economía argentina*, Buenos Aires, FCE, 1990 (2ª ed.).

Floria, Carlos, y César García Belsunce, *Historia de los argentinos*, Buenos Aires, Larrousse, 1992.

Gianello, Leoncio, *Historia de las instituciones políticas y sociales argentinas*, Santa Fe, Castellvi, 1952.

González, Julio V., *Historia argentina: la era colonial*, Buenos Aires, FCE, 1957.

Kirkpatrick, F. A., *Compendio de historia argentina*, Londres, Cambridge University Press, 1931.

Levene, Ricardo, *Historia Argentina*, Buenos Aires, Lojouane, 1937.

Levene, Ricardo, *Lecciones de historia argentina*, Buenos Aires, Lojouane, 1950.

Levene, Ricardo, *Lecturas históricas argentinas*, Buenos Aires, De Belgrano, 1978.

López, Vicente Fidel, *Historia argentina*, Buenos Aires, Sopena, 1966.

Luna, Félix (dir.), Colección de la Revista *Todo es Historia*, 1967-2003.

Lynch, John, y otros, *Historia de la Argentina*, Buenos Aires, Crítica, 2002.

Palacio, Ernesto, *Historia argentina*, Buenos Aires, Hachette, 1951.

Pérez Amuchástegui, J. (dir.), *Crónica histórica argentina*, Buenos Aires, Codex, 1968.

Pigna, Felipe, *El mundo contemporáneo*, Buenos Aires, A-Z, 2000.

Pigna, Felipe, *La Argentina contemporánea*, Buenos Aires, A-Z, 2001.

Ramos Mejía, Héctor, *Historia de la Nación Argentina*, Buenos Aires, Ayacucho, 1945.

Real, Juan José, *Manual de historia argentina*, Buenos Aires, Fundamentos, 1951.

Rock, David, *Argentina 1516-1987*, Buenos Aires, Alianza, 1987.

Rodríguez Molas, Ricardo, *Historia de la tortura y el orden represivo en la Argentina*, Buenos Aires, Eudeba, 1984.

Romero, José Luis, y Luis Alberto Romero (comps.), *Buenos Aires, historia de cuatro siglos*, Buenos Aires, Altamira, 2000.

Romero, José Luis, *Breve historia de la Argentina*, Buenos Aires, Eudeba, 1965.

Romero, José Luis, *Las ideas políticas en Argentina*, Buenos Aires, FCE, 1975.

Rosa, José María, *Historia argentina*, tomo 1, Buenos Aires, Oriente, 1971.

Sáenz Quesada, María, *La Argentina, historia del país y su gente*, Buenos Aires, Sudamericana, 2001.

Sánchez Barba, Mario, "La sociedad colonial hispánica en el siglo XVIII", *Historia universal de América II*, Madrid, Guadarrama, 1961.

Sierra, Vicente, *Historia de la Argentina*, Buenos Aires, UDEL, 1957.

UNESCO, *Historia de la humanidad*, 10 tomos, Madrid, Planeta, 1982.

VV.AA., *Historia integral argentina*, Buenos Aires, CEAL, 1971.

VV.AA., *Historia universal*, Siglo XXI, México, 1975.

VV.AA., *Historia universal*, vols. XI-XVI, Barcelona, Salvat, 1985.

Wright, Ione S., y Lisa P. Nekhom, *Diccionario histórico argentino*, Buenos Aires, Emecé, 1978.

Yunque, Álvaro, *Breve historia de los argentinos*, Buenos Aires, Futuro, 1957.

Bibliografía específica

Álvarez, Juan, *Las guerras civiles argentinas*, Buenos Aires, Eudeba, 1969.

Anderson, Perry, *El Estado absolutista*, México, Siglo XX, 1992.

Andrews, George Reid, *Los afroargentinos en Buenos Aires 1800-1900*, De La Flor, Buenos Aires, 1989.

Ansaldi, Waldo, y José Luis Moreno, *Estado y sociedad en el pensamiento nacional*, Buenos Aires, Cántaro, 1996.

Ansaldi, Waldo, *Estado y sociedad en la Argentina del siglo XIX*, Col. Conflictos y procesos de la historia argentina contemporánea, CEAL, Buenos Aires, Argentina, 1988.

Aragón, Raúl, *Belgrano y la educación*, Buenos Aires, Leviatán, 2000.

Arciniegas, Germán, *Biografía del Caribe*, Buenos Aires, Sudamericana, 1973.

Assadourián, Carlos, y José Carlos Chiaramonte, *Historia argentina: de la conquista a la independencia*, vol. II, Buenos Aires, Paidós, 1996.

Assadourián, Carlos, *El sistema de la economía colonial: el mercado interior, regiones y espacio económico*, Buenos Aires, Nueva Imagen, 1986.

Azara, Félix de, *Viajes a la América meridional*, Calpe, Madrid, 1923.

Bagu, Sergio, *Estructura social de la colonia*, El Ateneo, Buenos Aires, 1952.

Barrán, J. P. y B. Nahum, *Bases económicas de la revolución artiguista*, Montevideo, Ediciones de la Banda Oriental, 1963.

Belgrano, Manuel, *Autobiografía*, Buenos Aires, Carlos Pérez, 1968.

Belgrano, Manuel, *Escritos económicos*, Buenos Aires, Hyspamérica, 1988.

Belgrano, Mario, *Belgrano*, Buenos Aires, Instituto Nacional Belgraniano, 1999.

Benarós, León, "La trata de negros en el Río de la Plata", en *Todo es Historia*, Buenos Aires, 1982.

Bernecker, Walther, y otros, *Los reyes de España*, Madrid, Siglo XXI, 1999.

Beruti, Juan Manuel, *Memorias curiosas*, Buenos Aires, Emecé, 2000.

Bethell, Leisle de, *Historia de América Latina*, Barcelona, Crítica, 1991.

Bruschera, Oscar, *Artigas*, Montevideo, Biblioteca de Marcha, 1969.

Burchardt, Jacobo, *Cultura del Renacimiento en Italia*, Losada, Buenos Aires, 1962.

Burguin, Miron, *Aspectos económicos del federalismo argentino*, Buenos Aires, Solar-Hachette, 1974.

Busaniche, José Luis, *Estampas del pasado*, Buenos Aires, Hyspamérica, 1986.

Busaniche, José Luis, "Cómo fueron destruidos los pueblos de las Misiones Occidentales del Uruguay", Boletín de la Comisión Nacional de Museos y Monumentos Históricos Nº 9, Buenos Aires, 1948.

Cánepa, Luis, *El Buenos Aires de antaño*, Buenos Aires, Talleres Gráficos Linari, 1936.

Carande, Ramón, *Carlos V y sus banqueros*, 2 tomos, Barcelona, Crítica, 1983.

Carranza, Neptalí, *Oratoria argentina*, Buenos Aires, Sesé y Larrañaga Editores, 1905.

Chaunu, Pierre, *La expansión europea (siglos XIII al XV)*, Col. Nueva Clío, Barcelona, Labor, 1977.

Chaves, Julio César, *Castelli, el adalid de Mayo*, Buenos Aires, Leviatán, 1957.

Chiaramonte, José Carlos, *Ciudades, provincias, estados: orígenes de la Nación Argentina (1800-1846)*, Biblioteca del Pensamiento Argentino, tomo I, Buenos Aires, Ariel Historia, 1997.

Chiaramonte, José Carlos, *La crítica ilustrada de la realidad. Economía y sociedad en el pensamiento argentino e iberoamericano del siglo XVIII*, Buenos Aires, CEAL, 1982.

Cipolla, Carlo (ed.), *Historia económica de Europa, siglos XVI y XVII*, Barcelona, Ariel, 1979.

Cipolla, Carlo, *Conquistadores, piratas y mercaderes,* México, FCE, 1999.

Clark, George, *La Europa moderna 1450-1720*, México, FCE, 1980.

Colón, Cristóbal, *Capitulaciones. Diario de a bordo y primeras cartas sobre el descubrimiento*, Madrid, edición de facsímil, 1991.

Colón, Cristóbal, *Los cuatro viajes del Almirante y su testamento*, Madrid, Espasa-Calpe, 1977.

Colón, Hernando, *Historia del Almirante*, Buenos Aires, El Ateneo, 1944.

Corbiere, Emilio P., *El terrorismo en la Revolución de Mayo*, Buenos Aires, La Facultad, 1937.

Cordero, Héctor, *El primitivo Buenos Aires*, Buenos Aires, Plus Ultra, 1986.

Cortes Conde, Roberto: *Hispanoamérica: la apertura al comercio mundial*, Paidós, Buenos Aires, 1974.

D'ailly, Pierre, *Imago mundi*, 3 vols., París, Burón, 1930.

De Gandia, Enrique, *Conspiraciones y revoluciones de la independencia de América*, Buenos Aires, OCESA, 1960.

De Gandia, Enrique, *Historia del 25 de Mayo*, Buenos Aires, Claridad, 1960.

De Landa, Diego, *Relación de las cosas de Yucatán (1576)*, México, Garibay, 1976.

De las Casas, Bartolomé, *Historia general de las Indias*, México, FCE, 1951.

De las Casas, Bartolomé, *Relación del tercer viaje por don Cristóbal Colón*, Madrid, edición facsímil de la carta enviada a los reyes, según el texto manuscrito por el padre Bartolomé de las Casas, 1962.

De Ridder de Zemborain, Maud, "Cuando en Buenos Aires se remataban negros", *Todo es Historia* N° 393, Buenos Aires, 2000.

De Sepúlveda, Ginés, *Demócrates alter*, Buenos Aires, Indianas, 1927.

Del Techo, Nicolás, *Historia de la Provincia del Paraguay y de la Compañía de Jesús*, tomo II, Madrid, Regium, 1879.

Durnhofer, Eduardo, *Mariano Moreno inédito*, Buenos Aires, Plus Ultra, 1972.

Elliot, John, *La España imperial (1469-1716)*, Madrid, Vicens Vives, 1965.

Elliot, John, *Poder y sociedad en la España de los Austrias*, Crítica, Barcelona, 1982.

Facultad de Filosofía y Letras, Universidad de Buenos Aires, Instituto de Investigaciones Históricas Doctor Emilio Ravignani, "Advertencia y Prólogo de Ricardo Callet Bois", *Mayo documental*, Buenos Aires, 1961.

Facultad de Filosfía y Letras, Universidad de Buenos Aires, Sección de Historia, *Documentos relativos a los antecedentes de la independencia de la República Argentina*, Buenos Aires, 1912.

Fernández de Oviedo, Gonzalo, *Historia general y natural de las Indias*, Madrid, Oriente, 1917.

Ferns, H. S., *La Argentina*, Buenos Aires, Sudamericana, 1973.

Ferns, H. S., *Gran Bretaña y la Argentina en el siglo XIX*, Buenos Aires, Solar, 1977.

Ferro, Marc, *La colonización, una historial gobal*, México, Siglo XXI, 1994.

Figuerola, José Francisco, *¿Por qué Hernandarias?*, Buenos Aires, Plus Ultra, 1981.

Fitte, Ernesto J., "Castelli y Monteagudo", en *Revista Historia*, Buenos Aires, Theoría, 1960.

Garavaglia, Juan Carlos, "Notas para una historia rural pampeana un poco menos mítica", en Bjerg, Mónica, y Andrea Reguera: *Problemas de la historia agraria*, Tandil, 1995.

García, Juan Agustín, *La ciudad indiana*, Buenos Aires, Jackson, 1957.

Gelman, Jorge, "El mundo rural en transición", en Goldman, Noemí, *Nueva historia argentina*, Buenos Aires, Sudamericana, 1998.

Gerbi, Antonello, *La naturaleza de las Indias Nuevas. De Cristóbal Colón a Gonzalo Fernández de Oviedo*, México, FCE, 1978.

Giberti, Horacio, *Historia económica de la ganadería argentina*, Buenos Aires, Hyspamérica, Biblioteca argentina de historia y política N° 12, 1970.

Gillespie, Alejandro, *Buenos Aires y el interior*, Buenos Aires, A. Zeta, 1994.

Goldberg, Marta Beatriz, "Nuestros negros, ¿desaparecidos o ignorados?", *Todo es Historia* N° 393, Buenos Aires, 2000.

González Arzac, Alberto, "La esclavitud en la Argentina", en *Polémica*, Buenos Aires, CEAL, 1972.

Guido, Tomás, "Reseña histórica de los sucesos de Mayo", en *Los sucesos de Mayo contados por sus autores*, prólogo de Ricardo Levene, Buenos Aires, El Ateneo, 1928.

Guzmán, Florencia, "Vida de esclavos en el antiguo Tucumán", *Todo es Historia* N° 393, Buenos Aires, 2000.

Irazusta, Julio, *Breve historia argentina*, Buenos Aires, Independencia, 1982.

Hall, John A., y John Ikeberry, *El Estado*, Madrid, Alianza, 1993.

Halperín Donghi, Tulio, "La expansión ganadera de la campaña de Buenos Aires", en Di Tella, Torcuato, y Tulio Halperín Donghi, *Los fragmentos del poder de la oligarquía a la poliarquía argentina*, Buenos Aires, Jorge Álvarez, 1969.

Halperín Donghi, Tulio, *Revolución y guerra*, Buenos Aires, Siglo XXI, 1972.

Halperín Donghi, Tulio, *Historia contemporánea de América Latina*, Madrid, Alianza, 1974.

Halperín Donghi, Tulio, *De la Revolución de Mayo a la organización nacional*, Buenos Aires, Paidós, 2000.

Hamilton, Earl, *El tesoro americano y la revolución de los precios en España (1501-1650)*, Barcelona, Ariel, 1983 (1ª ed. 1934).

Haring, Clarence, *El imperio hispánico en América*, Buenos Aires, Solar-Hachette, 1996.

Heers, Jacques, *Occidente durante los siglos XIV y XV*, Barcelona, Col. Nueva Clío, Labor, 1968.

Hidalgo de Cisneros, Baltasar, "Informe dando cuenta al rey de España de las ocurrencias de su gobierno, Buenos Aires,

1810", en *Memorias de los virreyes del Río de la Plata*, Buenos Aires, Bajel, 1945.

Hobsbawm, Eric, *Las revoluciones burguesas*, Madrid, Guadarrama, 1978.

Hora, Roy, *Los terratenientes de la pampa gringa*, Buenos Aires, Siglo XXI, 2003.

Huizinga, Johann, *El otoño de la Edad Media*, Madrid, Revista de Occidente, 1973.

Ianni, Octavio, *Esclavitud y capitalismo*, México, Siglo XXI, 1976.

Johnson, Paul, *Historia del cristianismo*, Buenos Aires, Javier Vergara, 1989.

Lafont, Julio B., *Historia de la Constitución Argentina*, Buenos Aires, El Ateneo, 1935.

Lafuente Machain, Ricardo, *Buenos Aires en el siglo XVII*, Buenos Aires, Municipalidad de la Ciudad de Buenos Aires, 1980.

Lanuza, José Luis, *Morenada, una historia de la raza africana en el Río de la Plata*, s./d.

Larriqueta, Enrique, *La Argentina renegada*, Buenos Aires, Sudamericana, 1992.

León Portilla, Miguel, *Visión de los vencidos*, México, Dastin, 2000.

Levene, Gustavo Gabriel, *Breve historia de la independencia argentina*, Buenos Aires, Eudeba, 1966.

Levene, Ricardo, *Ensayo histórico sobre la Revolución de Mayo y Mariano Moreno*, Apéndice, Buenos Aires, El Ateneo, 1961.

Levene, Ricardo, *El genio político de San Martín*, Buenos Aires, Depalma, 1950.

Levene, Ricardo, *El pensamiento vivo de Mariano Moreno*, Buenos Aires, Losada, 1942.

Lewin, Boleslao, *La rebelión de Túpac Amaru*, Buenos Aires, SELA, 1957.

Lewin, Boleslao, *Rousseau y la independencia americana*, Buenos Aires, Eudeba, 1965.

Litter, Manuel, *Farmacología*, Buenos Aires, El Ateneo, 1961.

López de Gómara, *Historia general de las Indias*, Madrid, Oriente, 1902.

Lopreto, Gladys, *Que vivo en esta conquista. Textos del Río de la Plata* (*siglo XVI*), Buenos Aires, Universidad de La Plata, 1996.

Lozano, P., *Historia del Paraguay*, Buenos Aires, Ediciones Porteñas, 1916.

Madero, Eduardo, *Historia del puerto de Buenos Aires*, Buenos Aires, La Nación, 1902.

Maquiavelo, Nicolás, *El príncipe*, Madrid, Sarpe, 1983, págs. 108-109.

Martínez Sarasola, Carlos, *Nuestros paisanos los indios*, Buenos Aires, Emecé, 1998.

Matheu, Domingo, *Memorias*, tomo II, Buenos Aires, Biblioteca de Mayo, 1966.

Mauro, Federic, *La expansión europea*, Col. Nueva Clío, Labor, Barcelona, 1979.

Mellafe, Rolando: *La esclavitud en Hispanoamérica*, Buenos Aires, Eudeba, 1964.

Mesonero Romanos, Ramón de, *Memorias de un setentón*, 2 vols., Madrid, Oficinas de la Ilustración Española y Americana, 1881.

Mitre, Bartolomé, *Historia de Belgrano y de la independencia argentina*, Buenos Aires, Lojouane, 1887.

Mitre, Bartolomé, *Historia de San Martín*, Buenos Aires, Eudeba, 1971.

Molinari, Diego Luis, *Buenos Aires cuatro siglos*, Buenos Aires, TEA, 1984.

Monteagudo, Bernardo de, *Escritos políticos*, Buenos Aires, La Cultura Argentina, 1916.

Monteagudo, Bernardo de, "Ensayo sobre la Revolución del Río de la Plata desde el 25 de Mayo de 1809", *Mártir o libre*, Buenos Aires, 1812.

Morales Padrón, F., *Historia del descubrimiento y conquista de América*, Madrid, Editora Nacional, 1981.

Moreno, Manuel, *Vida y memorias del Dr. Mariano Moreno*, Buenos Aires, Eudeba, 1972.

Moreno, Mariano, *Escritos políticos*, Buenos Aires, La Cultura Argentina, 1915.

Moreno, Mariano, *Escritos*, Buenos Aires, Estrada, 1943.

Moreno, Mariano, *Plan revolucionario de operaciones*, Buenos Aires, Plus Ultra, 1973.

Morison, Samuel Eliot, *El almirante de la Mar Océano. Vida de Cristóbal Colón*, México, FCE, 1991.

Moutoukias, Zacarías, *Contrabando y control colonial en el siglo XVII*, Buenos Aires, CEAL, 1988.

Moutoukias, Zacarías, "Burocracia, contrabando y autotransformación de las elites. Buenos Aires en el siglo XVII", Tandil, *Anuario IEHS*, III, 1988.

Núñez, Ignacio, *Noticias históricas*, Buenos Aires, Jackson, 1957.

O'Gorman, Edmundo, *La invención de América*, México, FCE, 1958.

Oszlak, Oscar, *La formación del Estado argentino*, Buenos Aires, Planeta, 1997.

Panettieri, José, y María Minellono, *Argentina, propósitos y frustraciones de un país periférico*, La Plata, Al Margen, 2002.

Parish Robertson, Guillermo, *Cartas de Sudamérica*, Buenos Aires, Hyspamérica, 1985.

Parry, J. H., *Época de los descubrimientos geográficos*, Madrid, Guadarrama, 1964.

Parry, J. H., *Europa y la expansión del mundo*, México, FCE, 1971.

Pelliza, Mariano A., *Monteagudo, su vida y sus escritos*. Buenos Aires, Lojouane, 1880.

Peña, Milcíades, *Antes de Mayo*, Buenos Aires, Fichas, 1973.

Peña, Milcíades, *Masas, caudillos y elites*, Buenos Aires, Fichas, 1973.

Pérez, Joaquín, *Artigas, San Martín y los proyectos monárquicos en el Río de la Plata y Chile (1818-1820)*, Buenos Aires, Misión, 1979.

Pérez, Joseph, *Isabel y Fernando. Los Reyes Católicos*, Madrid, Editorial Nerea, 1991.

Pérez Galdós, Benito, "La corte de Carlos IV", en *Episodios nacionales*, Madrid, Alianza, 1971.

Pigafetta, Antonio, *Primer viaje en torno del globo*, Buenos Aires, Espasa Calpe, 1946.

Prado Junior, Caio, *Historia económica del Brasil*, Buenos Aires, FCE, 1960.

Prestigiacomo, Raquel, y Fabián Ucello, *La pequeña aldea*, Buenos Aires, Eudeba, 1999.

Pueyrredón, Carlos Alberto, *1810. La Revolución de Mayo*, Buenos Aires, Peuser, 1953.

Puigross, Rodolfo, *Historia económica del Río de la Plata*, Buenos Aires, Peña y Lillo, 1973.

Puigross, Rodolfo, *La época de Mariano Moreno*, Buenos Aires, Sophos, 1960.

Quesada, Vicente, *Escenas de la vida colonial*, Buenos Aires, BEA, 1945.

Quiroga, Marcial, *Manuel Moreno*, Buenos Aires, Eudeba, 1972.

Rato de Sambucetti, Susana, *La Revolución de Mayo*, Buenos Aires, Siglo XX, 1983.

Ribeiro, Darcy (1985), *Las Américas y la civilización: procesos de formación y causas del desarrollo desigual de los pueblos americanos*, Buenos Aires, CEAL, 1971.

Rodríguez, Martín, *Memorias*, Biblioteca de Mayo, Senado de la Nación, 1962.

Rodríguez Molas, Ricardo, *Historia social del gaucho*, Buenos Aires, CEAL, 1982.

Romano, Ruggiero, *Coyunturas opuestas. La crisis del siglo XVII en Europa e Hispanoamérica*, México, FCE, 1993.

Romero, José Luis, *Las ciudades y las ideas*, Buenos Aires, FCE, 1971.

Rosenblat, Ángel, *La población indígena y mestizaje en América*, 2 vols., Buenos Aires, Nova, 1954.

Rousseau, Jean Jacques, *El contrato social*, Buenos Aires, Losada, 1998.

Ruiz Guiñazú, Enrique, *Epifanía de la libertad, documentos secretos de la Revolución de Mayo*, Buenos Aires, Nova, 1952.

Saavedra, Cornelio, *Memoria autógrafa*, Buenos Aires, Biblioteca de Mayo, tomo II, 1966.

Saguí, Francisco, *Los últimos cuatro años de la dominación española en el antiguo Virreynato del Río de la Plata, desde 26 de junio de 1806 hasta 25 de mayo de 1810. Memoria histórica familiar*, Buenos Aires, Imprenta Americana, 1874, Senado de la Nación, Biblioteca de Mayo, 1960.

Salas, Alberto, y Andrés Vázquez, *Relación varia de hechos, hombres y cosas de estas indias meridionales*, Buenos Aires, Losada, 1963.

Salas, Alberto, *Crónica florida del mestizaje de las Indias*, Buenos Aires, Losada, 1960.

Salas, Alberto, *Diario de Buenos Aires 1806-1807*, Buenos Aires, Sudamericana, 1981.

Sánchez Albornoz, Nicolás, *La población de América, desde los tiempos precolombinos al año 2000*, Madrid, Alianza, 1977.

Santisteban Ochoa, Julián, *Documentos para la historia del Cuzco*, Cuzco, Archivos del Cuzco, 1963.

Scenna, Miguel Ángel, "Jesuitas y bandeirantes", Buenos Aires, *Todo es Historia* N° 76, 1973.

Schmidl, Ulrico, *Viaje al Río de la Plata*, Buenos Aires, Emecé, 2000.

Schvarzer, Jorge, *La industria que supimos conseguir. Una historia político-social de la industria argentina*, Buenos Aires, Planeta, 1996.

Segreti, Carlos, *Temas de historia colonial (comercio e interferencia extranjera)*, Buenos Aires, Academia Nacional de la Historia, 1987.

Sejourne, Laurette, "Antiguas culturas precolombinas", en *Historia universal*, México, Siglo XXI, 1975.

Sierra, Vicente, *Historia de la Argentina*, Buenos Aires, UDEL, 1957.

Smith, Adam, *La riqueza de las naciones*, Buenos Aires, Distal, 2002.

Solorzano Pereyra, Juan de, *Política indiana*, México, Porrúa, 1980.

Street, John, *Gran Bretaña y la independencia del Río de la Plata*, Buenos Aires, Paidós, 1967.

Tenenti, Alberto, y Ruggiero Romano, *Los fundamentos del mundo moderno*, México, Siglo XXI, 1985.

Tenenti, Alberto, *La formación del mundo moderno*, Barcelona, Crítica, 1985.

Todorov, Tzvetan, *La conquista de América, el problema del otro*, México, Siglo XXI, 1992.

Torre Revello, José, "Sociedad colonial", en *Historia de la Nación Argentina*, vol. IV, 1ª sec., Buenos Aires, 1940.

Udaondo, E., *Las invasiones inglesas y la villa de Luján*, Buenos Aires, Raigal, 1928.

Valcárcel, Daniel, *Rebeliones coloniales sudamericanas*, México, FCE, 1982.

Varela, C., y J. Gil, *Cristóbal Colón. Textos y documentos completos. Nuevas cartas.* Madrid, Alianza, 1997.

Vespucio, Américo, *El Nuevo Mundo*, Buenos Aires, Nova, 1951.

Vigo, Juan M., "Hernandarias entre contrabandistas y judíos", *Todo es Historia* N° 51, Buenos Aires, 1971.

Villalobos, Sergio, *Comercio y contrabando en el Río de la Plata y Chile*, Buenos Aires, Eudeba, 1965.

Villalta, Blanco, *Historia de la conquista del Río de la Plata*, Buenos Aires, Atlántida, 1946.

Viñas, David, *Indios, ejército y fronteras*, Buenos Aires, Siglo XXI, 1982.

Vitoria, Francisco de, *Relaciones sobre los indios y el derecho de guerra*, Madrid, Col. Austral, Espasa Calpe, 1975.

VV.AA., *25 de mayo, testimonios, juicios y documentos*, Buenos Aires, Eudeba, 1968.

Wast, Hugo, *El año x*, Buenos Aires, Peuser, 1947.

Watchel, Nathan, *Los Vencidos*, Madrid, Alianza, 1971.

Webster, C. K., *Gran Bretaña y la independencia de América Latina*, Buenos Aires, Paidós, 1971.

Whitaker, A. P., *Los Estados Unidos y la independencia*, Buenos Aires, Eudeba, 1971.

Williams Álzaga, Enrique, *Cartas que nunca llegaron*, Buenos Aires, Emecé, 1967.

Williams Álzaga, Enrique, *Dos revoluciones, 1 de enero de 1809 y 25 de mayo de 1810*, Buenos Aires, Emecé, 1963.

Zapata Gollán, Agustín, *La conquista criolla*, Santa Fe, edición del autor, 1938.

Zapata Gollán, Agustín, *Los precursores*, Santa Fe, Colmegna, 1980.

Zavala, Silvio, *Las instituciones jurídicas de la conquista de América*, México, Porrúa, 1978.

Zavala, Silvio, *Historia de América en la época colonial*, México, Instituto Mexicano de Geografía e Historia, 1961.

Zynn, Howard, *La otra historia de los EE.UU.*, México, Siglo XXI, 1999.

Este libro se terminó de imprimir
en agosto de 2004 en Gráfica Pinter S.A.